民國歷史與文化研究

三 編

第 1 冊

《三編》總目
編 輯 部 編

汪僞南京市政府研究
（1940-1945）

王 翔 著

花木蘭文化出版社

國家圖書館出版品預行編目資料

汪偽南京市政府研究（1940-1945）／王翔　著—初版—新北
市：花木蘭文化出版社，2016〔民 105〕
目 6+270 面；19×26 公分
（民國歷史與文化研究 三編：第 1 冊）
ISBN 978-986-404-545-7（精裝）
1. 南京國民政府
628.08　　　　　　　　　　　　　　　　105002070

民國歷史與文化研究
三 編 第 一 冊
ISBN：978-986-404-545-7

汪偽南京市政府研究（1940-1945）

作　　者　王翔
總 編 輯　杜潔祥
副總編輯　楊嘉樂
編　　輯　許郁翎
出　　版　花木蘭文化出版社
社　　長　高小娟
聯絡地址　235 新北市中和區中安街七二號十三樓
　　　　　電話：02-2923-1455／傳眞：02-2923-1452
網　　址　http://www.huamulan.tw 信箱 hml810518@gmail.com
印　　刷　普羅文化出版廣告事業
初　　版　2016 年 3 月
全書字數　204736 字
定　　價　三編 6 冊（精裝）台幣 11,000 元

作者簡介

王翔，男，1979 年生，河南開封人。入讀南京大學歷史系十年，歷史學博士，主要研究方向爲中國近現代政治史與社會史。現任教於南京航空航天大學人文學院，曾在《歷史教學》、《民國研究》、《中國宗教》等雜誌發表論文十餘篇。

提　　要

　　汪僞南京市政府於 1940 年 6 月進行改組，首先是在組織制度上全面恢復民國體制，同時調整政府結構與區政組織，推動市府各局處及各區公所的日常行政工作。爲更好地觀察市政府的施政，特以社會局爲中心來考察政府職員的情況、機構的職能與運作。

　　南京市政府注重人口的清查與管理，要求加強異動人口的清查與呈報，同時通過保甲組織、戶籍員制度與市民證的填發加強監督和控制。市府日常施政面臨的最大挑戰是物資統制和掠奪所帶來的糧食危機問題，通過平糶、糧食配給、平抑物價、打擊囤積與賑濟墾荒等措施試圖緩解糧食危機及其所帶來的各種社會問題，但不過是隔靴搔癢。此外，南京市政府的著力進行以汪僞政權意識形態爲中心的日常宣傳，通過娛樂場所、中小學教育、防疫衛生等典型方面對於身體和思想進行雙重控制。

　　汪僞南京市政府自成立以來，即著手在組織、制度、人員、宣傳等各方面恢復社會管理秩序，同時又試圖予以限定和控制，遇到了各種各樣的問題。市府不僅要迎合日本的要求，符合汪僞國民政府的規範，又要在一定程度上滿足民眾的基本需求，正是在這種張力之中，顯露了南京市政府的眞實境況。

本研究成果為 2013 年度

江蘇高校哲學社會科學研究指導項目

項目編號：2013SJD770008

本書獲得 2014 年度

南京航空航天大學基本科研業務費

學術著作出版基金資助

項目編號：NR2014073

目

次

前　言

　　南京自 1937 年 12 月淪陷後，至 1945 年 8 月日軍投降，先後經歷了南京市自治委員會、維新政府時期的南京市政府和汪僞國民政府時期的南京市政府三個階段。在汪僞國民政府成立之前，日本扶持的南京市政機構爲恢復南京秩序做出了一定的努力，爲汪僞南京市政府的成立與運轉奠定了基礎。

　　汪僞南京市政府於 1940 年 6 月進行改組，原自維新政府時期就一直擔任市長的高冠吾被調任江蘇省政府主席，蔡培和周學昌相繼接掌南京市政府。自此，南京市政府與之前兩個階段的市政府表現出極大的不同。首先是在組織制度上全面恢復民國體制。市府專門設立南京市法規編審委員會整理編纂各種單行法規，並進行修正及增訂，建構了南京市政府各級組織與管理的制度基礎。同時調整政府結構與區政組織，推動市府各局處及各區公所的日常行政工作。政府職員分爲公務員和自治人員兩種。公務員的籍貫歸屬相對多樣化，但以江蘇及南京人爲主體，大都有曾經從政的經歷。從薦任以上職員情況來看，在某些部門如經濟局、教育局、地政局、衛生局等表現出較爲明顯的同鄉裙帶關係，且專業背景突出，但人員流動性很大，去職他就或離職的現象時常發生，且爲數不少。與之相比，區公所職員的本地色彩濃厚，在本地一般具有一定的地位和名望。而保甲人員則職業分佈廣泛，涉及三教九流，關鍵是能爲日僞控制基層社會所用。

　　爲更好地觀察市政府的施政，特以社會局爲中心來考察政府職員的情況、機構的職能與運作。對於公務員的日常管理和考核，則主要從考勤、甄審、考績、訓練與任免等四個方面予以說明。因職員遲到、曠職、請假的情況比較嚴重，且是伴隨市政府始終的一個嚴重問題，市府不得不加大考勤力

度，但成效不彰。另外規定凡各機關任用職員必須上報銓敘部總務司審核，進行公務員甄審。甄審要求嚴格，手續繁瑣，但遭遇軟磨硬泡，持續時間很長。對於已經任職的公務人員開展行為限定與業績評估是公務員管理的重要環節，在平時或年終舉行臨時考績，同時成立公務員懲戒委員會掌理公務員的懲戒事宜。按照銓敘部的要求，公務員還要接受補習教育和相關培訓。即便如此，公務人員依然呈現出流動性大、變動多、去職者眾的特點。

在市府的常規管制之中，對於人口的清查與管理是其中重要的一環。南京市的總人口呈不斷遞增之勢，至 1943 年 10 月已恢復到近 70 萬人，為此市府要求加強異動人口的清查與呈報，對於人口數量與情況進行統計登記。同時通過保甲組織、戶籍員制度與市民證的填發加強監督和控制。

南京市政府在日常施政中，面臨的最大挑戰就是物資統制和掠奪所帶來的糧食危機問題。南京市的農業生產遠遠不能自給自足，但外部糧源又遭日軍控制，自始至終都不得不面對漲價風潮與糧食危機。市政府通過平糶、糧食配給、平抑物價、打擊囤積與賑濟墾荒等措施試圖緩解糧食危機及其所帶來的各種社會問題，但不過是隔靴搔癢，不能從根本上解決問題。此外，為揭示南京市政府的日常宣傳與汪偽政權意識形態的關聯，特別選取娛樂場所、中小學教育、防疫衛生等方面分析了市府對於身體和思想的雙重控制。

總而言之，汪偽南京市政府自成立以來，即著手在組織、制度、人員、宣傳等各方面恢復社會管理秩序，同時又試圖予以限定和控制，遇到了各種各樣的問題。市府不僅要迎合日本的要求，符合汪偽國民政府的規範，又要在一定程度上滿足民眾的基本需求，正是在這種張力之中，顯露了南京市政府的真實境況。

緒　論

一、選題與資料

　　自 1998 年進入南京大學歷史系求學到現在，十年已經過去了。自 2001 年開始在朱寶琴老師門下受教，寫的第一篇論文是《從〈魏特琳日記〉看南京大屠殺時期美國傳教士的活動》，其後的研究探索未能持續下去，總是東點一筆，西點一筆，沒有形成系統的認識與研究。本科畢業的時候，朱老師希望我能專心來做淪陷區的研究，我當時心思不能投入，也力有未逮，未能做出一點點的突破。攻讀碩士研究生後，對中國基督教會史發生了一點興趣，又跑去啃了一點，勉強寫了一篇關於從《天風》看中國激進基督徒的政治主張方面的論文。自 2006 年 9 月繼續攻讀博士學位以來，我一直在思考博士論文的方向，到底自己應該安定在哪裏？先後產生了三個想法，但大都沒有成熟的計劃，也沒有厚實的資料依撐，又鑒於自己以前東搖西擺難以深入的經歷，就希望能夠找到一個可以深入研究的課題。

　　2007 年上半年，朱老師開設《淪陷區研究》的課程，分配我們幾個學生各自負責汪偽政權的一個方面深入查找資料，要求寫出閱讀報告，最好是能產生一篇論文來。當時分配給我的任務是查閱汪偽南京市宣傳處的檔案，主要看宣傳處工作的重點、運作，特別是對具體事件的操作和處理，從中分析汪偽宣傳工作的理念及特點。當時也是抱著看看能否找到博士論文選題的想法前往南京市檔案館的。以前也去過南京市檔案館，但是限於思路和眼光，未能持久深入，大多時候目不識珠。這次查檔所得超過自己所求與所想。汪偽南京市宣傳處檔案比較散，內容涉及許多方面，無論是時間還是歸類上都

比較亂。因此就沒有特別關注機構的運作，而是注意到後面四十卷關於宣傳處管理公共娛樂場所的檔案。這些檔案具體而微，涉及當時南京市公共娛樂場所的狀況、宣傳處的管制以及雙方的互動等內容，我據此寫了一篇不成熟的論文《論汪僞南京市宣傳處對公共娛樂場所的管制》。也正是查閱檔案的感觸和這篇論文的寫作，促使我開始思考是否可以將汪僞南京市政府作爲研究的對象。

因此，我主要花費時間搜集汪僞南京市政府的相關檔案與資料，希圖以汪僞南京市政府爲中心，通過以點串線，以線鋪面的方式來考察汪僞中央政權之下市級政權的運作實態以及形式與特點。尤其是南京作爲汪僞國民政府的首都，與上海、北京自然又有一些不同，那麼最爲眞實的狀態是怎樣的，與淪陷前的南京相比產生了什麼變化，又是如何體現僞政權的性質，組織形式與權力群體是怎樣的面貌，又是如何施政的？帶著這些問題，我主要查閱了南京市檔案館所藏 1002－1 至 23 和 1007－1 共 24 個部門團體的檔案，以僞南京市政府秘書處、社會局、社會運動指導委員會、宣傳處、財政局、保甲委員會等爲中心，從數量龐大的案卷中挑選出近 600 捲進行查閱。在查閱的過程中，也不斷向朱老師彙報查閱所得和自己的想法。朱老師對於以汪僞南京市政府爲研究對象表示認可，並幫助我理清思路，提出了很多很好的建議和問題，希望我能紮紮實實地做出一些問題的實證性分析研究，不要停留在面上，而是深入點並細化認識。

二、研究現狀

自 20 世紀 80 年代以來，關於汪僞政權與淪陷區的研究日益深入，出現了一批優秀的學術成果。無論是論文、專著，還是資料集都紛紛湧現，大大拓寬了汪僞政權與淪陷區的研究。政治、經濟、文化、社會等各個方面均有涉及，尤其是開展了不少的個案性研究，將淪陷區與汪僞政權的研究推向一個新的層次。有關汪僞政權的整體性研究茲不贅述，可參見余子道的《回眸與展望：建國以來的淪陷區和僞政權研究》，發表於 1999 年第 3 期的《抗日戰爭研究》。因本文選題是汪僞南京市政府，所以就對汪僞政權地區史，尤其是市縣級政權的研究作一梳理和回顧。

從檔案資料來看，北京市檔案館選編了《日僞在北京的五次治安強化運動》（北京燕山出版社 1987 年版）和《日僞北京新民會》（光明日報出版社 1989

年版）兩部檔案資料。上海市檔案館選編了《日僞上海市政府》（檔案出版社
1986 年版），輯錄了歷屆僞上海市政權的更迭，以及政治統治、經濟統制、宣
傳教育等方面的大量館藏檔案，還選編有《日本帝國主義侵略上海罪行史料
彙編》（上海人民出版社 1997 年版）。尤其是最近由張憲文教授領銜主編的《南
京大屠殺史料集》（1～55 冊），彙編資料來源於國內外檔案館、圖書館和其它
有關史料機構，絕大多數資料均爲原始文獻和第一手資料，具有很高的史料
價值和參考價值。

　　從論著來看，許育銘的《日本有關汪精衛及汪僞政權之研究狀況》（《抗
日戰爭研究》1999 年第 1 期）一文介紹了日本研究汪僞政權相關情況，但並
未提及對於汪僞市級政權的研究。國內現有的研究大都以蒙古、華北、華中
等區域劃分研究日僞政權，其中亦有涉及各地方僞政權的研究，諸如北京、
青島、冀東、上海、南京、武漢等，以對北京與上海的研究最爲系統翔實。
關於日僞華北四省、三特別市等地方僞政權的研究，主要是從侵略史或抗爭
史的角度對僞政權的描述，也有一些對於縣級政權及農村基層行政的分析。
如盧明輝的《蒙古「自治運動」始末》（中華書局 1980 年版）一書是研究內
蒙古地區僞政權的得力之作；張洪祥等編著的《冀東日僞政權》（檔案出版社
1992 年版）是對僞冀東防共自治政府這一地區性僞政權的通論性研究著作。
據王克文在《歷史研究》2000 年第 5 期發表的學術綜述《歐美學者對抗戰時
期中國淪陷區的研究》，自 20 世紀 70 年代以來，西方學界研究中國近代史開
始轉向區域史或地方史，其研究其範圍也越來越精細，從廣域如長江下游、
華北、華南等逐步縮小爲省，再縮小爲縣、市、和村鎮，大致形成城市史和
鄉村史兩種走向。城市史源於施堅雅（G. William Skinner）所主持的一系列城
市研究，其中首推上海研究，但有關漢口、北京、廣州、濟南和重慶等其它
城市的專著和論文，也相當多。

　　關於華東地區基層政權相關問題研究，主要見於張生等著《日僞關係研
究——以華東地區爲中心》（南京出版社 2003 年版），該書以華東地區爲中心，
選取日汪關係中四個案例，多角度揭示了日汪關係的實相；潘敏的《江蘇日
僞基層政權研究（1937～1945）》（上海人民出版社 2006 年版）主要論述了日
僞在江蘇的基層行政組織（縣、鄉鎮）的組建、職能與人員構成；李峻的《日
僞統治上海實態研究（1937～1945）》則主要講的是日本在上海的統治、策略、
暴行、及對經濟的控制。

　　關於南京僞政權的研究，主要以文章爲主，涉及僞政權的政治、經濟、教育、文化、社會及城市本身等各層面。論及僞政權與僞組織的主要有高丹予的《南京僞維新政府及其大民會》（《民國檔案》2000年第2期）、徐自強的《汪僞時期南京的保甲制度》（《鍾山風雨》2003年第4期）、潘敏與陳謙平的《論日僞對江蘇地區基層社會的政治統治》（《江海學刊》2004年第1期）、潘敏的《江蘇日僞縣知事縣長群體分析》（《史學月刊》2006年第7期）、伍小濤的《動員與控制：汪僞政權農會研究——以原汪僞政權南京特別市爲例》（《農業考古》2007年第6期）等。論及社會、經濟的主要有崔巍的《1943～1944年南京淪陷區三禁運動評析》（《學海》2000年第3期）、黃新華的《日僞在南京地區的毒品政策初探》（《南京師範大學學報（社會科學版）》2001年第6期）、張根福的《「米統會」與汪僞糧食統制》（《浙江師範大學學報（社會科學版）》2002年第6期）、潘敏的《略論日軍在蘇浙皖地區的軍糧徵購》（《民國檔案》2004年第3期）、谷德潤與張福運的《略論日僞對南京的物資統制》（《中國礦業大學學報（社會科學版）》2005年第2期）、張福運與谷德潤的《商人、商團與商業投機——日僞統治時期的南京爲個案》（《中國礦業大學學報（社會科學版）》2005年第3期）、經盛鴻的《不屈的南京民眾——淪陷時期南京市民的自發抗日鬥爭》（《南京社會科學》2005年第8期）、周競風的《略論汪僞對淪陷區青少年的組織化控制》（《貴州社會科學》2006年第6期）、張福運的《結構、制度與社會環境：淪陷區經濟史研究的新視角——以日僞時期的南京金融業爲例》（《江西財經大學學報》，2007年第1期）、馬俊亞的《難民申請書中的日軍暴行與日據前期的南京社會經濟（1937～1941）》（《抗日戰爭研究》2007年第1期）等。論及教育文化方面的主要有經盛鴻的《日僞對南京文藝界的控制與利用》（《民國檔案》2004年第2期）和《日僞時期南京新聞傳媒述評》（《抗日戰爭研究》2005年第3期、沈嵐的《抗戰時期國民政府爭奪淪陷區教育權的鬥爭——以南京及周邊地區爲研究中心》（《民國檔案》2005年第2期）、夏軍的《日僞統治下的日語教育》（《民國檔案》2005年第2期）、曹必宏的《汪僞奴化教育政策述論》（《民國檔案》2005年第2期）、謝潔菱與周蔣滸的《抗戰期間日僞在淪陷區的奴化和僞化教育——以南京地區作個案分析》（《巢湖學院學報》2005年第5期）、黃駿的《汪僞統治時期的師資述評：以江蘇省爲中心》（《民國檔案》2006年第4期）、陳海儒的《汪僞政權對行政人員的培訓》（《繼續教育研究》2006年第6期）等。

　　除對農會、保甲、文化與教育有所論述外，基本無人論及汪偽南京市政
府的組織結構與行政權力群體。除此以外，還有一些散見於文史資料與各種
資料集的回憶性文章，如《我所知道的汪偽政權》等，相對比較零散。論著
方面主要有經盛鴻的《南京淪陷八年史》（社會科學文獻出版社 2005 年版），
該書主要是以日本的統治爲主體，對於淪陷八年的南京作了全方位的描述，
但許多方面描述粗疏，而且對於偽南京市政權的敘述極爲簡略，從中無法看
出偽政權的運作和作爲。2008 年經盛鴻教授又出版《武士刀下的南京——日
偽統治下的南京殖民社會研究》（南京師範大學出版社 2008 年版）一書，對
於日軍在佔領南京後先後扶植的三屆偽政權有專章論述。此外論及民國南京
但未涉及淪陷時期的還有王雲駿所著《民國南京城市管理》（江蘇古籍出版社
2001 年版）及羅玲的《近代南京城市建設研究》（南京大學出版社 1999 年版）
等，因關涉不大，在此不一一列舉。另有秦風編著的《民國南京（1927～
1949》）、作家薛冰的《南京城市史》等，參考意義不大。總體而言，以上研
究豐富和推動了汪偽政權與偽南京市政府的相關研究，是本研究的重要借鑒
與參考。

三、研究思路與研究方法

　　在淪陷區偽政權的研究中，以往的革命史思路開始得到糾正，一些已有
的結論在對史料分析論證的基礎上重新被審視，從史料出發的實證性研究得
到進一步加強。以余子道等著《汪偽政權全史》（上海人民出版社 2006 年版）
爲標誌，不僅對汪偽中央政權的研究作了總結，而且還有一些突破。但是也
要看到對於抗戰期間汪偽政府轄下的廣大淪陷區，學術界的研究則相對較
少。對於淪陷區的市縣級政權、基層組織及社會狀況等的研究，雖然已經有
一些成果，但是在深度、廣度以及資料的繼續整理挖掘上都需要更進一步。

　　在汪偽政權研究中，南京市作爲汪偽政權的首府並沒有得到特別的重
視，與對上海等地的研究相比差距甚大，有待進一步深入整理與研究。南京
淪陷初期因爲南京大屠殺事件頗受關注，但之後的汪偽南京市政府在研究中
多被汪偽中央政權所遮掩，現有研究在資料與體繫上都需要進一步的深入與
補充。

　　此外，關於抗戰期間南京市的研究依然是不夠的。南京作爲近代史上的
「政治型」都市，對於其城市地位、城市特性、城市政治文化生態等諸多方

面的流變需要再做仔細的梳理與考察。尤其是淪陷後的南京市政府到底扮演
了什麼角色，承擔了哪些功能，「首都」的獨特之處何在，普遍的社會情形又
是怎樣等等，深入細緻地描述依然是缺乏的，也是現今史學的一大缺憾。

　　本課題也不能完全解決上面所提的問題。在汪僞政權的研究框架下，本
課題是以汪僞南京市政府爲主體的開創性研究，以汪僞南京市政府作爲施政
主體來考察，對於政府組織與政府職員、制度建設與日常運轉、秩序監管與
日常宣傳、糧食危機與民眾生存等多方面進行實證研究。行文主要以歷史學
實證研究爲基礎，從行政管理與社會管理的角度運用相關政治學、社會學理
論進行分析，力求從細節來反映眞實，運用以點串線，以線鋪面的方法，對
典型機構、組織、現象、問題予以評述。因資料中包含大量的統計資料，採
用宏觀與微觀、定量與定性有機結合的方法，既宏觀地描述汪僞南京市政府
恢復重建社會秩序並力圖控制的歷史過程，又微觀地分析其在恢復與控制過
程中所遇到的各樣挑戰與危機。

四、材料的使用和目的

（一）南京市檔案館所藏僞南京市政府檔案

　　自 2007 年 5 月，我開始斷斷續續地在南京市檔案館查閱僞南京市政府的
卷宗。先後查閱了僞南京市政府秘書處（1938～1945）、僞南京市社會局（1938
～1943）、僞社會運動指導委員會（1939～1948）、僞南京市財政局（1930～
1945）、僞南京市工務局（1938～1945）、僞南京市衛生局（1938～1948）、僞
南京市教育局（1938～1945）、僞南京市經濟局（1943～1945）、僞南京市物
資配給委員會（1944～1945）、僞南京市糧食局（1941～1944）、僞南京市地
政局（1937～1945）、僞南京市宣傳處、僞南京市農林室（1941～1944）、僞
南京市購辦委員會（1938～1942）、僞首都多賑委員會、僞保甲委員會（1937
～1945）等 16 個部門的檔案。但限於時間和現實中的實際困難，只得從中挑
揀了約 600 卷。由於檔案整體比較散亂，從檔案的標題並不能得以窺視內中
要件，常常會有不小的誤差。而且論文的大綱也是在翻閱資料時逐漸形成的，
因此其中浪費了不少的時間和精力。眞正能夠利用的檔案大概在 300 卷左右，
主要涉及秘書處、宣傳處、社會局、財政局等部門，內容主要集中在組織形
式、人員情況及日常施政等，是本文撰寫所使用的基本資料。

（二）期刊

在確定選題之前，我有一段時間經常待在南大圖書館期刊閱覽室。在二樓的過刊閱覽室裏，我特別翻閱了民國時期的各種期刊，並認眞閱讀了其中一些期刊，諸如《大亞洲主義》、《中大周刊》等。雖然很多期刊對於本文並無直接的資料上的幫助，但是卻幫助我增加了對於民國時期社會經濟文化等方面的認識，尤其是對於淪陷區的認識也增添了不少。以《中大周刊》爲例，這是僞中央大學所辦的校內刊物，大約有幾十本。雖然並不完整，但上面登載了較爲詳細的校務信息、學生的生活和學習情況，以及對於時事的看法，使我得到了許多鮮活的印象和直觀的認知。特別是理工學院院長徐仁銑因貧病交加而溘然長逝，在爲其所做的紀念特刊中關於他境遇的描述一下子使我對於淪陷區高漲的物價和貧困的生活有了刻骨銘心的認識。因此就著意要把他寫在論文裏，既印證當時的生活狀況，也是一種無言的紀念。

第一章　汪偽時期南京行政規劃與機構設置

第一節　南京淪陷初期的市政組織

一、城市歷史

　　1938年3月，日本扶持梁鴻志在南京成立中華民國維新政府，下轄南京、上海兩市及江蘇、浙江、安徽三省淪陷區。任援道任行政院綏靖部長兼南京市政公署督辦。公署秘書處記載南京市沿革三大略云：

　　　　金陵舊城，宋元因楊吳所築，跨秦淮南北。周迴二十里，南近聚寶山。明初建都，升爲應天府，乃益擴而大之。東連鍾山，西披石頭，南阻長干，北帶後湖，内則皇城各内城奠焉，凡周九十有六里，有門十三，建於洪武二年九月，成於六年八月，惟南門水西，大西三門，因採元之舊，更其名曰聚寶，三山，石城。自舊東門處截濠爲城，沿淮水北開拓八里，增建南出門二，曰通濟曰正陽，一名洪武，自正陽以東而北，建東出門一，曰朝陽，自鍾山之麓，由龍廣山圍繞而西抵覆舟山，建北出門一，曰太平。又西據覆舟山，雞鳴山即雞籠山，緣湖水以北至直瀆山而西八里，建北出門二，曰神策，曰金川，北繞盧龍山於内，雉堞東西相向，建門二，曰鍾阜，

日儀鳳。自儀鳳迤邐而南建門二，曰定淮，曰清涼即清江，以接舊西門焉。外垣則倍之，凡周一百八十里，有十八門。車西之門凡六，曰姚坊，曰仙鶴，曰麒麟，曰滄波，曰高橋，曰雙橋。南面之門凡六，曰上方，曰夾岡，曰鳳臺，曰馴象，曰大安德，曰小安德。西面之門凡二，曰石城關，曰江東，北面之門凡四，曰外金川，曰佛寧，曰上元，曰觀音。明太祖實錄，洪武二十三年四月，置京師外郭十五門，無石城關，外金川，二安德門僅一門，又明史地志，建門十有六，無鳳臺及外金川。清初改應天府爲江寧府，因明外城爲府城，惟閉清涼，鍾阜，定淮，金川四門，而洪武三山等門無改，又因明舊皇城與駐防城，僅於西一面重造，起太平門沿舊皇城牆基至通濟門止，開二門以通出入，爲滿洲官兵屯駐之地。光復後，旗人星散，城郭爲墟，城垣磚壁，拍賣盜取，所存者，惟午朝門及西華門二處城圈而已，接明季金川，鍾阜，儀鳳門塞，清初神策、清涼門亦閉，順治間總兵梁化鳳開神策門，殲海寇，因改名得勝門，同時他將開儀鳳門出，迄今二門開，金川、鍾阜清涼仍塞。定淮門道光中塞，光緒末端匋齋制府建寧省鐵路，軌線由下關貫金川門直達中正街，故金川復開。又案各門今改名者，聚寶門今中華門，正陽門今光華門，朝陽門今中山門，神策門今和平門，儀鳳門今興中門。又案外郭門城垣，明時是否全築，無可考，惟舊多頹毀，所存者僅高橋，滄波，江東二三處。同光大定後，則僅見高阜絡繹而已，清宣統元年，江督端匋齋就城北建公園，乃籌辦勸業場，特闢是門以通後湖，人咸便之，匋齋豐人，故以豐潤命名，今改名玄武門。民國紀元二年，韓止叟任民政長，就儀鳳門西偏復闢一門，韓泰州人，泰州故海陵，故名海陵門，今改挹江門，十八年，市政府以南門行旅輻輳，就武定橋迤東城垣，特闢一門，因名武定門。案明內城十三門，合續闢之豐潤、海陵、武定三門，共十六門，內除鍾阜，定淮門，清涼門三門仍塞，今開者仍爲十三門。度一年中平均溫度，一月爲最低，七月爲最高。四月與十月則寒暖適中，冬夏溫度之變遷甚緩，而春秋則變遷甚速，大抵三四兩月溫度之相差約達攝氏六度，四五兩月之相差約達五度，至九十兩月之相差亦達五度，而十、

十一兩月之相差則竟達七度左右。至降霜之期開始，在三月十九日
之間，最早爲十月二十九日，終霜平均在三月十九日之間，最遲爲
四月六日，風向亦以受季風之影響，冬多東北風，夏多東南風，而
西風北惟十二月與一月間開始，稍有之。南京人口事變前在百萬以
上，事變時降至三十萬人，自我維新政府奠都於此，人口續漸增加，
據南京市戶口總覆查統計，自民國二十七年十二月止，全市人口爲
四十七萬三千四百十一人，此後市政復興居民蒸蒸日上自在意中。
〔註1〕

以上主要是就南京城市在民國以前的變化而言，對於民國以後南京城市
的變革未有提及，或因涉及國民政府和中日戰爭之故。然而繞不開的一點就
是 1912 年中華民國在南京的建立。自古至今南京最大的標籤就是政治，它作
爲政治都市的印象在人們頭腦中根深蒂固。民國似乎與南京纏繞成了一個
結，從 1912 年中華民國在南京成立，到 1927 年國民政府定都南京，再到 1940
年汪僞所謂的還都南京，至 1945 年國民政府眞正還都南京，屈指算來 34 年
中，南京的政治身份發生了數次變化。無論是躊躇滿志，還是兵臨城下，無
論是戰火屠殺，還是殘墟敗影，都爲南京塗抹了一層又一層厚重的歷史色彩，
層層疊加與混合之中，透露出歷史的蒼涼。我們正是要在這其中尋找南京淪
陷後的一段，期望能觸摸歷史的眞實。

1927 年至 1937 年的十年南京建設，無論是對南京的行政體制、社會管理
還是經濟建設都帶來了現代化的因素，取得了顯著的成效。特別是建立了行
政組織與官員的規範管理體制，不僅增強了行政規範的意識，而且注意官員
的選任非地方化和專家化。在城市管理中開始推行城市自治，在市有參議會，
在基層社會則建立保甲制，以建設地方自治。〔註2〕自定都南京後，南京即成
爲全國的政治、文化與軍事中心，人口迅速增加，至 1937 年 6 月已經超過 100
萬人。南京的工業、商業、交通、文教事業都得到長足發展，呈現出欣欣向
榮之勢，就是整個南京城在科學的規劃中也日益顯現出現代化大都市的特
徵，然而這一切都在日軍侵略的炮火中一一破碎了。

〔註 1〕僞「南京特別秘書處」：南京市沿革，南京市檔案館藏，1002－1－1143。
〔註 2〕王雲駿：《民國南京城市社會管理》，江蘇古籍出版社，2001 年版，第 174～
184 頁。

二、市政組織

南京淪陷後，經歷了四個階段。其一是無序混亂時期。時間很短，大約僅有 10 天的時間。短短的 10 天給南京造成了不可彌補的損失和不可估量的毀壞。其二是南京自治委員會時期。約有 4 個月的時間，持續不斷的混亂依然是這一階段的特徵，不過開始有逐漸平復的趨勢。其三是維新政府所建立的南京市政權。包括督辦南京市政公署和南京特別市政府兩個階段，存在了兩年之久，著力恢復南京的生產與生活秩序。其四是汪偽國民政府成立後改組的南京市政府。該政府存在 5 年，一直到抗日戰爭結束，是南京淪陷期間規模較大相對完整的市政府。下面著重考察淪陷初期的南京市政組織。

首先來看南京市自治委員會。日軍於 1937 年 12 月 13 日攻佔南京後，隨即施行慘絕人寰的大屠殺，導致南京市政設施與管理系統遭到嚴重破壞，市民恐慌，兵匪橫行，亟需恢復秩序。為了建立長期的殖民統治，推行「以華治華」的統治政策，日本於 12 月 23 日扶持陶錫三等成立南京市自治委員會籌備委員會，作為臨時市政維持機關，次年 1 月 1 日在鼓樓公園舉行成立大會。

南京市自治委員會的組織機構仿照日本政治制度而設立。根據《南京市自治委員會簡章》規定，自治委員會下設 2 室 6 課，即顧問室、秘書室、總務課、財務課、救濟課、工商課、交通課、警務課。為了協助日軍盡快確立南京的治安秩序，1938 年 1 月 10 日又在南京首都警察廳舊址成立了南京市警察廳，各區設置警察局，王春生擔任警察廳廳長。王原為旅店老闆，但因其曾留學日本警察專科學校，為日人所器重。為方便與其後的偽政權作比較，茲將自治委員會主要人員列表如下：

表 1－1：南京市自治委員會主要人員名錄

職　別	姓　名	備　　　　注
會　長	陶錫三	曾留學日本政法大學，世界紅卍字會南京分會會長
副會長	孫叔榮	曾長期在日本駐華大使館充當譯員
	程朗波	兼財務課課長
秘書長	王仲調	曾留學日本政法大學
委　員	趙威叔	曾留學日本政法大學
	趙公謹	兼交通課課長，曾留學日本長崎醫科大學

職　別	姓　名	備　　　　注
委　員	馬錫侯	兼救濟課課長
	黃月軒	南京同善堂負責人
	胡啓閥	第二區區長
	王春生	警察廳廳長（原警務課），曾留學日本警察專科學校
顧　問	張南梧	世界紅卍字會南京分會
	許傳音	世界紅卍字會南京分會副會長
	王承典	曾任南京安全區國際委員會的救濟組負責人
	陶覺三	著名畫家
	詹榮光	曾任律師，與陶錫三同行
總務課課長	楊九鳴	南京法政專門學校暨金陵大學畢業，前政府主任處會計局主任科員
工商課課長	陳希如	不詳

資料來源：僞「南京特別市秘書處」：督辦任援道任內職員名冊，南京市檔案館藏，
　　　　 1002－1－273；經盛鴻：《侵華日軍「以華制華」政策的標本——評僞「南
　　　　 京市自治委員會」》，《南京社會科學》，2008 年第 4 期。

在自治委員會的成員中，從事慈善事業或具有留日背景的人佔據多數，如陶錫三、趙威叔、王仲調、王春生、趙公謹等都曾留學日本，而孫叔榮則長期在日本駐華大使館充當譯員。此外陶錫三、黃月軒、許傳音等人具有慈善事業背景而被日軍使用，則和當時南京戰禍未平秩序未定有關。這些人大都籍屬南京，是南京淪陷後第一批被日軍當局扶植的傀儡漢奸。

僞「南京市自治委員會」先後制訂了《南京市自治委員會簡章》、《南京市自治委員會警察廳組織大綱》、《南京市自治委員會所屬區公所組織大綱》等文件，其工作即是「爲日軍在南京初步建立起殖民統治社會秩序效力，以及爲駐南京日軍提供各種後勤服務」〔註3〕。其會址初設於鼓樓新邨 1 號，後遷於保泰街原南京國民政府時期的首都警察廳所在地，1938 年 4 月 1 日又遷往山西路原南京國民政府時期的「法官訓練所」所址。1938 年 1 月，自治委員會先行宣佈在南京城區設立 4 個行政區，其後不久，又劃城北下關地區爲

〔註 3〕 經盛鴻：《侵華日軍「以華制華」政策的標本——評僞「南京市自治委員會」》，
　　　　《南京社會科學》，2008 年第 4 期。

第五區，設區公所管理。五區區長分別爲何緝之、鄧邦寀（後改爲胡啓閎）、胡雨蓀、方灝、劉連祥。3 月下旬，爲加強城郊的治安管理，決定增設上新河區、燕子磯區與孝陵衛區。南京市自治委員會是在非常情況下日軍當局扶植的臨時機構，一切需要都仰賴日軍的供給與鼻息，其工作經常受到日軍的擾擾和阻撓，舉步維艱。雖然在安置難民、維持治安、恢復市政、勸導工商復業等方面取得一些成績，但在日軍當局的嚴密控制與嚴格監督下，只能作爲日軍的爪牙，爲其服務。

南京自治委員會會長陶錫三之所以被日軍選中，是因爲其既有留學日本的經歷，又在社會上有一定地位和名望。陶氏字保晉，又名陶席三。1875 年出生，世居南京。清末畢業於格致書院，後赴日本政法大學留學。畢業回國後歷任江蘇省諮議局議員、江寧律師公會會長、江蘇省議會議員等職務。陶氏同時投資經商，於 1919 年在南京東郊名勝湯山溫泉區建陶廬浴池，另在南京城內擁有許多的房地產。1923 年他先後創辦了南京道會與世界紅卍字會南京分會，擔任會長。他與長期擔任江蘇督軍的北洋軍閥齊燮元私交甚厚。1927 年後，他退出政界，專力經營商業，另以紅卍字會南京分會會長的身份從事慈善事業，但與政界要人來往密切。陶錫三禮佛，四方臉，戴眼鏡，個子不高，卻留很長的白鬍子，穿中山裝，是一個新舊復合的人物。1938 年 1 月 1 日出任南京市自治委員會會長，同年 3 月辭去會長。汪僞政府時期他還做過立法院委員和南京地方公會會長。1946 年 4 月，陶錫三以漢奸罪被捕並獲刑 2 年，1948 年 4 月刑滿釋放，6 月即病死於南京。

1938 年 3 月 28 日，日本著力扶植的傀儡政權中華民國維新政府正式成立。南京市自治委員會於 4 月 24 日結束其過渡階段的作用，自行撤銷。隸屬於僞維新政府的督辦南京市政公署取而代之。「南京市自治委員會應日本的需要而建立，應日本的需要而撤銷，像其它傀儡政權一樣，其命運完全操之於日本人之手，完全取決於日本侵略政策的需要。」〔註4〕

其次是維新政府時期的南京市政府。按照軍方培育親日政權的方針，繼 1937 年 12 月日軍在北平扶植王克敏等建立中華民國臨時政府之後，1938 年 3 月 28 日又在南京建立以梁鴻志爲首的維新政府。並於 4 月 1 日任命綏靖部長任援道暫兼南京市政督辦，24 日撤銷南京市自治委員會，成立督辦南京市政公署。

〔註 4〕 丁兆東、陳謙平：《略論僞南京市自治委員會的統治》，《民國檔案》，2004 年
第 2 期。

　　根據《督辦南京市政公署組織條例》，督辦南京市政公署直隸於行政院，市公署設置秘書處、財政處（局）、社會處（局）、教育處（局）、工務處（局）、實業處（局）、衛生處（局）、警察廳，並設參事 2 至 4 人。〔註5〕在督辦南京市政公署階段有任援道與高冠吾兩任督辦。任援道任督辦期間，公署內設 7 處 1 室 1 廳，即秘書處、社會處、教育處、財政處、產業處、工務處、衛生處、參事室與警察廳，下轄各區公所、圖書館、伕役管理所等。

表1－2：督辦南京市政公署主要官員名單

職　別	姓　名	性　別	籍　貫
督　辦	任援道	男	江蘇
參　議	詹榮光	男	江西
秘書長	孫叔榮	男	南京
社會處處長	王承典	男	南京
教育處處長	楊九鳴	男	南京
衛生處處長	徐仲仁	男	浙江
工務處處長	趙公謹	男	河北
產業處處長	趙威叔	男	不詳
財政處處長	趙威叔	男	不詳
警察廳廳長	王春生	男	南京
圖書館主任	楊復明	男	南京
伕役管理所所長	黃錫九	男	不詳

資料來源：僞「南京特別市秘書處」：督辦任援道任內職員名冊，南京市檔案館藏，
　　　　　1002－1－273。

　　1938 年 10 月，高冠吾出任南京市政督辦，改市屬各處爲局。1939 年《南京市政概況》載稱：

　　　　經營彌載，漸入常軌，迨本年三月三日，奉維新政府明令改組督辦南京市政公署爲南京特別市政府，特任前督辦高冠吾氏爲市長。中間裁撤實業局設立土地局，計爲秘書處、社會、財政、教育、

〔註 5〕僞「南京特別市秘書處」：南京市政府及下屬機構組織規程與辦事細則，南京市檔案館藏，1002－1－41。

工務、土地、衛生六局，並於秘書處增設第三科及調查組，科以下
仍劃分各股。本府各處局，均轄三科，除土地局第三科外，科分三
股，規模整肅，職掌確定。南京市警察廳以前隸屬督辦市政公署，
自二十八年一月起，改爲南京警察廳，直隸於內政部。〔註6〕

　　1939 年是南京市政組織發生重要變化的一年。3 月 15 日中華民國維新政
府內政部訓令督辦南京市政公署改爲南京特別市政府。高冠吾爲市長，已奉
令於 3 月 8 日先行視事。市府組織系統漸趨完善，制訂了《南京特別市政府
辦事細則》，其中第二章「組織與職掌」中明確規定：秘書處設秘書長 1 人，
參事室設參事 2 員，各局設局長 1 員，均爲簡任職。（南京特別市政府組織系
統表見下頁）

〔註 6〕僞「南京特別市秘書處」：南京市政府組織規則及市政概況（一），南京市檔
　　　　案館藏，1002－1－15－1。

圖1-1：南京特別市政府組織系統表（1939年）

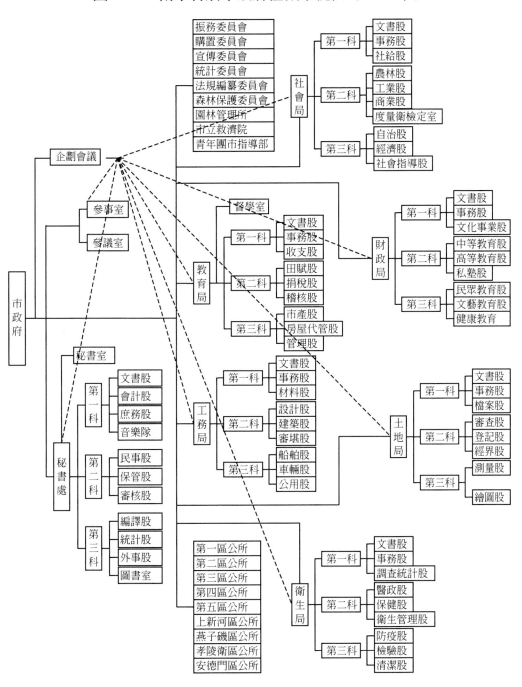

資料來源：偽「南京特別市秘書處」：南京市政府組織規則及市政概況（一），南京市
　　　　　檔案館藏，1002-1-15-1。

　　市府主要人員也略有調整。原任援道督辦任內的主要官員，按其到差日期來看，留任者有 8 人，新任 4 人，基本延續了前任時期的政府人事，變化不大。

表 1－3：南京特別市政府職員名冊（1939 年 12 月）

職　別	姓　名	性別	年齡	籍貫	到差日期
市　長	高冠吾	男	48	江蘇	1938.10
秘書長	孫叔榮	男	61	南京	1938.4
參　事	黃　震	男	34	福建	1939.3
	金國書	男	57	浙江	1939.3
社會局長	王承典	男	45	南京	1938.4
財政局長兼禁煙局長	邵鴻鑄	男	41	江蘇	1938.6
教育局長	楊九鳴	男	41	南京	1938.4
衛生局長	衛錫良	男	50	江蘇	1938.5
工務局長	趙公謹	男	不詳	不詳	1938.4
土地局長	馬守豫	男	不詳	不詳	1939.3
實業局長	趙威叔	男	不詳	不詳	1938.4

資料來源：偽「南京特別市秘書處」：南京特別市政府職員名冊（高冠吾任內），南京市
　　　　　檔案館藏，1002－1－277。

　　市府下設九區，分別為城區五區，及鄉區燕子磯區、上新河區、孝陵衛區與安德門區。1939 年 8 月 25 日，南京特務機關長三國直福與南京特別市長高冠吾，舉行南京城都市計劃懇談會。日本興亞院派遣安藤技師設計南京規劃方案。10 月南京特務機關印製由安藤技師設計的《南京城都市計劃要綱》。先期設計規劃為城區，主要內容為城市交通設計與職能區劃。要點包括：1、南京城區之面積約 3962 海庫托爾（每海庫托爾為百米平方，計 12000000 坪）。以每一市民須要 7 坪之面積計算，計城內可容人口 1710000 人。此次為第一期，所計劃者止於城內，第二期再計劃城外。2、南京城之交通，以由下關方面入城而至城南方面者為最多。故可選定交通幹路為市之南北間，現已有中山北路、中山路、中正路、中華路成一系統，貫通南北，而達中華門外與城

外取得聯絡。市之東西幹線，東自中山門，西至漢西門，有中山東路、漢中路，貫通市之中心，亦已建設，便於交通。城北中山北路之東北一帶土地，尚未開闢，僅見少數住宅點綴其間，其大部爲地田，又中山北路西部一帶丘陵地帶（高級住宅區）。以街市區而發達之城南區域，現有幹線爲珠江路、維新路、白下路、建鄴路、升州路（上係東西線）、太平路（南北線）。城東區域向以政治地區而保留者，北接公共大建築物，南接飛機場，擬定本區仍爲政治區域。3、擬定：城南街市之中央部爲商業區；城北中山北路以西丘陵地帶爲第一住宅區，以東平坦地帶爲第二住宅區；接中山北路兩旁之土地及城東政治區之要關爲公共區域，城南之南部及西部之一部分，又城北之東北隅區域，指定爲雜居區；如城外西方水運便利地，下關以東，城南武定門以東地區，可設工業區；以城內北極閣爲中心劃爲風景區域；城內飛機場遺蹟，城北丘陵地帶之清涼山，及妙耳山對過山一帶，均可爲普通公園。〔註7〕這是南京著手恢復秩序的步驟之一，但在戰時背景下能付諸實施者不過寥寥。

　　整體而言，從南京市自治委員會到維新政府治下的南京市政府，都還處於過渡階段。直至1939年，整個南京城才剛剛恢復了一點往日南京的活力。人是一個城市的核心要素之一。以人口爲例，1938年4月，南京市僅有68470戶，265621人，到了1939年4月，則翻了近一倍，有127760戶，540525人。〔註8〕以此戶口數爲基點，之後南京的人口逐步增加。從政府組織來看，維新政府也號稱中華民國，政治體制也基本照搬民國體制，但無論是理念還是制度上都存在著不小的差異。這一時期南京特別市政府的組織系統基本完善，但在制度、人員、思想等方面與之後的汪僞南京市政府相比還是差距頗大，只能算是打了開場鑼，開啓了序幕。

第二節　汪僞時期南京市政規劃與機構設置

一、市政府

　　根據《日支新關係調整要綱》的規定，汪僞中央政府的成立是基於承認

〔註7〕僞「南京特別市秘書處」：南京城都市計劃要綱，南京市檔案館藏，1002－1－403。

〔註8〕僞「南京特別市秘書處」：市政公報（47期），南京市檔案館藏，1002－1－1167。

日本佔領軍分而治之的事實，主要繼承了維新政府的實際統治範圍，名義上是集華北政務委員會與蒙古聯合自治政府於一體的中央政權。受限於此，汪偽政府的實際統治僅限於華東與華中的有限領域，然而其政府組織形式卻不同於先前的幾個偽政權，呈現出大門面小院落的尷尬格局。基於現實的考慮並應汪精衛的請求，日本方面應允國民黨與三民主義的存在，但提出了附加條件：國民黨應制定新的黨綱及政策；三民主義應附加適應時代、恢復孫中山宿願的新說明。〔註9〕顯然，汪偽所堅持的國民黨與三民主義已有名無實，但卻成為其招搖吶喊的旗幟，這是因為汪偽極力要標榜所謂法統與法理。從而也決定了汪偽所要採用的政府組織形式：國民政府、青天白日旗、還都南京。原維新政府、臨時政府與汪偽中央政府在理論和形式上都相差甚遠。相比之下，汪偽中央政府承繼了國民政府的組織結構，繼續採用五院分立制，政權架構完整，層級明晰。

與之相應，汪偽設立市級政權也沿襲了原南京國民政府的有關規制。原南京國民政府曾於 1928 年 7 月、1930 年 2 月及 5 月對市級政府進行法規界定。汪偽主要參考了 1930 年 5 月公佈的《市組織法》。1941 年 11 月 20 日，汪偽正式頒佈《市組織暫行條例》，共 6 章 33 條，對於市級政權的行政區域及設置條件、市政權的組織體制、組織結構、市府各部門的職責、官員的設置與任免、市政會議及參議會之設置都做了規定。汪偽依然將市分為中央直轄的特別市和省轄的普通市。首都、人口在百萬以上者、政治經濟上有特殊情形者，以上三個條件具備其一設市的隸屬於行政院；具有後面兩個條件之一併為省政府所在地者，或居住人口在 30 萬以上且工商業發達者，設市應隸屬省政府。〔註10〕如南京、上海、廣州、廈門被設為行政院直屬的特別市，漢口原為特別市，1943 年 10 月被降為普通市。其它如武昌、漢陽、徐州、開封等則為省轄市。

按照《市組織暫行條例》規定，各市行政事務由市政府管理，市政府設市長一人，綜理市政。院轄市的市長為特任級別，省轄市的市長為簡任或薦任級別。市府下設社會、警察、財政、工務、教育及衛生六局，如必要，可經上級機關核准後增設地政、公用、港務等局。此外，院轄市還必須設置宣

〔註 9〕中央檔案館、中國第二歷史檔案館、吉林省社會科學院合編：《汪偽政權》，中華書局，2004 年版，第 699 頁。
〔註10〕偽立法院編譯處：《中華民國法規彙編》（一），第 161 頁。

傳處。市政府設秘書處，典守印信，辦理機要文件、庶務及其它不屬於各局或各科掌理事項。院轄市設秘書長 1 人，簡任；省轄市設秘書長 1 人，薦任或簡任。院轄市各局設局長一人，簡任，而省轄市各局各科設局長或科長 1 人，薦任或委任。此外需設參事，掌理市單行規則或命令之撰擬審核事項，院轄市得設簡任職參事 2 至 4 人，省轄市得設薦任職參事 2 人。此外，市政府得呈准上級機關設置各種委員會暨其它附屬機關。因事務上之必要得聘任專門技術人員或設置專員。應討論市政問題之需組設市政會議，參加人員爲市長、參事、局長或科長，秘書長應列席市政會議，有關係之秘書、科長或區長可列席市政會議。市政會議由市長召集，每月至少開會一次。在市自治法施行之前，市應籌備自治並得設臨時參議會。〔註 11〕

在正式頒佈《市組織暫行條例》之前，行政院在 1940 年 7 月 24 日指令施行《修正南京市政府組織規則》，分爲總則、秘書處、社會局、財政局、教育局、工務局、地政局、衛生局和附則，計 9 章 63 條。定名南京市政府，隸屬於行政院，並受中央主管部會署之監督指示處理市政事項，設 1 處 6 局，參事 2 人。〔註 12〕1941 年 3 月，經中央政治委員會第 39 次會議決議，南京市政府更名爲南京特別市政府：「行政院直轄市與普通市名稱無別，易滋混淆，擬請依據民國十八年（1929 年）以前原用名稱，凡行政院直轄市皆加特別二字以資區別（南京特別市，上海特別市，漢口特別市），並飭立法院將市組織法予以修正。」〔註 13〕

因政府組織多有變動，南京市政府組織規則經過多次修改。1942 年 11 月 26 日，修正後的《南京特別市政府組織規則》公佈，計 9 章 60 條，分爲總則、秘書處、社會局、財政局、工務局、教育局、衛生局、地政局和附則，與之前的組織規則基本相同，只是在附則中增添了市府宣傳處的規則。1943 年 6 月 18 日，再次修訂而成《南京特別市政府組織規則草案》，提交行政院第 164 次會議審查通過。該修正草案與前不同，因 1943 年初社會局奉令裁撤，將市社會運動指導委員會南京分會改爲社會福利局，另設經濟、糧食等局及宣傳處，以致原則職掌均有變更，爲切合實際起見予以修正。該草案共計 12 章，

〔註11〕僞「南京特別市秘書處」：南京市政府組織規則等，南京市檔案館藏，1002－1－37。

〔註12〕僞「南京特別市秘書處」：南京市政府組織規則會議規則，1002－1－16。

〔註13〕僞「南京特別市秘書處」：市政公報（68 期），南京市檔案館藏，1002－1－1168。

圖1-2：南京市組織系統表（1940年12月）

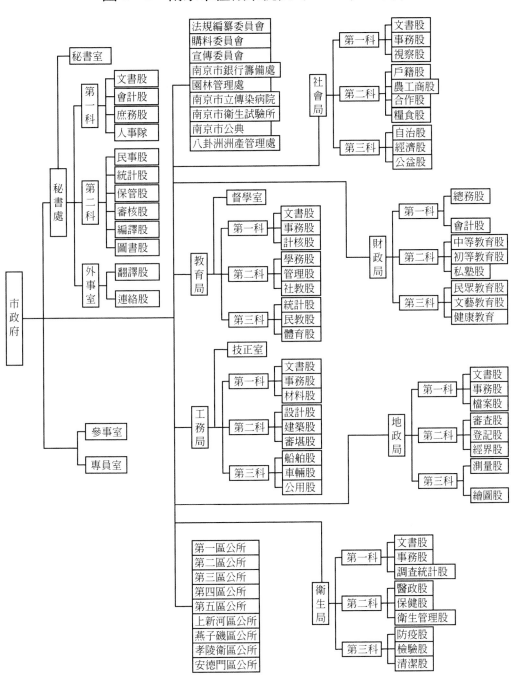

資料來源：偽「南京特別市秘書處」：南京特別市政府組織規則及市政概況（二），1002-1-15-2。

　　汪偽國民政府在南京穩定下來之後，即開始著手改組原維新政府治下的各省市政府之人事。1940 年 6 月 20 日，汪偽中央政治委員會第 11 次會議決議改組江蘇省政府與南京市政府，調原市長高冠吾任江蘇省政府主席；南京市政府與省政府平列，直屬行政院，並任命汪偽工商部政務次長蔡培爲南京市市長。1941 年 12 月 31 日，汪偽中央政治委員會第 73 次會議決定蔡培改任糧食管理委員會委員長，任命僞國民黨南京市黨部主任周學昌繼任南京特別市市長。周學昌擔任此職直到 1945 年 8 月日本投降。此外，改組原隸屬維新政府內政部的南京警察廳爲首都警察總監署，直屬行政院並受內政部之指示監督，掌理首都警察事務，其轄境以南京特別市政府之區域爲限，與南京市政府平級，對於南京特別市治安與南京特別市政府共負維持增進之責，於 1942 年年 6 月 12 日公佈了《首都警察總監署組織法》。〔註 15〕

　　根據《市組織暫行條例》之規定，市政府以市政會議議事。市政會議的前身是高冠吾任內組織的市政企劃委員會。1943 年 2 月 25 日，第一次市政會議通過了《南京特別市政府市政會議規則》。該規則是奉市長「自下周起恢復市政會議，著速擬會議章程呈核」之令，由參事蘇榮軒、趙其凡、顧中潞依照現行《市組織暫行條例》及《本府組織規則》之有關各條擬具，計 12 條。按照規則，市政會議根據《市組織暫行條例》第 27 條之規定由市長、參事、局長、宣傳處長及市府直屬之委員會主任委員組織而成，秘書長應列席市政會議，有關係之秘書、科長或區長必要時經市長指定得列席會議。須經市政會議議決之事項包括：1、關於市政府秘書處及各局處會或各科辦事細則事項。2、關於本市單行規則事項。3、關於預算決算事項。4、關於本市市政設施事項。5、關於整理市政收入及募集市公債事項。6、關於經營市公產及公營業事項。7、關於本府各局處會間職權爭議事項。8、市長交議事項。9、其它重要事項。市政會議每兩周開會一次，由市長召集，開會時以市長爲主席，遇有特別事項，市長得召集臨時會議；會前各局處會室的提案須先期以書面簽呈，經市長核定後，交本府秘書處編列議程；具體會議議程爲宣讀前次會議記錄、報告與討論三部分。〔註 16〕

〔註 15〕僞「南京特別市秘書處」：市政公報（103 期），南京市檔案館藏，1002－1－1169。

〔註 16〕僞「南京特別市秘書處」：南京市政府組織規則會議規則，南京市檔案館藏，1002－1－16。

除市政會議外，按照要求市府每周應舉行周會一次。1940 年 7 月 11 日，中央政治委員會第 14 次會議議決各機關應於每星期中舉行周會一次，由各機關長官自任主席或指定一人爲主席，集合僚屬，闡述和平反共之意義或其它精神講話。〔註 17〕南京市政府也奉此遵辦，決定每月第一周集體舉行周會，市府各局處職員應全體參加，其餘各周（每日）由秘書處、社會局、財政局、教育局、工務局、地政局、衛生局、糧管局、宣傳處依次召集。

二、法規建設

爲整理及編纂本市單行法規，規範各級行政組織並契合實際情形，南京市政府特於 1940 年 9 月組織南京市法規編審委員會，設委員 9 人，以參事 2 人、專員 1 人，社會、財政、教育、工務、地政、衛生各局秘書或科長各 1 人爲委員，分別是參事金國書，專員顧忠璐、汪棣卿、祝萬年，社會局科長湛斐，工務局科長朱章棨，教育科長錢伯賢，地政局秘書尹純，衛生局科長顧誠等 9 人，並指定汪棣卿爲主任委員、金國書爲副主任委員。編審委員會訂有簡章，著手整理編纂單行法規。

法規編審委員會參考了前督辦公署及高冠吾任內所有單行法規，無論現時是否廢止，都備份以爲參考，另外呈請市長購置法規彙編一部以供參閱。10 月，委員會要求市府各處局將須修正及增訂之現行單行法規及各局處辦事細則分別簽注，送會審核。法規的修訂著眼於政府現實之需要。經統計，法規編審委員會將前督辦市政公署及高冠吾市長任內所訂各處局單行法規，或與名稱不符，或與環境不合者，約計一百數十種，均經修正增訂後分別重行公佈。〔註 18〕

在編審委員會正式成立之前，市府參事掌理市單行規則或命令之纂擬審核事項，參事室主要是整理原國民政府時期的相關法案作爲參考，很多僅是做了表面的修訂以符合現行環境便予頒行，因此重新訂立的法規不多，基本上都有以前的政策作爲底本，又因事起倉促，多冠以「暫行」二字。1940 年 7 月至 9 月，修訂頒佈了一批法規，例如在 7 月抄發的《公務員交代條例》（指前後任交接），是 1931 年 12 月就已公佈的。再如《劃一中央各機關處理公文辦法》是關於公文標點及行文款式的，仍遵照 1933 年 10 月頒行的《公文標

〔註 17〕僞「南京特別市秘書處」：市政公報（52 期），南京市檔案館藏，1002－1－1167。
〔註 18〕僞「南京特別市秘書處」：南京特別市政府組織規則及市政概況（二），南京市檔案館藏，1002－1－15－2。

點舉例及行文款式》辦理。7 月 12 日又修正公佈《公文程序條例》。其它如 7 月公佈的《南京市立中等學校教職員任用暫行規則》，8 月施行的《南京市政府修復損壞建築物暫行辦法》等，多是依從陳規。

　　1941 年底，法規編審委員會調查統計南京特別市政府暨直轄各機關自還都以來法規章則清單，短短一年半就有 58 件，分別是《南京市政府組織規則》（1940 年 7 月 24 日）、《南京市政府秘書處辦事規則》、《南京特別市社會局各區公所組織規則規程》等八種（包括《區公所組織規程》、《區公所辦事細則》，1938 年 4 月公佈，1941 年 5 月 1 日修正）、《南京特別市財政局現行章則彙刊》一冊、《南京特別市工務局建築規則》一冊（1941 年 5 月 12 日公佈）、《南京特別市教育局辦事細則》、《南京特別市工務局營造業登記章程》等 23 種（分別於 1941 年 1 月、5 月、8 月公佈）、《南京特別市地政局不動產買賣典暫行規則》等 7 種（1941 年 5 月 27 日公佈）、《南京特別市衛生局單行法規》一本（1941 年 6 月公佈，10 月、11 月、12 月分別予以修正）、《南京市宣傳處辦事細則》（1941 年 5 月 10 公佈）、《南京特別市糧食管理局組織暫行條例》等 13 種。這些法規章則如雨後春筍一般紛紛湧現，建構了南京市政府各級組織與管理的制度基礎。〔註 19〕

三、區政規劃

　　南京市幅員遼闊，城鄉面積合計六十餘萬畝。自 1928 年南京開始城區測量，歷時五載始將城區及下關一帶清丈完竣，約計三萬二千餘地段，依天然界址河流、馬路及街道等，劃定城內為六區（城外玄武湖，屬第六區），城外下關為第七區，浦口市區地段為第八區。維新政府時期，土地局於 1938 年間舉辦產業查驗登記，將八區改為五區。〔註 20〕

　　根據 1938 年 5 月所頒《督辦南京市政公署所屬各區公所組織規程草案》，督辦南京市政公署設城區區公所 5 處，鄉區公所 3 處，各區公所設區長 1 人，城區區公所另設副區長 1 人。城區公所設總務、行政、調查三組，各設組長 1 人，組員 1 至 3 人，助理員 2 至 4 人。鄉區公所暫不分組，設助理員 3 至 5 人，需要時可設通譯 1 人，雇員 5 至 10 人。各區區長與副區長名單如下。

〔註 19〕偽「南京特別市秘書處」：南京市政府組織規則等，南京市檔案館藏，1002－1－37。

〔註 20〕偽「南京特別市秘書處」：南京特別市政府組織規則及市政概況（二），南京市檔案館藏，1002－1－15－2。

表1-4：督辦南京市政公署各區公所主要職員名冊

第一區長	何緝之
副區長	盧東林
第二區長	胡啓閣
第三區長	胡雨蓀
副區長	查撫民
第四區長	方　灝
副區長	王松亭
下關區長	劉連祥
副區長	沈桂森
上新河區長	陳良知
燕子磯區長	高梓推
孝陵衛區長	陳公衡

資料來源：僞「南京特別市秘書處」：督辦任援道任內職員名冊，南京市檔案館藏，
　　　　　1002-1-273。

　　1938年6月27日，中華門外民眾代表錢挹秀呈請特務機關與督辦公署，
請於中華門外設立一區公所，理由是：

　　　　中華門外地方廣闊，居民已有7000餘戶，營業以米商爲大宗，
　　　　交通四達，有鐵路、公路、航線流通全國，貨物出入爲最緊要繁盛
　　　　之區……無區公所管轄，既不屬城區，又不屬鄉區，幾成爲無管轄
　　　　之化外區域。在治安方面，每夜劫案迭出，盜財傷害時有所聞，故
　　　　尚有餘資之家尚不敢歸來，在救濟方面，城鄉發放賑米凡城內居民
　　　　均得領取，城外居民粒米無著，此足證城區公所不負管轄責任，又
　　　　查此次鄉區調查農民損失，中華門外全係商民，自不合格，則城外
　　　　損失無人過問，此可足證鄉區公所不負管轄責任……安居證無從領
　　　　取地方，戶口無從送遞。中華門外，東至通濟門，西至賽虹橋，及
　　　　水西門，廣長十餘里區域，得有專獨區公所管轄。〔註21〕

〔註21〕僞「南京特別市社會局」：城鄉區組織規程及經費概算，南京市檔案館藏，1002
　　　　-2-548。

　　督辦公署批覆成立新區，定名為安德門區公所，直屬督辦公署，區長由社會處處長遴選。社會處處長王承典以呈請人錢挹秀係中華門外工友之領袖，非合宜的區長人選，推薦49歲的尉遲琨擔任區長一職。尉遲琨籍隸中華門外小行鎮，在該處居住多年，對中華門外情形甚熟，曾畢業於江蘇省立第四師範學校，歷充鄉長、校長，又是前社會局辦事員，被委任為該區區長。該區轄境包括原屬上新河區之善德鎮及鳳臺鄉與孝陵衛之谷秀鄉及海新鄉等四個鄉鎮。至此，鄉區區公所增至四處。7月16日，市政公署下令裁撤市屬各區公所副區長一職。時任區長與前基本相同，列表如下：

表1－5：南京特別市政府直轄各機關主管長官名冊

職　　務	姓　　名	性別	年齡	籍貫	到差日期
第一區區長	王松亭	男	44	南京	1938.7
第二區區長	胡啓閣	男	71	南京	1938.4
第三區區長	胡雨蓀	男	60	南京	1938.4
第四區區長	方　灝	男	55	南京	1938.4
第五區區長	劉連祥	男	52	山東	1938.4
燕子磯區區長	高梓推	男	54	南京	1938.4
上新河區區長	陳良知	男	60	南京	1938.4
孝陵衛區區長	陳公衡	男	43	南京	1938.4
安德門區區長	尉遲琨	男	50	南京	1938.4

資料來源：偽「南京特別市秘書處」：南京特別市政府職員名冊（高冠吾任內），南京市檔案館藏，1002－1－277。

　　1938年10月，督辦南京市政公署召開調整城鄉各區區界會議。除安德門區外，各區區界均繫沿襲前自治委員會時代所劃分之界址，當時因事變甫定，倉促成立，導致許多界域不清，需要加以調整。12月，綏靖部函令督辦南京市政公署稱：「事變以來，群盜如毛，共匪乘機利用奸民互相勾結，橫行鄉里，無所不為，以有限之軍警擔任防剿實不足以應付，若不從事消滅，一切政令無從推進。肅清匪源，在地方行政長官吏與民眾切實合作，各鄉鎮下級政治機構必須健全組織。」〔註22〕要求加強區劃下鄉鎮組織，整頓保甲編查戶口，嚴防共黨滲透和土匪作亂。

〔註22〕偽「南京特別市秘書處」：布告招集流亡來歸時及治安警察暫行條例等，南京市檔案館藏，1002－1－538。

　　汪僞南京市政府成立伊始，即著手恢復區公所的制度與組織建設。1941年5月，市府公佈實施修正後的《南京特別市各區公所組織規程》，主要內容爲：1、南京特別市政府爲促進自治，按照轄境暫設城區公所5處，鄉區公所4處。2、各區公所設區長，秉承市長之命督率所屬職員辦理各該區事務。3、各區公所辦理事務受市政府各主管局處之指導。4、城區公所設三組：總務組，辦理文書庶務會計及不屬其它各組事項；行政組，辦理自治保甲救濟衛生及各項市政推行事項；調查組，辦理調查登記宣傳事項。5、前條各組設組長1人，組員1至3人，助理員2至4人，承區長之命分別辦理主管事務。6、鄉區公所因事務較簡，暫不分組，設助理員3至5人，秉承區長之命分別辦理主管事務。7、城鄉區公所因事務之需要，得用通譯1人，及雇員5至10人。8、組長、組員、助理員由區長呈請市長委任之，雇員由區長派充呈報市長備案。9、各區依地方及事務情形，得設置坊鄉鎮長及保甲長，前項坊鄉鎮長及保甲長爲無給職，但得酌給辦公用費。10、各區公所各項行政設施非經呈報市政府核准許可，不得單獨施行。〔註23〕經調整後，南京市政府下轄九區，各區公所地址及轄境如表所示。

表1－6：南京特別市各區公所地址及區長姓名、轄境表（1942年2月）

區　別	區長姓名	區公所地址	區之轄境
第一區	李尚清	瞻園路	中華路復興路以東、中山東路以南，計轄20坊
第二區	仇弼良	升州路	中華路復興路以西、漢中路以南，計轄24坊
第三區	方　灝	珠江路	中山東路以北、中山北路以東及五洲公園，計轄11坊
第四區	詹榮光	山西路	中山北路以西、漢中路以北，計轄10坊
第五區	劉連祥	下關寶善街	下關，計轄7坊
上新河區	陳良知	上新河鎮	漢中門外鄉區，計轄江勝、南圩、北圩、南濱、北濱、上新河等6鄉鎮
燕子磯區	蕭石樓	燕子磯鎮	中央門鄉區，計轄燕子磯、烏龍、柵欄、金固、萬山、太平、七里、八卦、和平、笆斗等10鄉鎮

〔註23〕僞「南京特別市秘書處」：南京市政府及下屬機構組織規程與辦事細則，南京市檔案館藏，1002－1－41。

區　別	區長姓名	區公所地址	區之轄境
孝陵衛區	巫開福	孝陵衛鎮	中山門外鄉區，計轄馬群、孝陵衛、牌樓、仙鶴等 4 鎮
安德門區	楊廣才	中華門外雨花路	中華門外鄉區，計轄三坊及善德、谷秀、鳳臺、海新等 4 鄉鎮

資料來源：僞「南京特別市秘書處」：首都義勇警察隊組織規則、各區公所組織規程
　　　　及編制情況等，南京市檔案館藏，1002－1－888。

　　1942 年 11 月，南京特別市政府修正區公所組織規程。因「各區公所爲推進市政之基礎，必須組織健全，使各盡其責職，庶幾政令之設施，始克臻其效果。茲以各區公所組織不合實際，保甲編制又涉分歧，自應切實整頓，予以改組。況値區界重爲劃定，尤宜將區公所之組織徹底改革，借增工作效率，爰特修正南京特別市各區公所組織規程」〔註 24〕。經過再次修正的《修正南京特別市各區公所組織規程》內容與前相比發生諸多變化，爲便於比較，茲列其要點如下：1、爲加強保甲組織，促進地方組織自治起見，特設置城區公所 6 處，鄉區公所 4 處，除實驗區外，並按事務繁簡，轄境廣狹，城鄉各區酌列一、二、三等。2、城區列一等者爲第二區，二等者爲第一、第三兩區，列三等者爲第四、第五兩區；鄉區列一等者爲上新河區，二等者爲安德門區，列三等者爲孝陵衛區。各設區公所，設區長一人。3、各區公所設下列各組：第一組，掌理會議、文書、人事、會計、庶務、翻譯、及不屬其它組之事項；第二組，掌理公安、公益、農林、土地、文化、教育、徵工、募捐；第三組，掌理戶口、工商業之調查統計、登記、保甲之編組整理及選舉等。4、各組除鄉區三等區不設組員外，其一、二等區應設員額如下：第一組，設組長 1 人，組員 1 至 2 人，助理員 1 至 2 人；第二組，設組長 1 人，組員 1 至 2 人，助理員 1 至 2 人；第三組，設組長 1 人，組員 2 至 4 人，戶籍員或助理員 4 至 8 人。因事務需要，得用通譯 1 人，雇員 5 至 10 人。5、組長、組員、助理員或戶籍員由區長呈請市府委任；雇員由區長派充，呈市府備案；各區公所經費由市府直接發給；鄉鎮長及保甲長爲無給職，但得酌情給予辦公費用。由上列內容可以看出，市府對於區公所進行分類與定位管理，職權規定比較明晰，較前者確有進步之處。

────────────

〔註24〕僞「南京特別市秘書處」：市政公報（108 期），南京市檔案館藏，1002－1－
　　　　1169。

同時，鑒於「各自治區區界與首都警察總監署所轄警察局界線未能劃一，因之行政上每多窒礙，各區局亦未能盡收聯絡合作之效，爰經會同首都警察總監署組織首都各區局劃界委員會，節次開會討論，現經共同決定，本市自治區於城內增設區公所一處（旨在加強組織之基礎，各級組織力求嚴密），該區管界與中區警察局轄境相同，定名爲第四區，並將本市各自治區警察局轄境界線均重爲劃分，彼此一致，以利公務」〔註25〕。爲糾正這一狀況，1942年 6 月，市府會同首都警察總監署組織首都各區局劃界委員會，由警察總監署第一科長姜庚生、秘書姚樹楫與吳以鴻、日文秘書叢尙滋、市政府社會局科長蘇源、地政局科長張太遊、衛生局科長莊立擔任委員，警署第二科科長潘敦薇爲該會主任委員。6 月 25 日召開第一次會議，其後因人事更易，改派社會局第二科長蒯君甫替代蘇源。又因戶籍門牌急待編查，市政府請警署召開第二次會議，而此時警察總監署由鄧祖禹接替蘇成德出任總監，原來所派接管卷內委員均已去職，於是改派督察處長張令吾、秘書安照白、總務科長周思道、行政科長曾昭庸、特高科長蘇曉雲等兼任各區局劃界委員會委員，並指定張令吾爲主任委員。新任委員於 7 月 31 日召開第二次會議，決議城內增設區公所一處，該區管界指在太平路、復興路一帶，即警察中區轄境，並擬定名爲第四區，派胡松泉籌備，而舊第四區已改爲城區實驗區，借補其缺。又爲各區管界與各警區轄境一致起見，至將各區界斟酌劃分，城區自治實驗區面積擴大，而第一、二、三區均量爲移改或縮小，惟第五區仍舊。8 月 15日第三次會議時，各項重劃界地圖已經完成，委員會函請各警察局局長、各區區長、南京特務機關福江治安主任、本府聯絡官等列席會議。11 月 18 日，又將劃界進展函知防衛司令部、憲兵隊本部、南京特務機關、南京日本總領事館。12 月，各區分坊圖繪製完成，編組保甲於次年 1 月基本完成。〔註26〕

市府下令各區依照區界圖分別交接，以便重行編組保甲。並制定了「各區辦理劃界中心工作大綱」，要求各城區編制保甲不得超過規定坊數：城區自治實驗區不得超過 14 坊；城一等區不得超過 16 坊，城二、三等區不得超過12 坊；各坊冠以地名，保甲以數字定之。保甲名稱確定後即覆查戶口，並釘

〔註25〕僞「南京特別市秘書處」：市政公報（108 期），南京市檔案館藏，1002－1－1169。

〔註26〕僞「南京特別市社會局」：委任劃界委員會的委員、劃界委員會會議記錄及市區劃分圖，南京市檔案館藏，1002－2－740。

置木質門牌，並檢查補發紙質門牌證；確定坊鄉鎮長之標準資格，除依照條例外另行補充：須富有聲望而公正廉明者，有正當職業稍有資產者，熱心服務者，受有中等教育以上者，如不符合當選亦不任用。〔註 27〕這樣區公所與各警局轄境就合爲一體，同時加強坊保甲長人選的選任，編組保甲與覆查人口聯動而行，編織了一條緊密的網絡，下層組織系統日見完善，管理和控制得到進一步加強。這也是日僞進行「政治清鄉」的一部分，除對群眾廣泛宣傳「中日親善」、「和平建國」等思想外，實行編組保甲、連坐聯保，組建警察保安武裝，推行嚴格清查和策動告密的方法，以強化其法西斯統治。

另外，鑒於浦口在交通與治安方面的重要性，1941 年 4 月，南京特別市政府呈請行政院要求恢復浦口 1937 年以前原狀，由江蘇省江浦縣交還南京市以便設區管理。

> 浦口地方與下關隔江相峙，爲南北通衢，水陸交通頻繁，於首都治安行政，均有不可分離之勢。二十六年前原屬本市管轄。事變後，各地方交通秩序未竣，暫歸江蘇省江浦縣監管，原屬一時權宜之計。此事在高前市長任內前經商請劃還，但省議遷延未決，遂成懸案。現國府還都已逾一週年，凡百設施俱入正軌。此種權宜措置似未可視爲久計，況本市人口商業日趨繁榮，南北交通已暢達無阻，浦口一區在昔旣爲本市轄境，自應恢復往時原狀。仍當由本府設置區公所以符定制，而正市界。一面由首都警察廳恢復警局，保障治安。〔註28〕

5 月 3 日，南京特別市政府又就此事呈請內政部。內政部 6 日函請南京市府、江蘇省政府派員來部商討。南京市派社會局長盛開偉與地政局長胡政出席，江蘇省派第一科長朱君重出席並表示同意南京市的提議。三方商討決定先由省市雙方各自調查界址成案並提呈內政部；又因浦口區省市劃界於 1934 年，故此次由省市派員會同據此再次勘定界線，製作劃界形勢圖。得江蘇省政府同意，南京市擬定於 7 月 1 日前往接收一切，並藉此成立接收浦口區籌備委員會，由市府與警察總監署各派委員盛開偉（社會局局長）、崔永銓（勤

〔註27〕僞「南京特別市秘書處」：市政公報（108 期），南京市檔案館藏，1002－1－1169。

〔註28〕僞「南京特別市社會局」：呈院請將浦口地方交還市府管轄會議記錄，南京市檔案館藏，1002－2－1352。

務督察長）籌備接收浦口區事宜，且由日人南出眞演擔任該區臨時通譯官。然而勘界形勢圖送內政部以後便無音信，接管日期一拖再拖。直至 1942 年 1 月，內政部方才通令省、市等有關機關，決定恢復浦口事變以前狀態，移交南京特別市政府管轄。〔註29〕

　　各區組織穩定之後，市政府爲推進保甲，改善區政起見，頒行《南京特別市區政會議規程》，召開區政會議。區政會議由市長定期召集，由下列人員組成：市長、市政府秘書長、市府所屬各局處長及社運會主任委員、市政府參事、首都警察廳主任秘書及第二科長、市府所屬各局處秘書及社會局第三科長、各區區長、各坊鄉鎮長以及其它由市長指定或邀請之人員。同時請內政部派員指導，邀請內政部保甲推進委員會、南京特別市黨部，暨其它法團代表到會共同討論。區政會議以市長爲主席，市政府秘書長、社會局局長爲副主席。討論事項包括七個方面：關於促進各區行政辦事之效率事項；關於保甲之推進及民眾之訓練與自衛事項；關於戶籍及聯保切結之整頓事項；關於國民補習教育識字運動之事項；關於墾殖增加生產充足民食事項；關於振興工商業救濟失業、復興地方事項；關於撫輯流亡、勸導回歸及救濟貧窮事項；關於勵行清潔防疫暨其它公共衛生事項。〔註30〕區政會議召開之前先行成立區政會議秘書處，由社會局長兼任秘書主任，下設文書、議事、事務三組，人員由秘書處、社會局調派兼充。1942 年 2 月 23 日上午 10 時半，區政會議在市府大禮堂開幕，出席與列席會員共 117 人，及中央機關代表、日方代表 20 餘人。會議安排十分緊湊，不僅有大會報告、審查提案，還有南京特務機關長原田少將召集各區坊鄉鎮長談話、市長懇談會及新國民運動宣誓等。〔註31〕

　　1942 年 3 月，區政會議做出設立自治實驗區的決定。試圖通過設立自治實驗區，以勵行保甲制度，樹立區政楷模。指定城區第四區爲城區自治實驗區，4 月 1 日成立；燕子磯區爲鄉區自治實驗區，因其範圍狹長，擴充需要時日，故遲至 5 月 1 日成立；委令市府參事趙其凡兼任城區自治實驗區區長，原任燕子磯區區長蕭石樓爲鄉區自治實驗區區長。〔註32〕

〔註29〕僞「南京特別市社會局」：呈院請將浦口地方交還市府管轄會議記錄，南京市檔案館藏，1002－2－1352。
〔註30〕僞「南京特別市秘書處」：市政公報（89 期），南京市檔案館藏，1002－1－1169。
〔註31〕僞「南京特別市秘書處」：南京特別市政府組織規則及市政概況（二），南京市檔案館藏，1002－1－15－2。
〔註32〕僞「南京特別市秘書處」：南京特別市政府組織規則及市政概況（二），南京市檔案館藏，1002－1－15－2。

　　鄉區自治實驗區成立後，每月舉行鄉鎮長聯席會議。1942 年 9 月第五次會議時決定更名爲區務會議，同時爲健全機構強化組織奉令成立南京特別市鄉區自治實驗區調解委員會，制訂《南京特別市鄉區自治實驗區調解委員會組織規則》。城區自治實驗區與此相同。概因市府訓令稱：「查自治組織欲使強化，必須機構健全，咸臻便利。每有人民或以錢債細故或以口角微嫌，率爾興訟，拖累無已。按鄉鎮自治實行法第 32 條，區自治施行法第 28 條，飭實驗區籌辦調解委員會。」〔註33〕

　　根據《南京特別市鄉區自治實驗區調解委員會組織規則》，鄉區自治實驗區公所組設該區調解委員會。調解委員會附設於區公所，受區長監督，處理調解事務；一般由 5 至 7 人組成，由區長聘任區內素孚眾望、公正熱心之人士，並設主任委員會 1 人；主要辦理民事調解事項與依法得撤回告訴之刑事調解事項，調解辦法是道歉和評定賠償。

表 1－7：南京特別市鄉區自治實驗區調解委員會委員職員姓名略歷表
　　　　 （1942 年 10 月）

職　別	姓　名	年齡	籍貫	略　　　　歷
主任委員	高梓推	57	南京	兩江師範畢業，前燕子磯區區長
副主任委員	鄧少庚	60	湖南新寧	曾任燕子磯鎮長，現任第十區黨部組訓委員
委　員	李耀堂	73	南京	曾任北固鄉自治會委員
委　員	謝秉權	43	南京	曾任烏龍鄉鄉長
委　員	孫奎山	60	南京	曾任金固鄉副鄉長
委　員	殷半農	57	南京	曾任副鄉長、保長
委　員	王鎔？	37	南京	南京市農會常務理事
書　記	茅於翔	42	南京	曾任市立七里鄉小學校長，區公所助理兼
錄　事	張志淵	19	南京	初中肄業，曾任燕子磯小學事務員，區公所雇員兼

資料來源：僞「南京特別市社會局」：燕子磯實驗區公所成立及會議各案、調解委員
　　　　　會的組織規則及職務名冊、履歷、添設督導員與戶籍調查員等，南京市檔
　　　　　案館藏，1002－2－551。

〔註33〕僞「南京特別市秘書處」：市政公報（105 期），南京市檔案館藏，1002－1－
　　　　1169。

綜上可見，汪僞南京市政府十分重視各區組織制度的建設，但其目的不在自治，只是爲了恢復並加強基層組織建設。在實際操作中，市政府改革區政，改組保甲，都是爲了強化體制，以便取得控制的實效。從僞府自身來說，希望政令通達，在基層組織能夠貫徹執行；從其背後的遙控者日本來說，則是要透過此實現其「以華治華」的戰略，以助其控制、鎭壓與掠奪。

第三節　市政府各級人員結構

一、公務員

汪僞國民政府於 1940 年 3 月正式成立後，南京市政府基本承繼維新政府時期的原班人馬，直至 6 月才開始著手改組南京市政府，蔡培代替高冠吾出任南京市市長。截至 1945 年 8 月日本投降，南京市長計有兩任，1942 年 1 月前爲蔡培，之後爲周學昌。因政局基本穩定，在維新政府所奠定的基礎之上，南京市政穩步恢復和發展。市府各級機關人員也開始充盈起來，呈現出復蘇的跡象。

根據 1939 年 12 月秘書處編製的南京特別市政府職員名冊，除三人籍貫不明外，在已知 8 人中，籍屬江蘇與南京者有 6 人。市長高冠吾爲江蘇人。這與南京淪陷前官員選任的非地方化不同。1940 年 11 月，秘書處統計南京市政府重要職員名錄，顯示所列 10 人中，江蘇人佔據 6 席。市長蔡培爲江蘇無錫人。

表 1－8：南京市政府重要職員名錄（1940 年 11 月）

職　別	姓　名	性別	年齡	籍　貫
市　長	蔡　培	男	不詳	江蘇無錫
秘書長	張心蒲	男	不詳	江蘇武進
參　事	金國書	男	58	浙江紹興
參　事	顧忠璐	男	50	江蘇無錫
社會局長	盛開偉	男	52	浙江餘杭
財政局長	蹇先聰	男	48	貴州
教育局長	徐公美	男	40	江蘇松江

職　別	姓　名	性別	年齡	籍　貫
工務局長	謝學瀛	男	56	江蘇無錫
地政局長	胡　政	男	37	江蘇吳縣
衛生局長	衛錫良	男	不詳	江蘇

資料來源：偽「南京特別市秘書處」：市政府職員名冊（蔡培市長任內）南京市檔案
館藏，1002－1－274。

　　1942 年周學昌接任市長後，市府主要職員的籍貫分佈漸趨多樣化。在所
列 16 人中，籍屬江蘇與南京者 5 人，河北 5 人（有一人身兼兩職，故按兩人
計算），浙江 3 人。市長周學昌為河北人。對比三任市長主政期間主要官員的
籍貫歸屬，我們可以發現一個有趣的現象。即在市府主要官員的選擇上，同
鄉的裙帶關係起到了十分重要的作用。在前兩任政府中，沒有出身河北的官
員廁身其中，但周學昌的上任則帶來了一個河北人的小團體，並非事出無因。
這也凸顯出南京作為汪偽國民政府的首都，既受汪偽國民政府統管區域狹窄
的影響，顯示出濃厚的江蘇地緣屬性的特點，又受同鄉、血緣等裙帶政治的
影響，從側面反映了汪偽集團內部的權力派系與紛爭比較突出。

表 1－9：南京特別市政府薦任以上重要職員名錄（1942 年）

職　別	姓　名	性別	年齡	籍　貫
市　長	周學昌	男	45	河北
秘書長	陸善熾	男	38	浙江
參　事	蘇榮軒	男	45	河北
參　事	顧忠璐	男	53	江蘇無錫
參　事	趙其凡	男	35	江蘇鹽城
參　事	李惟身	男	36	河北
財政局長	譚友仲	男	36	廣東
工務局長	陳萬恭	男	38	福建
教育局長	楊正宇	男	48	湖南
衛生局長	褚通爵	男	48	浙江
地政局長	張仿良	男	33	河北
經濟局長	林大中	男	53	浙江

職　別	姓　名	性別	年齡	籍　貫
糧食局長	劉　渤	男	39	南京
社會福利局長	姜文寶	男	43	江蘇
宣傳處長	薛　豐	男	32	江蘇無錫
保甲委員會主任	蘇榮軒	男	45	河北

資料來源：偽「南京特別市秘書處」：市府薦任職員名冊（周學昌市長任內），南京市
　　　　檔案館藏，1002－1－275。

　　同時，從南京市政府整體來看，上面所說的裙帶關係並不明顯。1940年
5月，高冠吾任市長期間，南京市秘書處統計市府及秘書處全體職員人數（不
含其它各局處），共計115人。按其籍貫統計，南京29人，江蘇40人，共69
人，占總人數的60%。〔註34〕1943年6月，周學昌任內統計南京特別市政府
薦任以上職員共63人，籍貫分佈的集中地為南京與江蘇，有47人，占總數
的74%。〔註35〕此外，三屆市政府的主要官員人選基本隨市長的更換而變化，
很少有人能夠穩定續任。從高冠吾到蔡培，只有金國書一人留任；從蔡培到
周學昌，也只有顧忠璐一人自始至終保持留任，而教育局長楊正宇因1941年
6月方才到任，故六個月後也留任新一屆市政府。

　　1943年4月，因各局處職員需要進行銓敘審查的緣故，秘書處特別製作
了南京特別市政府薦任以上人員調查表。透過這個表格，我們可以更進一步
地瞭解市府薦任以上官員的背景。

表1－10：南京特別市政府薦任以上人員調查表

職　別	姓　名	籍貫	年齡	略　　歷	到職年月
市　長	周學昌	河北	45	北京教育局長，陝西省教育廳長	1942年1月
秘書長	陸善熾	浙江	38	持志大學教授，財政部專員，社會運動指導委員會主任秘書	1942年1月
參　事	蘇榮軒	河北	45	大學教授，陝西省教育廳督學，華北教育總署督學	1942年1月

〔註34〕偽「南京特別市秘書處」：南京特別市政府全體職員名冊（高冠吾任內），南
　　　　京市檔案館藏，1002－1－279。
〔註35〕偽「南京特別市秘書處」：市府薦任職員名冊（周學昌市長任內），南京市檔
　　　　案館藏，1002－1－275。

職　別	姓　名	籍貫	年齡	略　　　　歷	到職年月
參　事	顧忠潞	無錫	53	陸軍第 16 師糧服科科長，北伐第 4 軍校副座，鹽城稅務所所長	1938 年 5 月
	趙其凡	鹽城	35	浙江省政府視察，糧食管理委員會科長，實業部專員	1942 年 2 月
秘　書	李熊吉	吳江	38	財政部科員，航空公路建設獎券辦事處科員，社運會薦任科員	1942 年 1 月
	淩榮春	南京	43	中國國民黨中央執行委員會秘書廳總幹事	1942 年 1 月
	王瑞麟	北平	42	政治訓練部第三科科長，上校專員	1942 年 10 月
	蘇鏡三	福建	40	訓練總監部中校，軍醫，安徽省警務處秘書	1942 年 1 月
專　員	高楨寰	山東	39	察哈爾省財政廳秘書科長，懷來縣長，天津特別市政府專員	1942 年 1 月
	呂梅侶	江蘇	36	東北大學教授，德國實業團編譯委員會委員	1940 年 8 月
	黃伯熙	南京	55	參謀本部科員，山東督辦公署股長，山東省公署科長	1941 年 10 月
	張延建	江蘇	38	會計師，上海綠寶公司會計部長	1942 年 1 月
	謝傳安	江蘇	53	江蘇督署外交顧問，外交部參事，山東省政府科長	1938 年 4 月
秘書處第一科長	茹沛然	河北	41	河南教育廳視察，南京市黨部總務科長，社運會科長	1942 年 1 月
秘書處第二科長	程　翔	江蘇	46	宣傳部專員，本府教育局科長，本府專員	1940 年 9 月
經濟局					
局　　長	林大中	浙江	53	前北京政府漢陽兵工廠廠長，軍政部兵工研究委員會簡任委員，江蘇省經濟局局長	
秘　書	汪衍周	安徽	53	曾充科員、主任、秘書、主任秘書、局長、稽核	
科　長	劉錫侯	山東	37	曾充科員、主任、秘書、科長等職	
	張黃鐘	浙江	42	實業部物價管理總局第二、第三兩科科長，實業部簡任校正	

職　別	姓　名	籍貫	年齡	略　　　　歷	到職年月
科　長	蕭　霈	湖南	30	工商部專員，實業部專員兼統計處科長	
視　察	蔡湘	浙江	47	交通部稽核主任，清鄉委員會中校股主任，江蘇省建設廳秘書兼會設股主任	
	朱恩永	上海	31	滬市識字教育委員會學務委員，上海女子中學教育警政部一等科員	
	蔣森書	上海	28	江蘇省經濟局課員，實業部物價局一等科員	
	周再誠	淮陰	40	曾充軍政界科員、秘書、黨務幹事、書記官、參謀科長、總隊副團長、旅長、參謀等職	
技　正	盧持初	漢口	30	曾任大夏大學講師	
財政局					
財政局長	譚友仲	廣東	36	中政會文書處長，財政部參事等職	1942 年 1 月
秘　書	余濟民	江蘇	41	北京中央暨南各大學教授，財政廳主任秘書	1942 年 1 月
科　長	李峻德	江蘇	41	曾任中央醫院會計股長，財政部派駐海州鹽務管理局會計主任等職	1942 年 1 月
	夏道生	浙江	56	江蘇安徽財政廳科長等職	1942 年 1 月
專　員	劉登瀛	甘肅	36	江蘇菸酒稅局局長，立法院科長	1942 年 1 月
教育局					
教育局長	楊正宇	湖南長沙	48	日本東京高等師範卒業，曾任教育部參事、國立中央大學教授兼教育學院院長等職	1941 年 6 月
秘　書	唐有樑	江蘇無錫	33	法國國立都曾斯大學法學博士，曾任行政院編譯室主任，國立中央大學教務主任等職	1941 年 6 月
第一科科長	何戒平	湖南長沙	47	前清增生，曾任上海中國公學大學部，復旦大學等校教授二十年	1942 年 12 月
第二科科長	陳書俊	江蘇高郵	36	大夏大學高等師範科畢業，曾任江蘇省立鎮江師範、蘇州中學校長等職	1941 年 6 月

職　別	姓　名	籍貫	年齡	略　　歷	到職年月
第三科科長	張繩伯	南京	47	中央大學教育學系畢業，曾任模範女中教員等職	1941 年 6 月
督　學	羅紉庵	南京	39	江蘇省立第四師範畢業，曾任立法院薦任科員等職	1942 年 6 月
	陳靄舟	南京	50	武昌中華大學教育系肄業，曾任南京特別市教育局一等科員，鍾英中學訓育主任等職	1941 年 6 月
	徐　寧	江蘇常熟	42	上海大夏大學畢業，曾任江蘇省教育廳視察等職	1942 年 9 月
工務局					
工務局長	陳萬恭	福建	38	新加坡 Hindhedeco 土木系正工程師，安徽建設廳主任工程師，鐵道部京贛鐵路總段長等職	1943 年 3 月
秘　書	朱　灝	上海	36	實業部茶葉運銷局科長，國際日報社副社長，裕通鹽業公司會計科長等職	1943 年 3 月
技正兼第三科長	韓春弟	河北	37	銅山縣建設局長，黃河堵口工程師，建設總署水利局技正等職	1943 年 2 月
第一科科長	陸仲和	浙江	32	浙江建設廳總務科長，財政部中央儲備銀行印刷所監印等職	1943 年 3 月
第二科科長	黃慶沂	江都	49	浙贛鐵路副總工程師，工事股主任，工程科長，水利委員會技正，本局第三科長、技正等職	1943 年 3 月
試用技正兼建築股主任	吳顯揚	江蘇	28	交通部滇緬鐵路工程師，元平公路工程師兼設計股主任等職	1943 年 3 月
地政局					
地政局長	張仿良	河北省晉縣	33	南京特別市黨部組織科科長，中國國民黨中央組織部第三處處長，實業部簡任專員	1943 年 4 月
秘　書	盧松安	河北宛平縣	46	天津市社會局第三科科長，國立女子師範學院秘書	1943 年 4 月

職　別	姓　名	籍貫	年齡	略　　歷	到職年月
第一科科長	陳仲屏	河北安新縣	46	曾任南京地方物價管理局管理課課長	1943 年 4 月
第二科科長	楊在壽	南京	53	任地政局第一科總務股主任，南京特別市政府秘書處第一科會計主任等職	1942 年 1 月
第三科科長	朱　堤	江蘇宜興	38	江蘇省建設廳工程師，內政部薦任一級技正，國民政府銓敘部甄審合格	1943 年 4 月
審查股主任估計專員	萬霖生	南京	60	南京市政府財政局、土地局、地政局科員、主任科員、估計專員、科長，南京特別市政府地政局第一科科長	1938 年 6 月
衛生局					
衛生局長	褚通爵	浙江	48	浙江省立傳染病院長，江蘇省衛生局局長，內政部技正	1942 年 5 月
秘　書	程公民	浙江	47	福建省政府參議	1942 年 5 月
第一科科長	周禮莊	江蘇	38	軍政部科員，北寧路局機車廠會計科長，外交部薦任科員	1942 年 10 月
保甲委員會					
保甲委員會主任委員	蘇榮軒	河北	45	曾任陝西省教育廳科長，華北教育總署督學等職	1942 年 1 月
副主任委員	蒯君甫	山東	34	曾任特工總部南京區專員、股長，南京特別市政府專員，社會局科長等職	1942 年 1 月
秘　書	蘇　源	江蘇	31	江蘇教育學院教育學士，曾任資源委員會國民經濟研究所組長，南京特別市政府社會局科長兼度量衡檢定所所長等職	1940 年 7 月
第一科科長	楊仁卿	浙江	38	警政部警務司科長，特種警察署科長，調查統計部政治警衛總署上校、秘書等職	1943 年 3 月

職　別	姓　名	籍貫	年齡	略　　　歷	到職年月
宣傳處					
宣傳處長	薛　豐	江蘇無錫	32	宣傳部幫辦科長，中央宣傳部委員	1942 年 1 月
秘　書	馮積芳	浙江寧波	42	南京特別市黨部宣傳科長，清鄉區黨務辦事處秘書	1942 年 1 月
科　長	黃爾定	南京	29	湖南瀘溪縣第三科長，宣傳部電臺管理處科員	1941 年 4 月
專　員	汪定一	江蘇上海	29	首都新聞檢查所副總檢查，中國公學教授，民國日報編輯	1942 年 8 月
	張興楨	浙江吳興	29	上海國報社編輯，南京市府宣傳處專員	1942 年 8 月
社會福利局					
社會福利局長	姜文寶	江蘇	43	南京市及上海市社運會副主任委員，社運會駐滬辦事處處長，南京市社運會主任委員	1943 年 3 月
秘書主任	胡天僧	松江	42	社會部科長，社運會專門委員，（社會福利部專門委員兼）	1943 年 3 月
秘　書	李萬育	泗陽	43	江蘇省民政廳視察，江蘇省教育廳督學，上海市社會局專員	1943 年 3 月
	蘇東麓	福建	29	福州公安局科長，交通部專員，南京市社運會秘書	1943 年 3 月
會計主任	費永祚	鎮海	39	上海市黨部總幹事，南京市黨部科長，南京市社運會會計主任	1943 年 3 月
科　長	姜羽仟	江蘇	45	行政院社運會科長、秘書，南京市社運會科長	1943 年 3 月
	沈　愚	崇德	42	行政院社運會專員，南京市社運會科長	1943 年 3 月
	潘叔蕃	南京	46	行政院社運會專員，南京市社運會科長	1943 年 3 月
	買崇裕	江浦	47	南京市黨部執委，南京市社運會科長	1943 年 3 月
	鄭慶鴻	廣東	36	廣州市黨部執行委員，香港政府教育處督學	1943 年 3 月

職　別	姓　名	籍貫	年齡	略　　　　歷	到職年月
視　察	趙文鶴	寶山	38	寶山縣政府科員，社會部視察，南京市社運會視察	1943 年 3 月
	吳琴言	上海	40	社會部薦任科員，南京市社運會視察	1943 年 3 月
	葛土良	南通	48	行政院視察，南京市社運會視察	1943 年 3 月
	李同垓	武進	38	社會部科員，南京市社運會視察	1943 年 3 月
	徐芝生	江蘇	33	社運會駐滬辦事處薦任科員，南京市社運會視察	1943 年 3 月
	任數文	鎮江	43	江蘇省民政廳視察，浙江省建設廳視察，社運會駐滬辦事處股主任	1943 年 4 月
	蔡心孚	南京	41	北平中央醫院醫師，社運會科員	1943 年 4 月
	王美中	上海	39	南方中學校長	1943 年 4 月
糧食局					
糧食局長	劉　渤	南京	39	邊疆委員會科長、處長、常務委員、司法行政部咨詢委員	1943 年 4 月
秘　書	胡敬之	句容	34	嘉山縣政府秘書，來安縣教育局長	1943 年 4 月
	陳碧徽	南京	33	平綏路局科長，政治警衛總署中校股長，社會福利部振市局視察	1943 年 4 月
第一科科長	黃桐軒	河北	49	懷寧縣政府科長，江蘇靖泰菸酒稅局長，公糶委員會組長	1942 年 7 月
第二科科長	劉渤（局長兼）				
第三科科長	張熹輝	河北	39	清河縣政府科長，晉縣黨部執行委員，東亞聯盟南京分會科長	1942 年 7 月
專　員	孫益三	上海	31	浙江省糧管局倉庫主任，清鄉黨務辦事處科長，公糶委員會秘書	1942 年 11 月
	張振萬	南京	38	縣政府科長，糧管局薦任技正，南京市公糶委員會組長專員	1941 年 9 月
	羅炳章	浙江	33	糧委會駐南京市公糶委員會會計專員	1942 年 7 月

職　　別	姓　　名	籍貫	年齡	略　　　　歷	到職年月
視　　察	吳樂天	南京	37	湖北省黨務整委會文書股主任，革命軍第八團書記官	1943 年 5 月
	傅近秋	南京	47	江蘇省會防疫醫官	1943 年 4 月
技　　正	孫　震	武進	29	法院書記官，糧管會幹事，南京市糧管局及社會局主任科員，公糶會組長	1943 年 4 月

資料來源：僞「南京特別市秘書處」：各局處職員銓敘審查、行政院令發薦任人員合格級俸名冊及薦任以上人員名冊，南京市檔案館藏，1002－1－96。

　　以上所列薦任以上職員共 93 人。從地緣屬性來看，所列 11 部門裏，除部門長官爲江蘇或南京人者以外，其它明顯表現出同鄉裙帶關係的部門有經濟局、教育局、地政局、衛生局，且均爲同時到職。從經歷來看，除個別人外，基本都有在政府或軍隊中任職的經歷。市府各局處長大都有與現職相關的專業背景或任職經歷，如經濟局長林大中曾任江蘇省經濟局局長；財政局局長譚友仲曾任財政部參事；教育局局長楊正宇爲師範畢業，曾任教育部參事、國立中央大學專任教授兼教育學院院長等職；工務局局長陳萬恭爲土木系工程師，曾任安徽省建設廳主任工程師，鐵道路京贛鐵路總段長等職；衛生局局長褚通爵曾任浙江省立傳染病醫院院長，江蘇省衛生局局長等職；宣傳處處長薛豐曾任宣傳部幫辦科長、中央宣傳部委員等職。他們對於所在局處都比較熟悉，也身具專長，並非臨時性湊數的安排。從年齡來看，各局處長呈現年輕化的趨勢。除林大中已過五旬以外，陸善熾（秘書長）、譚友仲、陳萬恭、張仿良（地政局長）、薛豐、劉渤（糧食局長）等 6 人均在四十歲以下。從到職日期來看，除少數可以長期留任本局處以外，大部分都是轉任或新任人員，說明人員流動性很大，去職他就或離職的人不在少數。

　　這種人員流動在各局處內部表現也十分明顯。根據財政局 1942 年度年終獎金員役統計表顯示，財政局員工共 123 人，其中 117 人領有年終獎金。這 117 人中到差三個月以上的有 88 人，不足三個月的有 29 人。其中 1942 年到職的就有 65 名職員和 15 名勤務人員，包括局長譚友仲、秘書 1 人、科長 2 人、專員 1 人、主任科員 6 人均爲 1942 年當年到差。〔註36〕從 1943 年 5 月

〔註36〕僞「南京特別市財政局」：汪僞時期財政部門各單位職員名冊，南京市檔案館藏，1002－4－193。

地政局職員臨時考績表也可以看出一局之內的人員新陳代謝。地政局時任局長爲張仿良，職員 47 人。1938 年到差者有 14 人，1939 年到差者有 2 人，1940年到差者 12 人，1941 年到差者 11 人，1942 年以後到差者 8 人。〔註37〕若以 1940 年爲分界線，之後到差職員佔了近 66%；若以 1941 年爲界線，之後到差者則佔了 40%，充分說明了政府各局處職員流動比較頻繁。

　　爲了更深入觀察南京特別市政府的職員概況，特以 1940 年 4 月財政局職員概況調查表爲例，這張調查表從性別、黨籍、年齡、婚姻、學歷、官階、籍貫、年齡、薪給等九個方面描述了財政局職員的基本情況。從中可以看出財政局職員中男女性別比懸殊極大，這在其它部門也普遍存在。國民黨黨員僅占總數的 9%，可見國民黨黨員在政府職員中所佔比例較少，也與汪偽國民黨剛剛完成組府任務，還沒有來得及在政府中發展黨員擴張勢力有關。所有職員都具有中等教育以上學歷，其中接受過高等教育的占 20%，特種教育的占 12%，中等教育的占 66%。薦任以上官員 5 人，委任職 51 人，雇員 28 人。職員主要來源於南京市和江蘇省，占總人數的 81%。年齡分佈廣泛，約在 20到 60 歲之間，20 至 30 歲的約占 18%，30 至 40 歲的約爲 31%，40 至 50 歲的約 36%，50 至 60 歲的約占 15%，很明顯 30 至 50 歲的中年人是職員中的多數，這也與職員中已婚人群高居 92% 的事實相吻合。

表 1－11：南京特別市政府財政局職員概況調查表（1940 年 4 月）

性別	總計	男			女		
	84 人	80 人			4 人		
黨籍	無黨籍	國民黨			黨籍不明者		
	73 人	8 人			3 人		
婚姻	已婚	未婚			婚姻不明者		
	78 人	5 人			1 人		
學歷	高等教育	特種教育	中等教育	初等教育	私塾	其它	
	17 人	10 人	56 人			學歷不明者 1 人	

〔註37〕偽「南京特別市秘書處」：市政府所屬各局處職員年終考績名單和考績委員會組織簡章，南京市檔案館藏，1002－1－70。

官階	特任	簡任	薦任	委任	聘任	雇員		
		1人	4人	51人		28人		
籍貫	南京市	上海市	江蘇省	安徽省	河北	貴州	浙江	湖北	山東
	28	1	40	8	2	2	1	1	1
年齡	16～20	21～25	26～30	31～35	36～40	41～45	46～50	51～55	56～60
		5	10	16	10	14	16	6	7
薪給	40以下	41～50	51～60	61～70	71～80	81～90	91～100	101～120	121～140
	7	12	13	10	11	4	5	5	1
	141～160	161～180	181～200	201～250	251～300	301～400	401～600	600以上	
	7	2	1	1	0	4	1	0	

附注：1、特種教育系指各短期專門學校而言，如養成所、訓練所等。2、津貼車馬等費不併入正薪計算。3、各附屬機關暫不列入。資料來源：偽「南京特別市財政局」汪偽時期財政部門各單位職員名冊，南京市檔案館藏，1002－4－193。

至於上表中所列財政局職員的薪給情況，可參考 1940 年 11 月 1 日起汪偽政府頒行實施的《民國政府暫行文官官等官俸表》。此表乃是沿用 1933 年 9 月原南京國民政府公佈的官俸表。雖然其後因物價飛騰不斷加俸，但基本俸別不變，基本薪資也沒有變化。

表 1－12：民國政府暫行文官官等官俸表

任 別	級 別	俸別（元）	行政院及省政府所屬市政府
特 任		800	
簡任	一	680	市長：一～七 局長、秘書長：四～八 參事：五～八
	二	640	
	三	600	
	四	560	
	五	520	

任　別	級　別	俸別（元）	行政院及省政府所屬市政府
簡任	六	490	
	七	460	
	八	430	
薦任	一	400	局長、秘書長：一～五 市長：一～四 參事、秘書、科長：一～十
	二	380	
	三	360	
	四	340	
	五	320	
	六	300	
	七	280	
	八	260	
	九	240	
	十	220	
	十一	200	
	十二	180	
委任	一	200	秘書、科長、局長：一～四 一等科員：一～五 二等科員：六～十 三等科員：十一～十五 一等辦事員：八～十 二等辦事員：十一～十三 三等辦事員：十四～十六
	二	180	
	三	160	
	四	140	
	五	130	
	六	120	
	七	110	
	八	100	
	九	90	
	十	85	
	十一	80	
	十二	75	
	十三	70	

任 別	級 別	俸別（元）	行政院及省政府所屬市政府
委任	十四	65	
	十五	60	
	十六	55	

資料來源：僞「南京特別市秘書處」：市政公報（47 期），南京市檔案館藏，1002－1
－1167。具體各局處薪資，以社會局爲例可參見本書附錄一。

南京市政府因各處局職員原定俸額參差過甚，需要重新釐訂，於 1941 年
4 月 30 日下令社會局根據官等官俸表，將市府薦任以下職員敍俸標準分別規
定爲：1、秘書、科長、技正、督學、專員自薦任七級 280 元起至一級 400 元
止，共分六級。2、一等科員自委任三級 160 元起至一級 200 元止，共分三級。
3、科員自委任八級 100 元起至三級 160 元止，共分六級。4、辦事員自委任
十三級 70 元起，至八級 100 元止，共分六級。5、書記自 50 元起至 70 元止，
共分 4 級。6、雇員名稱取消。〔註 38〕

二、自治人員

區公所作爲自治組織，職員不列在公務員之內。對於區公所的職員狀況，
特別選取城區的第四區與鄉區的上新河區進行比較與探討，以便更好地展示
當時區公所的具體實況。汪僞南京市政府成立後，第四區公所有職員 25 人，
公役 8 人，區長爲詹榮光。區公所設通譯 1 人，下轄總務組、行政組與調查
組。1940 年 8 月，區長詹榮光呈請李集雲等人委任事，經社會局考覈，除郝
雲程一人評語爲「精神欠佳，該員應飭區另選精神有爲之員雇用」外，其餘
均獲准任用。各員情形如下：

表 1－13：第四區公所呈請委任職員情況表

姓名	年齡	籍貫	出 身	曾 任	職 務
李集雲	31	江蘇興化	興化縣高中	江陰雷電學校總務處辦事員	南京第四區行政組組員
曾學禮	25	南京	東方中學畢業	小學教員	第四區公所助理員

〔註 38〕僞「南京特別市社會局」：市府調查本府職員級俸訓令，南京市檔案館藏，1002
－2－1621。

姓名	年齡	籍貫	出　身	曾　任	職　務
金翰璋	32	南京	鍾英中學肄業	蘇州日報校對	第四區公所行政組助理員
鮑小雲	66	江寧	兩江法政畢業	檢察官書記官	——
田耀西	52	南京	江南開通法政學校、江寧城鄉自治研究所畢業	江寧縣第九區戶籍員	第四區公所調查組雇員
潘壽林	40	南京	安徽淮西中學畢業	安徽泗縣政府科員	第四區公所行政組雇員
王立欽	31	南京	私立成美中學肄業	江寧縣公安局錄事	安德門區臨時雇員
徐　樹	34	南京	南京市立第一中學肄業	第四區公所調查組雇員	中國大民會第四支部辦事員
郝雲程	43	南京	中學畢業	28 年江寧縣政府田賦稅徵收主任	30 年山東銷硝礦鹽理處科員
陳德林	68	南京	私塾	市農會文書及指導科科員	第四區公所雇員
萬祝三	48	南京	私塾	——	第四區公所行政組助理員
馬成勳	50	南京	私塾	——	第四區公所調查組雇員
朱壽田	29	浙江紹興	紹興中學畢業	紹興縣區公署書記等	——
田萬青	24	南京	五州中學肄業		四區公所助理員供職三年以上
殷筱堂	39	南京	成美中學		四區公所助理員供職三年以上
倪楷卿	33	南京	金陵中學畢業，汕頭公安局警官練習所	國民政府印鑄局技師	
陳如澄	29	浙江金華	浙江省第七中學肄業	——	首都警察廳司法科錄事

資料來源：僞「南京特別市社會局」：第四區公所更委職員（名冊履歷），南京市檔案館藏，1002－2－38。

　　上列各員被委職務爲區公所助理員和雇員。17 人中有 14 人具有中學學歷，約占 72%，其餘 3 人年齡偏大，爲私塾學歷。40 歲以下的占居多數，且都受到新式教育。南京籍職員有 13 人，江蘇籍有 2 人，浙江籍 2 人，地緣屬性更爲明顯。從其個人經歷來看，涉及教育、報業、政府機關、社團等行業，來源比較廣泛，但多數都在政府機關中有過任職經歷。

　　與之相較，上新河區因地處鄉區，職員較少，據 1940 年 7 月的統計共 13 人。有 11 人爲南京本地人，比例比第四區公所略高，基本反映出隨著政權的層級降低，南京本地人的色彩就日益濃厚，這既與基層政權行使的職權和對象有關，也受到淪陷區內日僞嚴格控制流動秩序的影響。上新河區區長陳良知，是南京本地人，已屆花甲，在地方上小有聲望，曾充東南大學農村學校校董、江寧縣第十區副區長等職。其它方面諸如教育背景、任職經歷都與前表沒有大的差異，足證城鄉區公所職員在任職要求上沒有差別。雖然南京淪陷後地方秩序遭受重大破壞，許多公職人員逃離了南京，但是日僞還是通過招攬收買、威逼利誘等手段召聚了一批在社會上有一定名望或曾任公職的人員。汪僞還都南京後，實際情況雖然與南京淪陷前不能相比，但這種工作的果效比維新政府時期要突出明顯得多。

表 1－14：南京市上新河區公所職員履歷清冊

職別	姓　名	年齡	籍貫	出　身	經　歷
通譯	朱德泰	44	江都	私塾	曾在日本經商十年
助理	繆　溥	63	本市	江南警官學校畢業	曾充前市政府上新河區公所助理，上新河鎮長等職
助理	陳有忠	54	本市	私塾	曾充上新河區南圩鄉副鄉長
助理	劉文變	40	本市	私立南京商業中學畢業	曾充水災委員會安慶糧站會計員、宜興無錫戒煙所事務主任兼平民院會計
助理	江蘭蓀	54	安徽	前北京財政講習所畢業	曾充蘇寧各稅所稽徵主任、縣政府科員、會計等職
雇員	洪心木	37	本市	私塾	曾充上新河鎮公所錄事
雇員	湯如壁	45	本市	私塾	前江寧縣第九區區公所錄事
雇員	陳輔臣	31	本市	私塾	前充南圩鄉鄉公所書記
雇員	黃壽民	39	本市	青年會肄業	前充當塗縣第三區公所助理員

職 別	姓 名	年齡	籍貫	出 身	經 歷
雇員	陳靜之	44	本市	江寧師範學校畢業	前充私立公立小學教員
雇員	丁沛潛	31	本市	初中肄業	曾充前上新河區公所書記等職
雇員	陳少卿	22	本市	安徽中學學校肄業	

資料來源：僞「南京特別市社會局」：上新河區更委職員文稿，南京市檔案館藏，1002
－2－64。

　　區公所職員的薪資在 60 元到 180 元之間，公役薪資在 30 元左右。區長
爲委任職，薪資相當於《民國政府暫行文官官等官俸表》中一等科員的待遇。
茲以安德門區公所來說明：

表 1－15：安德門區公所員役工資表

官 等	職 別	姓 名	俸 額
委任	區長	楊廣才	180
	組長	朱啓芬	140
		夏 雲	140
		鄭爲淼	130
	組員	丁永偉	90
		楊竹齋	80
	雇員	冷志遠	65
		周炎午	65
		吳 鐸	65
		楊清泉	60
		孫宏發	60
		張 燿	60
	小計	十二人	1135
公役	勤務	程尙華	32
		王學友	30
		范學彬	30

官　等	職　別	姓　名	俸　額
公役	小計	三人	92
	合計	十五人	1227

資料來源：僞「南京特別市社會局」：安德門區公所員役花名冊薪餉獎金及各坊鄉鎮
　　　　　保甲名冊，南京市檔案館藏，1002－2－48。

　　對於區公所職員的考詢由社會局負責實施。其考詢的內容和形式可以城區自治實驗區職員的考詢情況予以說明。社會局對於城區自治實驗區職員的考詢分爲兩組。第一組的考詢內容分甲、乙兩部分。甲爲填空題：1、特別市是直轄於＿＿＿。普通市是直轄於＿＿＿。特別市市長是＿＿＿職，普通市市長是＿＿＿職，或＿＿＿職。2、現時南京特別市共分＿＿＿個區，其各區之名稱爲＿＿＿。乙爲簡答題：1、何者謂之普通戶口？何者謂之特種戶口？2、試列舉本市政府所屬各局、處、會之名稱。3、試略述商號申請登記發給營業執照之手續。第二組考覈內容均爲問答題：1、試略述設立自治實驗區之意義與目的？2、公民有四種直接民權，試述其名稱？3、五家聯保切結，如能徹底辦理完整，有何種優點？4、如有人在本市開設商號店鋪必令其呈報登記並核發營業執照，其作用何在？5、區公所如需與江寧縣政府有所接洽，應用何種公文？兩組考覈內容都涉及市政基本常識、自治組織及行政事務管理等方面，綜合考察區級職員的基本素質。考詢可以採用筆試，也可以採用面試，根據考覈成績與表現分別評以甲、乙上、乙、丙四種，然後分別委用。〔註39〕

　　鑒於城鄉區公所的差異，區公所下轄的基層組織也稍有不同。城區區公所下轄坊、保、甲，坊下設保，保下設甲。鄉區區公所下轄坊與鄉鎮，坊與鄉鎮下設保甲。保甲是最基層的自治組織，但在淪陷區並沒有什麼自治。南京市保甲組織的重大變動有兩次，但均與自治無關，都是爲了加強保甲的組織建設，增強保甲網絡的實效功能。第一次是1942年底，因各區重新劃界以與各警局轄境協調一致的緣故，各區重新編組保甲。第二次是1943年實行保甲改革，撤坊設立聯保主任。

　　各區保甲設置不盡相同，數目不一，有大有小。以安德門區爲例，計有3

〔註39〕僞「南京特別市社會局」：城區自治實驗區職員考詢表，南京市檔案館藏，1002－2－511。

坊4鄉，4鄉爲鳳臺鄉、谷秀鄉、海新鄉和善德鎮。據1942年統計，各坊、鄉鎮保甲情況如下：

表1－16：安德門區各鄉坊鎮保甲長清冊（詳情見附錄一）

鄉坊別	保甲數	備　注
第一坊	12保144甲	每保最少6甲，最多22甲；甲長職業爲糧食、花、菜地、陶瓷、香業、蛋行、鐵匠、挑籮、茶、魚飯、稍行、柴行、豆腐、油貨、船工、屠行、理髮等
第二坊	19保218甲	
第三坊	6保44甲	職業爲農、工、商、漁等
鳳臺鄉	8保55甲	基本職業爲農、商
谷秀鄉	13保100甲	
海新鄉	8保73甲	
善德鎮	7保75甲	

資料來源：僞「南京特別市社會局」：安德門區公所員役花名冊薪餉獎金及各坊鄉鎮保甲名冊，南京市檔案館藏，1002－2－48。

因各坊保甲長人數眾多，難以盡述，僅以保數最少的第三坊來分析說明。第三坊共6保44甲。坊長蔣有喜，52歲，南京人，營商爲生。先來看保長的基本情況：平均年齡36歲，基本可以代表第一坊、第二坊的保長年齡層次，相對比較年輕。因安德門區處於城鄉接合帶，所以保長職業以從事商業與農業爲主，也透露出有一定資望的商人或是地主是日僞極力拉攏和控制的對象。

表1－17：安德門區第三坊保長名冊

保　別	職　務	姓　名	年　齡	籍　貫	職　業
1	保長	劉啓淼	37	南京	商
2	保長	宋鳳山	40	山東	商
3	保長	孫兆華	38	江寧	農
4	保長	趙銳生	28	江寧	商
5	保長	邱燮職	32	阜寧	漁業
6	保長	楊步清	41	江寧	農

資料來源：僞「南京特別市社會局」：安德門區公所員役花名冊薪餉獎金及各坊鄉鎮保甲名冊，南京市檔案館藏，1002－2－48。

　　相較之下，各保下屬之甲長要比保長的職業分佈廣泛得多，只要能爲日僞所用，無論其是體面的醫生還是寒酸的小販，各種行業基本都有涉及，諸如銅匠、織布、剃頭、茶役、柴販、理髮、魚販、拉車、船工、竹業、浴室、瓦匠、屠行、碼頭、油業等等，呈現出市井生活之百態。因人數眾多不能一一列舉，可參考書尾附錄。城區區公所之保甲與之相類似，僅以1940年4月15日第三區區長方灝呈報三、四月份更委及新添甲長名冊爲例來看（見下表），保甲長基本爲南京人或已定居南京，從事職業也比較廣泛。雖然在一區之中至少有幾百個甲長，一個月之內即便有十幾個甲長變動也不足爲奇，但如果每個月都有這樣頻繁的變動，就可以看出當時人員流動之頻繁，原因尤以「原任他往」者居多。無論是何原因，都顯明秩序的不穩與多變。第三區三月份新增一名女甲長，在筆者所翻閱的檔案中這樣的現象十分少見。女性的「隱藏現象」也同樣昭示著社會的不穩與多變，說明日僞利用保甲組織重建社會基層的生活秩序和管制網絡的努力本身就處在困境之中。

表1－18：第三區三、四月份更委及新添甲長名冊（1940年）

月份	坊別	保別	甲別	原保甲長姓名	繼任保甲長姓名	性別	年齡	籍貫	職業	更委原因
三月份	五	十六		駱晴初	王有才	男	44	南京	印刷	原保長升坊長
	八	四	十一	袁成海	戴國鈞	男	20	揚州	司機	原任他遷
	八	五	五	高成山	夏長庚	男	69	本市	商	原任他遷
	八	六	一	蕭廣發	韓寶如	男	40	淮城	工	原任染病
	三	十	八	常存仁	易其松	男	37	南京	中藥	原任遷移
	九	二	七	湯文鎮	徐伯昌	男	23	南京	電氣	原保長遷移
	九	二			謝瑞珥	女	23	南京	農	新增
	九	二	八	芮永才	王瑞泉	男	20	南京	農	原任遷移
	九	九	八	張青義	陳有才	男	54	泗陽	農	原任做工無暇負責

月份	坊別	保別	甲別	原保甲長姓名	繼任保甲長姓名	性別	年齡	籍貫	職業	更委原因
四月份	三	七		黃興祿	黃邦修	男	26	江西	農業	原任病故
	六	八		周伯良	李長貴	男	57	南京	商	原任年邁辭職
	一	九	九	朱炳森	何自祥	男	46	六合	菜販	原任他往
	三	一	六	張松濤	王有齡	男	37	南京	商	原任他往
	三	三	一〇		紀興和	男	53	南京	商	新增一甲
	五	五	六	謝雅秋	姚景陽	男	49	山東	木業	原任遷移
	五	五	七	葛少臣	楊春財	男	42	安徽	菜業	原任他往
	五	五	三		王鵬煜	男	31	南京	機業	新增一甲

資料來源：僞「南京特別市社會局」：第三區公所職員任免開調及更委保甲長名冊和選聯保主任履歷，南京市檔案館藏，1002－2－35。

　　汪僞南京市政府試圖通過仿照事變前的組織制度恢復被破壞的秩序，這樣的努力表現在組織制度的重建和修正、行政規劃與區劃改革、籠絡並安置政府人員上。然而在史料的翻揀中事實的多面也逐漸浮現出來。南京市政府用「民國」裝點了門面，但只是一個外殼，另外受制於日本的侵華政策，不可能擁有獨立的目標與計劃，因此只能展現日常行政要素的點點滴滴，諸如組織結構、人員等。

第二章　汪僞南京市政府人事與行政考察

第一節　職員管理的人事規範

　　南京市政府按照汪僞所倡導之民國法統著手調整政府體制，在充實行政人員隊伍的過程中，著重加強對於政府職員的日常管理與考覈，從考勤、甄審、考覈、訓練與任免四個方面入手，逐步建立了職員管理的人事規範。

一、考勤

　　1940 年 7 月 27 日，秘書處第一科科長俞樸呈請市長，稱考勤事宜「向係每日由各處局負責將簽到及請假出勤等簿於每日辦公後半小時內經送本科人事股。每屆月終彙到職員請假統計表，請自 8 月 1 日起仍照向例按日辦理」〔註1〕。並出臺《市政府職員請假辦法》。秘書處之所以提出此事，原因有三：一是前南京市政府雖然實行簽到制，但比較混亂。二是在汪僞國民政府成立之後，南京市政府有近三個月的交接轉換時間，考勤一事有所停頓。三是遲到與曠職的人員不在少數，需要加強整頓。自此之後各局處均遵照辦理考勤事宜。1941 年 8 月，衛生局長衛錫良呈報市長蔡培稱：「職局關於考覈職員勤懶自三月份起制定工作日報表，每屆月終由各科彙集編成月報表將各職員承辦

〔註 1〕僞「南京特別市秘書處」：南京特別市政府向各局處發出關於職員考勤及填寫保證書的通知，南京市檔案館藏，1002－1－65。

事件，事假、病假，到值日數逐一記明以資考覈，業經呈報至五月份在案。」〔註2〕衛生局制訂了工作日報表，不僅將各人承辦事件記錄在案，而且將出勤狀況逐一記明，深受市長的嘉許。市長以此表堪資考覈各職員勤惰，通知秘書處交由各局一體照辦。

以1942年2月份社會局考勤月報表爲例，職員人數共76人，有44人因事（病）請假，遲到者19人，最多的一人遲到8次；3月份有44人請假，6人曠職，12人遲到。〔註3〕面對公務員缺勤遲到嚴重的情況，1942年3月7日，南京特別市政府發佈「職員報到及簽退規則」。規定職員簽到簽退需親筆簽名，如發現請人代簽作曠職論，代簽人並予懲罰；逾簽到時間後簽即爲遲到，遲到超過一小時以上不得再簽，在簽退時間不簽退者，即爲早退（臨時請假或特別事故經長官證明不在此列）；凡遲到早退合計滿4次作曠職一天論，職員曠職滿7天者免職。〔註4〕

然而制度的貫徹執行並非易事。考勤規則的發佈並未收到應有的果效，遲到、曠職的事時常發生，請假的人數依然居高不下。社會局自4月以後請假者眾多，且常有逾假不到者，曠職遲到者未見明顯減少，辦事不力、貽誤工作者眾，故被免職者也不少。4月份，社會局有49人請假，9人遲到，11人曠職；5月份，43人請假，10人遲到，7人曠職；9月份，42人請假，10人遲到，3人曠職。〔註5〕鑒於出勤狀況沒有明顯好轉的跡象，秘書處按照考勤規則要求予以懲辦。1942年4月，社會局書記員李兆慶於3月20日曠職一天，4月14日又曠職一天，三四兩月計遲到8次，合計曠職5天，秘書處依照請假規則「凡曠職三日以上者，按時扣俸，七日以上者免職辦理」的規定予以扣俸處罰，要求社會局照辦並傳觀。〔註6〕衛生局藥劑生黃素芳自8月1至10日，除星期日、例假及天氣炎熱奉令停止辦公不計外，曠職7天半，照

〔註2〕 僞「南京特別市秘書處」：市府各局處職員工作報告案，南京市檔案館藏，1002－1－192。

〔註3〕 僞「南京特別市社會局」：秘書處請將有關職員考勤各簿按時送第一科人事股登記，南京市檔案館藏，1002－2－22。

〔註4〕 僞「南京特別市社會局」：秘書處請將有關職員考勤各簿按時送第一科人事股登記，南京市檔案館藏，1002－2－22。

〔註5〕 僞「南京特別市社會局」：秘書處請將有關職員考勤各簿按時送第一科人事股登記，南京市檔案館藏，1002－2－22。

〔註6〕 僞「南京特別市社會局」：秘書處請將有關職員考勤各簿按時送第一科人事股登記，南京市檔案館藏，1002－2－22。

章被免職。9月，衛生局稽查楊毅然因曠職三天被照章扣薪，其隨後辭職。同月，財政局稽查周維新因曠職 8 天被免職，教育局科長金萬扶曠職 9 天被免職。被扣薪者更是爲數眾多。以地政局 12 月份爲例，科員洪錦濤，曠職 7 天，遲到 2 次，合計 7 天，扣薪 7 天；科員潘璠曠職 3 天，遲到 13 次，合計 6 天，扣薪 6 天；科員李鏗侯，曠職 1 天半，遲到 11 天，合計 4 天，扣薪 4 天；辦事員繆德群，曠職 5 天半，遲到 14 天，合計 9 天，扣薪 9 天。書記員王少衡，曠職兩天半，遲到 3 次，合計 3 天，扣薪 3 天。〔註7〕

12 月，市府諭令稱政府職員近有不守規定辦公時間，遲到過久或未到下班即行早退，更有請人代簽情形，要求各局處嚴格要求所屬職員。各局處奉令輪流派遣職員前往監視簽到，但難在持之以恒，至 1944 年又現懈怠，秘書處要求重新恢復此制度。據市府各局處曠職遲到統計名單，1944 年 7 月有 13 人，2 人曠職，遲到者每人 9 次至 27 次不等；12 月缺勤職員 34 人，遲到者平均在十幾次，11 人有曠職行爲。〔註8〕

事實上，雖然有秘書處第一科的監管，各局處所呈報之曠職遲到名單也不能完全信以爲憑。1943 年 10 月 21 日，市長周學昌視察經濟、糧食兩局，查有未到職員馬超駿、田樂誠、袁煥秋、喬永明、金濤、杜錦源、陳坤、孫益三、陳兩辰等九員辦公時間並未在辦公室。事後各人紛紛補具請假單或出勤單，市長對此極爲不滿，批覆：「請假後補殊屬不宜，著除病假因公者外，一律以曠職論。」〔註9〕其中經濟局視察袁煥秋、科員田樂誠各以因事請假半天，被處以曠職。11 月 10 日，周市長再次視察各局科室，查點未到職員除有請假單或出勤單者外，計有教育局 2 人，秘書處 1 人，雖經簽到而時未在辦公處；衛生局有 4 人未簽到又無任何手續，2 人請假已滿卻未續假。市府以之爲初次犯過均以曠職處理。

這種現象秘書處早有察覺。秘書處第一科科長茹沛然在 1943 年 6 月 2 日呈市長函中即稱：「竊查本府關於職員之考勤係逐日登記按月統計，歷經辦理各在案，茲查所屬職員嘗有數日或數月之久既不簽到，又不出具出勤手續，

〔註 7〕 僞「南京特別市秘書處」：關於職員簽到簽退規則規定及各局職員曠職遲到處分通知名單、請假名單等，南京市檔案館藏，1002－1－59。
〔註 8〕 僞「南京特別市秘書處」：關於職員簽到簽退規則規定及各局職員曠職遲到處分通知名單、請假名單等，南京市檔案館藏，1002－1－59。
〔註 9〕 僞「南京特別市秘書處」：關於職員簽到簽退規則規定及各局職員曠職遲到處分通知名單、請假名單等，南京市檔案館藏，1002－1－59。

一經函詢去後，由其主管長官復稱該員係出勤未簽等語。人以此敷衍玩忽，實屬有紊考勤規定，亟應加以整頓。」因此，秘書處擬具《職員出勤暫行規則》一份，經參事室審核後簽發。規定：奉派出勤前須填具出勤單，經主管長官蓋章後送交秘書處第一科人事股登記，簡任官不在此列；職員出勤應於每日上下午簽到後行之，倘不及簽到者應先一日送出勤單以備查考；出勤事畢後除將辦理事務經過詳細情形報告長官核辦外，另編作出勤筆記遞送秘書處第一科人事股以為承辦案件之記明。〔註 10〕然而即便有了這樣的規則，且引起了市長的注意，依然有上述事情發生，而且這種糟糕的出勤狀況並非只是暫時現象，乃是貫穿了汪偽南京市政府的始終，使我們可以從此得窺南京市政府政策之執行力。此外，這種現象也充分說明在淪陷區的社會環境與生活壓力下，市府職員對於市政府及其工作認同度很低，僅以之為生存糊口的工具，真正追隨汪偽和平運動的人員不多。

二、甄審

　　1930 年 1 月，南京國民政府考試院成立。根據《公務員任用法》的規定，簡任、薦任與委任職公務員主要通過考試院組織的考試產生。而汪偽南京市政府職員一般通過推薦、委任與考試選拔三種方式到職。汪偽政府成立前期，主要是通過推薦與委任的方式。並於 1940 年 8 月公佈《公務員返京報到及任用辦法》，對在重慶及各地服務之公務人員搖旗吶喊，做足了門面的功夫。對於政府各機關因事變而留職停薪之公務員限於 9 月底攜帶證明文件向原服務機關報到，由各機關自行考察，並斟酌實際情形擬定任用辦法，如擬任用再依照審查法定程序送交銓敘部審查。12 月又通過了《各機關任用職員手續補充辦法》，對於公務人員的任用做出詳細的規定。

　　首先，市府在公務員中推行聯保規則。1939 年南京市政府頒行《職員聯保規則》，要求市府職員填寫「職員五人聯保單」，由職員 5 人連保，如有違背行政院頒《國賊條例》者，均連坐之；又制定薦保書，各職員應交由原介紹人填明後蓋章送府，負法律上保人之責任；至於勤工則另訂保單由其覓具商鋪填送審查。〔註 11〕汪偽南京市政府成立後，規定新委職員報到時須帶委

〔註10〕偽「南京特別市秘書處」：職員出勤暫時規則，南京市檔案館藏，1002－1－53。

〔註11〕偽「南京特別市秘書處」：南京市政府第四屆規劃提案及地方行政會議記錄等，南京市檔案館藏，1002－1－402。

令至秘書處第一科人事股履行報到手續，一星期內須塡具職員履歷表及職員保證書，交人事股存查。因該政策並無落實之舉且新任職員增多，1941 年 1 月，市長諭令市府各處局職員，自本年起限於 10 日內各取具妥實保證人負責保證，塡具證明書並黏貼照片，由秘書處彙編名冊呈報。〔註12〕1942 年 3 月 18 日，市政府修正公佈《南京特別市政府職員保證規則》，規定市府職員均應上繳具體保證書，辦法如下：1、保證人或商鋪須符合下列條件：保證人爲現任政府職員，其職位須高過於被保人之階級；須在本市有固定之住址者；本府職員不得爲本府職員之保證人，父子、兄弟、叔侄不得爲保證人。保證之商鋪須確在當地現時之商會註冊及營業可靠之店鋪或字號；須蓋用店鋪或字號之重要圖章並店主或經理簽名蓋章。2、管理出納款項及徵收稅款之職員，除照前條由保證人具保外，須另有具本市殷實鋪保或個人銀錢擔保，呈由本府審查核實之。3、保證書呈繳後，本府須行覆查，由保證人或商鋪覆查時加蓋原印圖章於覆查單並簽名證明之。4、每一保證人或商鋪承保本府職員，至多不得過三人。5、保證人之職業或住址及商鋪地址有變更時，均應隨時書面呈明本府。6、保證人或商鋪退保時須直接用書面呈明本府，請求解除保證責任，被保人應即另具新保證書。7、職員解職時經查明並無經手未完事件及已交清楚後，始得發還保證書。〔註13〕

　　其次，各機關任用職員需上報銓敘部總務司審核，進行公務員甄審。《現任公務員甄別審查條例及其施行細則》於 1940 年 7 月由汪僞國民政府公布施行。《現任公務員甄別審查條例》規定：1、除政務官（指須經中央政治委員會議議決任命之人員）外均需依本條例審查。2、現任公務員，是指本條例公佈前及公佈後三個月內所任用之簡任官、薦任官、委任官及現未定職者。3、甄別審查分資格和成績（平時成績分甲乙丙丁四等）兩項。4、簡任官須有下列資格之一，而成績在乙等以上者合格，丙等者降等或降級，丁等者不及格：曾任簡任官一年以上或薦任官三年以上者；曾任國立大學或教育部認可之公私立大學教授三年以上者；在教育部認可之國內外大學畢業且有專門之研究者；對國家有特殊勳勞或致力於革命十年以上者。5、薦任官須有下列資格之

〔註12〕僞「南京特別市秘書處」：南京特別市政府向各局處發出關於職員考勤及填寫保證書的通知，南京市檔案館藏，1002－1－65。

〔註13〕僞「南京特別市秘書處」：南京市政府組織規則、地政局土地估計表及各種法規調查有關行政管理的規章，南京市檔案館藏，1002－1－37。

一，而成績在乙等以上者合格，丙等者降等或降級，丁等者不及格：曾任薦任官一年以上或最高級委任官二年以上者；曾經高等考試（指各地方縣長考試及其它專門人員之考試，以薦任官用者）及格者；在教育部認可之國內外大學或高等專門學校畢業者；對國家有勳勞或致力革命 7 年以上者。6、委任官須有下列資格之一，而成績在乙等以上者合格，丙等者降等或降級，丁等者不及格：曾任委任官一年以上者；曾經普通考試（指各地方佐治員之考試及其它與佐治員相當之考試，以委任官用者）及格者；有教育部認可之高級中學或舊制中學以上畢業者；曾致力革命 5 年以上者。7、備註：（1）任職經歷須提出任命狀或委任令，如不能提出時須有以下之一證明：原官署之證明；有關係之公文書；公報職員錄或其它足資證明之刊物；國民政府任命之現任薦任官以上二人之證明書。（2）學校畢業資格須提出畢業證書，如不能提出須有下列之一證明：原校長或主任職員及教員二人以上之證明；教育部或該管教育廳之證明；公報同學錄或其它足資證明者；國民政府任命之現任薦任官以上二人之證明書。（3）勳勞。除由本人開具事實外，須有下列之一證明：中央政治委員會委員二人以上之證明書；民國以來政府之文件；各合法政黨負責人之證明書。（4）致力革命十年、七年以上，除由本人開具事實外，須有中央黨部或中央執監委員二人以上之證明書。（5）致力革命 5 年以上，除由本人開具事實外，須有下列之一證明：中央黨部或中央執監委二人以上之證明書；省黨部；特別市黨部；海外總支部。（6）審查合格，發給證書。除照章徵收印花稅外，並依下列種類徵收證書費：簡任官 20 元；薦任官 10 元；委任官 4 元。（7）對象：現任公務員，係自 3 月 30 日以後至 9 月 30 日以前任用之公務員。甄審是項（1940 年 10 月）人員，曾任年資以 1940 年 3 月 29 日為計算終點。[註14] 此甄審條例與原南京國民政府 1930 年 4 月所頒佈的《現行公務員甄別審查條例》除個別地方予以調整外，基本內容相同。不同的是原甄審條例在實施中遇到不少阻力於 1934 年 4 月被廢除，代之以《公務員登記條例》。汪僞對此理應非常熟悉卻還是採用了這一條例，想來是希望掌握委任以上官員的任職情況，以便嚴格控制。因此雖然汪僞國民政府在 1942 年 1 月修正公佈了《公務員任用法》，又在 4 月公佈了《公務員登記條例及施行細

[註14] 僞「南京特別市秘書處」：本府所屬各局處職員甄別審查與銓敘部及各局處來往文書及現任公務員甄別審查證明文件清冊，南京市檔案館藏，1002－1－37。

則》作爲甄審之外的補充，甄審工作也並未停止，登記條例第一條即是「公務員除經甄別審查或任用審查合格毋須登記者外得依本條例予以登記」〔註15〕，而公務員塡表登記後須送銓敘部審查委員會審查。

汪僞一方面屬行甄審，另一方面受制於現實情況不得不一拖再拖。1940年8月12日，行政院發佈公告稱《現任公務員甄別審查條例及其施行細則》已公佈，甄審工作即將開始。但因各省市地方機關以改組未久，任用在後，均尚未送審銓敘部。直至1941年7月，銓敘部呈請行政院轉令各省市地方機關，限於一個月內一律送審。國民政府文官處又函令各地公務員凡任職滿三個月應塡表送部審查，已審合格人員限期領證。因需要繳納證章費用，京內各機關已甄審合格人員頗有延不照章繳費領取合格證書者。

南京市政府職員的甄審工作從7月正式開始，因種種原因一再展延，先是展延至9月，後又展延三個月至12月。據9月份的統計，市府各機關應受甄審之法定員額爲647人，其中簡任9人，薦任42人，委任596人。〔註16〕至1941年底，甄審工作依然沒有完成，只得延長至1942年。7月，顧忠璐等54名審查合格，12月，又有陳夢周等82名通過審核。〔註17〕南京市政府期望於1942年年底結束現任公務員甄別審查，然而也未能如願。1943年2月19日，銓敘部催令南京市政府：「現甄審亟待結束，但各甄審人員應補證件多有延未補送，京內須於本年三月底一律補送到部。」〔註18〕

甄審工作雖然進度緩慢，但確實比較嚴格。按照甄審條例簡任、薦任、委任職官員需按照規定提交相關材料，因戰亂導致證件丟失、證明人難尋等不合律例，或因虛假謊報不能過關者被一一篩檢出來，作降級、降職甚至免職處理。所涉情況大概有以下幾種：第一，一審材料不合格者要求補提所缺材料。1942年12月，秘書處科長劉頌聲因補提證明書之證明人與甄審條例不合，要求補提合法證明或補提還都前曾任薦任官一年以上之證件；衛生局荣場管理所主任孫遠猷因所提證件均在還都以後，不能生效，要求補提還都前

〔註15〕蔡鴻源主編：《公務員登記條例》，《民國法規集成》，卷93。
〔註16〕僞「南京特別市秘書處」：本府所屬衛生等局區公所職員呈銓敘部甄別審查，南京市檔案館藏，1002－1－94。
〔註17〕僞「南京特別市社會局」：公務員甄審條例施行細則附考績法、公務員任用法及本府職員保證規則及送甄名冊，南京市檔案館藏，1002－2－1254。
〔註18〕僞「南京特別市秘書處」：本府各局處職員送銓敘部甄別審查，南京市檔案館藏，1002－1－95。

曾任最高法院書記官一年以上之證件或滬江大學畢業之學歷證件，並可依照
《公務員任用法施行細則》之規定於一個月內聲請複審，但以一次爲限。〔註
19〕第二，經審查資歷不符者。1943 年 2 月，銓敘部部長趙毓松致函南京市政
府，稱所送甄審案內，糧食管理局科員陳鴻達、社會局第一倉庫管理員倪春
生經依法審查，認定陳鴻達學歷係金陵中學肄業，經歷爲還都後任職；倪春
生學歷係江蘇揚州府中學肄業，經歷也爲還都後任職，兩人還都前都無曾任
資歷，核與甄審條例不符，均被判定不及格。第三，一審材料不全又逾時未
補者，按原材料判定爲不合格。1943 年 1 月 26 日，銓敘部致函南京市政府，
稱市府秘書處專員謝傳安所填審查表不全，又缺少學歷證明，催補相關文件。
5 月 13 日，行政院秘書處又函知市府，稱擬任市府秘書處專員謝傳安與財政
局科長李峻德，所提交證件不全，經函補正，逾限並未補送，故依據原送證
件記爲不合格。查謝傳安係湖北文華書院畢業，既無證件又無專門著作，經
歷除不在國民政府統治下者及聘任職外，曾任南京特別市政府秘書處科長，
雖然提出證件證明，但未經銓敘合格，核與《公務員任用法》不相符。而李
峻德係江蘇省立第五師範學校畢業，雖然提出校友錄證明，但非大學程度，
又從浙江公立法政學校畢業，既無證件又無專門著作經歷，除證件已據聲明
遺失者及學校醫院教職員不能作爲資格外，曾任海州鹽務管理局會計主任。
其雖據此提出證件，但任職僅三個月，又未經銓敘合格，核與《公務員任用
法》不相符。市秘書處逾時再次補交專員謝傳安補正登記審查表一件和學歷
證明書一件，於 6 月 4 日終獲審查合格。第四，複審不合格者。1943 年 3 月，
銓敘部致函市府稱，市府前曾補送擬任工務局委任技佐吳靜邦經歷證明書一
件聲請複審，茲經依法複審，以該員所提由海軍部總務司司長孟琇椿出具之
經歷證明書，雖蓋有海軍部總務司條戳，但未蓋印信，且證明人亦非機關長
官，認定無效，以之爲不合格。概覽一審及複審不合格者，基本原因爲證件
不全、學歷不足、缺少經歷、證明文件無效等。

　　鑑於甄審工作遭遇拖延及令行滯緩的問題，1943 年 4 月 12 日，行政院諭
令南京特別市政府：

　　　　查公務員之任用其代理及送審期限依照公務員任用法第八條
　　　「在請簡、呈薦、擬委之期間，該主管長官於必要時得派有相當資

〔註 19〕僞「南京特別市秘書處」：本府各局處職員送銓敘部甄別審查，南京市檔案館
　　　　藏，1002－1－95。

格之人員代理，但代理期間不得逾六個月」，及同法施行細則第十六條第一項「本法第七條所稱簡任職、薦任職、委任職、公務員之任用審查應由被任用人員於代理期間開始 20 日內向主管長官提出任用審查表及有關係之證明文件，主管長官應於表件提出後 10 日內送請銓敘機關審查之，其表件提出及送審日期並應由被任用人員或主管長官於原表及文尾年月日欄中詳細填明，其由上級機關轉送者亦應於轉送文內敘明原機關之送審日期」，各等語規定甚明，立法至嚴，自應遵辦。惟查公務員任用法施行以來各機關之擬任人員並不依限送審者爲數甚多，且有送審時已逾代理期間六個月者，尤與規定不合，依此推測，恐已逾代理期間尚未送審者亦在所難免，嚴格而言逾期未審者即應撤職，本部職責所關，未敢放任，茲爲推進銓政及法令事實，雙方兼顧起見，除已逾代理期間尚未送審者擬以本年七月底爲限，應一律送審，否則即認爲無效不再予以審查外，嗣後各機關擬任人員務須依照法定期限送審，並於送審時應附派代令以便查核代理開始日期。如已逾六個月者不予審查。〔註20〕

　　4 月 29 日，銓敘部催函稱：「遵照補正者固多，久延不補者截止最近尚有120 餘員。」〔註21〕甄審工作開始已近兩年，一再拖延不能完成甄審程序，於此可見令行滯緩之一斑。在銓敘部送函催促下，市政府不得不加快公務員甄審呈核，一批公務員因審查不合格而被降職或免職。6 月，擬任南京市政府教育局薦任級科長王敏復經銓敘部審查，以該員繫上海大夏大學高等師範科畢業，曾任江蘇省立鎮江師範校長與江蘇省立公共理科實驗所所長，據提出證明書既不適用，且大學畢業而無專門著作經歷，任職亦係學校及學術機關職務不能作爲資格，核與公務員任用法不相符，認定不合格。7 月，南京市財政局呈請甄審案內不合格職員計有蹇先聰（學歷無證明，經歷無證明），祝萬年（無學歷，歷任職務無證明），張應瑞（無學歷證明，任職年資不足），劉舉烈（任職非行政機關，其它經歷無證件），郭子洪（非行政機關，其它無證件），羅公洽（證明書無效）。其中蹇先聰原爲南京市財政局局長，簡任級別，在市

〔註20〕僞「南京特別市秘書處」：市屬各局處公務員甄別審查與銓敘部各局處之來往文書公函訓令等，南京市檔案館藏，1002－1－83。
〔註21〕僞「南京特別市秘書處」：市屬各局處公務員甄別審查與銓敘部各局處之來往文書公函訓令等，南京市檔案館藏，1002－1－83。

府職員甄審不合格者中級別最高。同月市府呈送科員顧行、社會局第一科倉庫管理員陳美新、工務局宋養吾等 2 人、糧食局杜錦源等 2 人、衛生局莊立等 3 人，經審查不合格。9 月，秘書處所提供黃菊畦等 6 人被審定不合格，原因基本與前相同。〔註22〕

　　從甄審程序和要求來看，公務員的甄審是非常嚴格的，就是在實際操作層面也十分嚴格。表面上是人事規範的要求，屬於資格審查，然而事實上其真正目的在於身份審查，以使所用人員經歷「清白」，合乎思想與行爲控制的規範。然而各地在辦理甄審一事上表現並不積極，因爲各種原因甄審遭遇了嚴重的拖延，甄審所欲收穫的效果自然也大打折扣。

三、考績

　　對於公務人員開展行爲限定和業績評估是公務員管理的重要一環，這也是汪僞南京市政府人事行政管理的重要內容。1940 年 6 月 27 日中央政治委員會第 12 次會議，特別針對公務人員兼營商業的現象做出決議：凡純粹商業公司之董事、監察人、經理等職務，現任公務員一概不得兼充，須於本辦法公佈後一個月內辭職，違者免去其職務；含有官股公司如在還都前業經兼充者得呈行政院核定，還都後之董事及監察人須由主管機關呈行政院核准，指派所屬公務員兼充，報酬須交國庫。〔註23〕

　　對於公務人員的考覈主要是在平常或年終之時進行臨時考績。1940 年 9 月 1 日至 30 日，市政府要求各機關就到職已滿三個月的職員一律舉行臨時考績。制定公佈《南京市政府臨時考績委員會組織簡章》，以市長、秘書長、參事 1 人及各局局長爲委員，市長爲主席。根據考績予以升級、晉級、記功等獎勵或解職、降職、記過等懲罰。考績總分 100，分三項：平時工作 50 分、學識 25 分、操行 25 分。〔註24〕當時官場缺乏對於公務人員的監督和考覈，呈現出混亂與無序之態。針對這種情況，1941 年 4 月廣東行政督察專員歐大慶提出「請屬行公務員考績及保障辦法以改進吏治案」，內稱：「查前國府亦

〔註22〕 僞「南京特別市秘書處」：市屬各局處公務員甄別審查與銓敍部各局處之來往文書公函訓令等，南京市檔案館藏，1002－1－83。

〔註23〕 僞「南京特別市社會局」：市府奉行政院公務人員不得兼營商業訓令，南京市檔案館藏，1002－2－1265。

〔註24〕 僞「南京特別市秘書處」：市政公報（53 期），南京市檔案館藏，1002－1－1167。

曾頒佈考績及保障等法，惟未能切實施行，功過不明，賢能下沉，庸惰上陞，又有親疏之別之舉薦，吏治混亂。」〔註25〕1942 年 12 月 25 日，秘書處第一科長茹沛然向市長呈稱：

> 本府職員年終考績事項曾奉行政院本年 12 月 2 日第 8457 號訓令爲奉，國府令以中政會通過公務員年考著自 32（1943）年起依法舉辦，本府自鈞座蒞任以來，適將一年所有本府職員在此一年中之工作狀況似宜加以臨時考績，俾促進效能。覆查本府前曾有臨時考績委員會組織簡章之公佈，其考覈辦法似可加以修正施行。〔註26〕

同時附呈的還有《修正南京特別市政府職員臨時考績委員會組織簡章》，目的在於考覈一年中職員之工作狀況。以市長、秘書長、參事 1 人、各局處長及公糶委員會主任委員爲臨時考績委員會委員。開會時以市長爲主席，由主席召集開會。按照《公務員考績法施行細則》規定，就職員平日工作、學識、操行三項分別詳加考覈，其中工作 50 分，學識 25 分，操行 25 分；總分在 80 分以上者爲一等，70 分以上爲二等，60 分以上爲三等，予以升級、晉級、記功獎勵；成績不滿 60 分爲四等，不滿 50 分爲五等，不滿 40 分爲六等，予以解職、降級、記過懲處；職員任職不滿三個月者不予考覈，根據考覈結果由市長分別獎懲之。市府各局處受命分別進行內部臨時考績。以衛生局爲例，考績長官分爲兩種，一是初核長官，爲第一科科長周禮莊；二是覆核長官，爲衛生局局長褚通爵，由秘書程公民代行。根據考績結果衛生局請爲 13 人加薪。時值物價上漲，其它各局處也有藉此爲部分職員申請升職加薪。

考績評定除升職加薪獎勵外，汪僞還設立了榮譽勳章予以獎勵。1943 年 3 月，汪僞國民政府公佈實施《同光勳章頒給條例》，取「同心協力共進光明之義」，分同光大勳章和同光勳章兩種，其中同光勳章分爲九級依次頒給特任、簡任、薦任與委任官。凡自汪僞還都以來任職未滿三年，而有特殊勞績經國民政府特許者得頒給同光勳章，由國民政府以命令頒行，作爲汪僞政府所賜最高的榮譽。4 月，南京特別市政府職員共計 293 人獲同光勳章，從二級到九級不等。市長周學昌獲二級同光勳章。〔註27〕

〔註25〕僞「南京特別市秘書處」：市政公報（70 期），南京市檔案館藏，1002－1－1168。
〔註26〕僞「南京特別市秘書處」：市政府所屬各局處職員年終考績名單和考績委員會組織簡章，南京市檔案館藏，1002－1－70。
〔註27〕僞「南京特別市秘書處」：同光勳章姓名表及國民禮服襟節形式等訓令，南京市檔案館藏，1002－1－56。

此外，汪偽設立公務員懲戒委員會掌理一切公務員的懲戒事宜。中央公務員懲戒委員會掌理薦任以上公務員及中央各官署委任職公務員的懲戒事項；地方公務員懲戒委員會掌理各有關省市委任職公務員的懲戒事宜。南京特別市同樣設立地方公務員懲戒委員會，由市府選定部分人員與司法院選定人員組成，隸屬司法院，由盛聖休兼任委員長。1942 年 7 月，因有人員離職，市府再選專員李熊吉、社會局秘書周偉侯、財政局秘書余濟民、教育局秘書唐有樑予以補充。〔註28〕

轟動一時的南京特別市教育局長徐公美貪污案即是由中央公務員懲戒委員會所督辦。詳細考察這一案件，可使我們對於當時政情與懲戒委員會的運作有一些深入的瞭解。1942 年 2 月，南京特別市教育局長徐公美被南京市民胡吉石等以貪污劣跡罪名控告，經監察院密咨行政院，又據教育部查覆該前局長有失職行為，應移付懲戒，由監察院派員審查。審查稱該前局長私自處分學產，確有失職之咎，至對於各校館修繕購置統由局方辦理，未將估價單、承包合同等件悉數移交，並變賣武定門小學天橋各點究竟有無湮滅證件及侵吞公款情弊，由監察院移交中央公務員懲戒委員會審議，事關刑事部分交付法庭偵查。

中央公務員懲戒委員會隨即函達南京市政府要求核查此事。因教育局長更換是在蔡培任市長期間，周學昌剛剛上任市長並不知情，要求該前局長速將當時交接詳情具報。4 月 24 日，已卸任教育局長職務的徐公美遵令呈覆前後任交接詳情給教育局，內稱：

> 公美前在教育局長任內，奉職無狀，惟知法之所存：查事變以後，南京市府機構，因環境特殊，成為畸形之後合署辦公制，所有用人行政、會計、勞務等事，悉歸府方統籌支配，就教育局言之，則教育局既非獨立會計制度，當時亦無「局用費用」，如俸給、辦公、購置等費之規定，凡職員薪俸與文具之發給，俱由府方秘書處彙辦，證以教育局組織上並無「會計股」之設置，益可確定其為「承轉機關」性質，殆似中央各部會內部之司處而已。至每月向教育部暨鈞府具領之經費，名為「領轉經費」，依照審計規程之規定，與「普通機關」或「營業機關」顯有區別，故關於前後任交接一節，手續自

〔註28〕偽「南京特別市秘書處」：關於補選李熊吉等四員為南京特別市地方公務員懲戒委員會委員與該單位之來往文書，南京市檔案館藏，1002－1－212。

較其它為單純，即一切形式上之限定，亦不得不酌予變通矣。查公美前任楊局長（久鳴）當時移交事宜，統由府方秘書處辦理，前後任並不發生直接關係，以期事權集中，案牘俱在，盡可復按職是之故。公美自去歲6月1日雖准辭職，6月7日即行辦理移交，所有應行移交各件，均經遵照規定造具清冊，援例交由秘書處點收。當奉蔡前市長指派秘書處第一科長俞樸接收，計移交：經費為國幣47211元5角3分，日金650元，連同舊管部分及印信簿冊等件，逐項當面點交無誤，並奉鈞府秘字第5345號指令知照有案，詎後任楊局長（正宇）以移交經費收支四柱清冊，內容簡要，未明究竟，遽起誤會，而外界不察，遂致妄加訾議，竟有懷疑交代是否清楚，牽涉個人信譽者，實則俱係懸揣之辭，嗣經公美於7月3日分別在京滬各報刊登啟事，聲明真相，於是群疑始釋。惟轉念及啟事所云，意仍未盡，爰又轉飭教育局事務股鄭前主任，根據原造清冊收支數字，另行造具更詳細之教育經費四柱清冊二份。所有自民國29年7月1日起，至30年6月6日交卸前一日止之經收支付各款，逐一填明記入，並由該員與蔡前市長臨時指派專辦本案之李秘書子嚴，雙方幾經核對會算，均屬相符，乃以該清冊一份，送請後任接管，一份留備考覈查，並將辦理經過函陳蔡前市長在案。自此以後，迄今時逾十月，從未見有後任印文經咨前來情事，則交代之是否清楚，事實上以至明顯。〔註29〕

但是新任局長楊正宇並不認同此種解釋，也不願承擔徐公美遺留的糊塗賬。5月8日，楊正宇辯稱：

自1941年6月9日接任以來，6月16日准秘書處將徐前局長所交印章款項單據點交當局，以賬冊單據未經查交，收支賬目又無分冊，檔案亦未列清冊，盤查既無可根據，會算更無從著手，即於6月20日簽請轉飭送府交局以便結算結報。又於同月21、27日，7月22、28、31日，9月16日等迭次簽請，均同前情，先後奉批「令徐前任局長速將應交各件及單據補送以便從速結算」等因在卷，雖經7次簽請，迄未交出，又經各校館呈請組織清算

〔註29〕偽「南京特別市秘書處」：關於南京特別市教育局長徐公美貪污案，南京市檔案館藏，1002－1－644。

委員會，亦未實行，以致終無結果，但教政進行不容一刻停頓，
只得劃分界限，5月份以前自有徐前局長負責，5月份以後之事當
由正宇負責辦理。〔註30〕

5月15日，市府將前兩任局長所呈轉交中央公務員懲戒委員會，並詳查秘書
處案卷，與徐公美所言基本不差。5月29日，行政院訓令南京特別市政府：
徐公美被控貪污案由監察院移付中央公務員懲戒委員會審議辦理，由中央懲
戒委員會委員長朱履龢呈送議決書至司法院，請予鑒核施行。該議決書由中
央公務員懲戒委員會主席委員董治平、委員張書紳、汪郁平、徐本謙、任家
駒、蕭敷詳、潘灝芬等作出，認定徐公美不受懲戒。理由是：

本案被付懲戒人有無涉及刑事問題及應否受懲戒處分不外兩
點：一武定門小學天橋之變賣，一各校館修繕購置歸局方辦理，估
價單承包合同等件之移交。對於變賣天橋一節，經本會函詢南京特
別市政府，據覆稱該被付懲戒人曾於民國29年12月5日的武定門
小學原有天橋一座，招工估價拍賣，將款移作建築新設小學之用，
簽請蔡前任批「准予照辦」，旋於30年5月24日招由裕康、屬祥記、
陳彬記三家營造廠分別估價，以裕康營造廠估價國幣 3000 元為最
高，簽訂合同。同日將該項合同及估價單等簽請蔡前任批「閱」各
在卷，並於5月26日呈請辭職，移交冊內列有「新收標賣武定門小
學天橋一座，價款國幣3000元」一項等情，核與申辯書所稱尚屬相
符，則原報告文所謂擅自處分學產，確有失職之咎云云，既無確切
證據，且有反證可憑，不特刑法上之湮滅證據及侵佔罪不能構成，
既在懲戒法上亦難令被付懲戒人負何項責任，至由局方辦理估價單
承包合同等件是否悉數移交一節，應由該主管機關照公務員交代條
例辦理，亦未便遽予處分。〔註31〕

7月，市政府奉行政院令，要求徐公美呈覆任內辦理各校館修繕購置經過
情形，並按照教育部令補送估單合同等件。此案於是就此了結。

〔註30〕偽「南京特別市秘書處」：關於南京特別市教育局長徐公美貪污案，南京市檔
案館藏，1002－1－644。

〔註31〕偽「南京特別市秘書處」：關於南京特別市教育局長徐公美貪污案，南京市檔
案館藏，1002－1－644。

四、訓練與任免

　　按照銓敘部的要求，公務員還要接受補習教育，一方面要加強業務培訓，另一方面要統一思想加強控制。銓敘部於 1941 年 8 月 6 日公佈《修正公務員補習教育通則》，要求推動公務員補習教育，規定：各機關公務員，除簡任職職員暨薦任職以上之主管長官外，應一律受補習教育；學習內容分基本科和專門科，基本科注重一般公務員應之學識，專門科注重各機關特殊需要之專門學識。〔註32〕國民政府通令自 1941 年 7 月 1 日起，各機關就經費預算範圍內，另列補習教育一欄，其數目不得超過全預算百分之一。南京市政府於 9 月 12 日諭令各局處按通則實施。10 月 15 日，南京特別市政府公務員補習教育第一次籌備會議召開，規定每人每周至少 2 小時，固定在每周一、三、五下午 4 時至 5 時；學習內容分四科，即精神訓話、公文程序、市政概論、地方自治；市府各局處受訓職員分三批，分期補習，三個月爲一期；補習教育由教育局承辦，聯合各局處理，如按全府職員分三期補習來擬具概算，合計需款 3660.00 元。〔註33〕社會局於 31 日上報第一批接受補習教育職員 19 人，財政局有 6 人。

　　同時日僞也在政府中推行日語學習。1938 年 5 月，督辦南京市政公署開辦日語研究班，飭令各局處職員報名，共有 166 人報名參加學習。1942 年 7 月，市府聯絡官室下達通知，稱市府同人擬利用公餘時間（每日下午 5 至 6 時）組織日語研究會即「南京特別市政府同人日語研究會」；由市長及首席聯絡官擔任正副會長，聘請市府聯絡官爲義務導師；三個月一期，一期暫定 100 人。〔註34〕

　　學習之外，尚有集中訓練。1943 年汪僞國民政府舉辦新國民運動第一屆公務人員暑期集訓營，決定分兩期進行，每期每營三百人，七月爲第一期，八月爲第二期。公務人員之調訓以各機關科長及薦任人員爲限，並須年齡在 25 到 45 歲的體格健全者。第一期集訓日期爲 7 月 1 日至 20 日，第二期從 8 月 1 日到 20 日，營長爲陳春圃和林柏生。行政院所屬各機關及中央各部會參

〔註32〕僞「南京特別市秘書處」：本市公務員補習教育名單及會議記錄，南京市檔案館藏，1002－1－1401。

〔註33〕僞「南京特別市財政局」：本府公務員補習教育，南京市檔案館藏，1002－4－161。

〔註34〕僞「南京特別市財政局」：關於日語研究事項秘書處、財政處學習日語職員名單，南京市檔案館藏，1002－4－28。

加集訓者，第一期合計 135 人，第二期 110 人。地方政府計有南京特別市政府兩期合計 40 人、上海特別市政府 70 人、漢口特別市政府 40 人、江蘇省政府 70 人、浙江省政府 40 人、安徽省政府 30 人、廣東省政府 10 人、湖北省政府 30 人、江西省政府 10 人、廈門特別市政府 5 人、蘇淮特別區行政公署 20 人，總計 355 人。南京市政府第一期參加 25 人，因體格不合格被退回 1 人，中途辭職出營者 1 人，實際受訓人員 23 人。集訓的目的在於使公務人員對於汪僞建國國策中心思想有進一步認識。〔註 35〕此外，行政院還設有普通行政人員訓練所。

總而言之，汪僞對於普通行政人員的訓練與培養，其目的是提高行政效率，有效地維護汪僞政權對直轄地區的全面控制。從實施訓練的過程來看，汪僞政權對行政人員進行了大量關於所謂「和平運動」和「大東亞共榮」的說教，同時通過國府政綱、精神講話等課程來統一行政人員的思想，使之和汪僞政權保持同一步調，從而馴順地執行汪僞政權的社會控制措施。當然，汪僞政權也通過訓練，使行政人員對所服務領域的知識、技能有了更進一步的掌握，提高了其職業素質。〔註 36〕

即使如此，南京市政府公務人員依然呈現流動性大、變動多、去職者眾的特點。以 1941 年下半年爲例，僅以詳細記載在案的來看，呈請辭職者爲數不少。7 月份，宣傳處書記胡有我任職才滿三月便請辭回鄉。8 月，教育局科員巴祖蔭因爲體弱難勝重任，懇請辭職；工務局科員沈善鑒患病多日，懇請辭職休養；財政局辦事員徐又功在市府任職數年，因心臟衰弱，辭職療養。9 月，工務局陳鐵誠曾請假料理家務但一時不能完竣，難兼本職；秘書處科員沈天印以每日僅擬公文一兩件，或竟日不著一字，於心不安以亟思他遷。10 月，秘書處辦事員程寶樹一再請病假，實爲他就；工務局辦事員徐紫璈因家務紛繁處理費時，懇請辭職安心料理；工務局技佐甘宏洵體弱多病，請假就醫後病勢未見好轉，請辭以長期休養；工務局科員裴一鳴以舊疾復發，短期內難以痊癒，於是請辭；工務局秘書處通譯張存義舊疾復發，請辭療養。11 月秘書處助理秘書張和夫在市府三載，因家境艱窘及個人前途關係不得不另作他圖，辭意堅決而獲准；秘書處科員毛倫之因要事返里，途次勞頓以致舊

〔註 35〕僞「南京特別市秘書處」：新國民運動第一屆公務員暑期集訓營調訓辦法草案，南京市檔案館藏，1002－1－287。

〔註 36〕陳海儒：《汪僞政權對行政人員的培訓》，《繼續教育研究》，2006 年第 6 期。

疾復發，請辭以便長期調養；秘書處某辦事員因身體孱弱，醫囑療養，而外事室又人少事繁，未便久曠職守；秘書處外事室翻譯主任李潤昇、譯員陳欽鎰因已他就，勢難兼顧；工務局科員孫梅齋胃病復發，請辭療養；財政局書記白光斗患傷寒至今未愈，請辭調養；12 月，財政局市產股主任科員朱吉人深感事繁責重，難以負擔，請辭本職；工務局技士任植志因事赴滬，舊疾復發，需長期休養而辭職。〔註37〕

　　其它還有不遵章守紀被辭退或停職者，如前文所提到的請假過多、曠職等情形。也有一些特例，比如某些官員的行為招搖過甚有傷偽府體面，既暴露了當時官場之黑暗與醜惡，也透露出日偽管制下一點民意的伸張。1941 年8 月 10 日是市府整理保甲專員陳伯炎四十壽辰，陳在瞻園路 155 號己宅設宴慶祝，凡市府所治之下各局各區大小職員，以及各區坊保長，一律下貼做壽，招搖全市。升州路各坊長具名公函呈報市長蔡培，認為有傷市長名譽，請予裁定。8 月 12 日，市政府下令保甲專員陳伯炎停職，另候任用。〔註38〕

　　綜觀汪偽南京市政府的人事管理，市府通過一系列的制度與措施恢復建立了基本的人事行政規範，但受限於戰時環境、日本政策與淪陷區的現實處境，運轉之中常有力不從心之感，伴有諸多問題與混亂。無論是考勤、甄審、考績，還是訓練與任免，都暴露了汪偽南京市政府既希圖控制，又不得不遷就情勢，在日常的人事行政管理中折射出汪偽政權的真實生存境況。

第二節　職能與運作機制：以社會局為例

一、社會局概況

　　汪偽南京市社會局的前身是 1938 年 4 月督辦南京市政公署設立的社會處，同年 10 月社會處改為社會局，內設三科。科下設文書、事務、禮俗、農林、工業、商業、自治、賑濟、社會指導與度量衡檢定室，其職責是戶口調查、人事登記，保甲及地方自衛，濟貧救災，糧食儲備調節，農工商管理及檢查登記等。1943 年 2 月，社會局撤銷，成立社會福利局，掌理社會福利、

〔註37〕偽「南京特別市秘書處」：各局處職員申請辭職案，南京市檔案館藏，1002－1－109。
〔註38〕偽「南京特別市社會局」：本局職員任免，南京市檔案館藏，1002－2－3。

籌賑、慈善事業、民眾政治指導等事宜。王承典是南京淪陷後第一任社會局局長，其實際到職日期是 1938 年 4 月，先後經歷督辦南京市政公署時期的社會處處長、南京特別市政府社會局局長以及南京市政府社會局局長三個任期，直至 1940 年 7 月。後繼者爲盛開偉，任期從 1940 年 7 月到 1942 年 7 月。此後市長周學昌兼任社會局局長，直到 1943 年 3 月社會局撤銷。其後設立的社會福利局局長爲姜文寶，至 1945 年 2 月由錢能夏接任。

1940 年 8 月，盛開偉接替王承典出任社會局局長，時有職員 73 人，下屬三科：第一科下轄文書股、事務股、視察股，科長爲湛斐；第二科轄戶籍股、農工商股、糧食股，科長爲梅霖；第三科轄自治股、公益股、賑濟股，科長爲金自元。〔註39〕1942 年 5 月，《南京特別市社會局辦事細則》修正公佈，規定局轄四科：第一科設文書股、會計股、事務股、編譯；第二科設自治保甲股、公安戶籍、禮俗公益股；第三科設工商股、農林股、生計股；第四科設糧食股、物資股、調查股。〔註40〕

1942 年 2 月，社會部秘書處要求將社會局重要職員呈報以備查考，社會局上報了 5 位薦任職以上職員，其中秘書與第一科科長人選已經發生變化。盛局長原來的秘書是劉頌聲，此時爲張伯嚴，7 月又換爲葉一舟。原第一科科長湛斐調任別處（自稱生活潮高，不得已他就），由市府秘書處第二科科長華允琦於 1941 年 1 月接任，4 月即改任宣傳處處長，由蘇源暫代，不久又轉任第三科科長，由劉頌聲接任該職。第二科科長林德昌辭職後由梅霖接任，1942 年 7 月社會局職員名單顯示已由蒯君甫代替。第三科科長原爲蔡宗熙，1940 年 7 月離任，金自元接替其出任科長，至 1942 年 7 月又被蘇源取代。〔註41〕整體而言，重要職員流動較爲頻繁。

表 2－1：本局重要職員調查表

職　務	姓　名	別　號	籍　貫	現住地
局　長	盛開偉	壯　叔	浙江餘杭	石鼓路 149 號
秘　書	張伯嚴	以字行	江　蘇	金銀街十號

〔註39〕僞「南京特別市社會局」：社會局職員任免，南京市檔案館藏，1002－2－4。
〔註40〕僞「南京特別市社會局」：南京市政府社會局辦事細則草案及市府組織規則，南京市檔案館藏，1002－2－1238。
〔註41〕僞「南京特別市社會局」：社會局職員任免，南京市檔案館藏，1002－2－1。

職　務	姓　名	別　號	籍　貫	現住地
第一科長	華允琦	以字行	江　蘇	湖南路 520 號
第二科長	梅慰農	以字行	江　蘇	竹竿生二三號
第三科長	金自元	蕭　瀾	浙江紹興	瞻園路 157 號

資料來源：僞「南京特別市秘書處」：本局重要職員調查表，南京市檔案館藏，1002
－1－11。

　　一般職員的流動性也比較強，辭職者眾。1940 年 10 月 22 日，社會局人
員有已辭職或曠職過久者共 6 人，一般爲轉任或高就、因病辭職、因事辭職、
偷盜被開除，才不稱職，薪薄而辭等。1941 年 1 月 6 日，社會局局長盛開偉
呈市長函中稱：

> 竊查近來物價日高，俸薪較低之員度日維艱，局長將所屬人員
> 詳密考察，擬使員額力求減少，其有確屬勤能者酌其薪，即以減員
> 所節餘薪資移充，使預算不增。現時職局因考勤甚嚴，工作勞而薪
> 薄之關係，辭職者甚多，局長審慎選擇人員，如請補無合格之人，
> 寧缺毋濫。〔註42〕

　　就職員情況而言，女性職員十分罕見，無黨派者居多，都具有中等以上
教育背景，江蘇人占居絕對多數。據 1941 年 3 月的職員情況統計，社會局職
員總計 69 人，只有女性 1 人。其中無黨籍者 53 人，國民黨黨員 16 人；已婚
65 人，未婚 4 人，從年齡看也是以 25 到 45 歲爲主；受過高等教育的有 20 人，
特種教育 6 人，中等教育 43 人；簡任官 1 人，薦任 4 人，委任 52 人，雇員
12 人；籍屬江蘇與南京者合計 48 人，占 70％，其餘零星分佈在浙江、安徽、
河北、廣東與江西。〔註43〕

　　就職員薪俸而言，難以適應物價上漲的情勢，多數職員生活困難。職員
俸額按照 1940 年 11 月頒行的《民國政府暫行文官官等官俸表》按級發放。局
長薪俸爲 640 元；秘書與科長薪資在 340 到 400 元之間，分 340、360、400
三等；主任科員薪資在 160 至 200 元之間，分 160、180、200 三等；科員薪
資在 100 至 180 元之間，分 100、110、120、130、140、160、180 七等；辦事
員薪資在 70 至 100 元之間，分 70、75、80、90、100 五等；書記薪資 60 到

〔註42〕僞「南京特別市社會局」：社會局職員任免，南京市檔案館藏，1002－2－4。
〔註43〕僞「南京特別市社會局」：職員概況調查表，南京市檔案館藏，1002－2－16。

75 元之間，分 60、65、70、75 四等。隨著物價不斷上漲，特別是俸額較低的職員度日維艱，如果家中人口較多的話，更是苦不堪言，因此辭職者為數不少。鑒於此，市府不得不隨飛騰的物價酌量加薪。1941 年社會局呈請將辭職人員及減員所節餘薪資給優秀職員加薪，以作獎勵。上報擬請加薪職員 14 人，從主任科員到書記員不等，以 5、10、15、20 元四種分別加薪。據 1942 年 7 月「社會局現任職員薪餉及加成數目清冊」顯示，社會局所有職員整體加薪，局長加四成，科長和秘書加六成，主任科員及以下加八成。〔註 44〕此後薪資加成更是水漲船高，本俸之上要翻數倍，即便如此，還難以趕上物價飛漲的速度。

二、職能行使：社會團體的管理

社會局的主要職責是掌理糧食管理、社會福利、社會團體與組織訓練、勞工行政與勞資糾紛處理、合作指導、度量衡檢定以及其它社會行政事項。從 1940 年下半年「社會局半年來工作事績擇要」中可以看出其施政重點。1940 年 7 月到 11 月，社會局所辦事項集中在以下幾個方面：1、續辦城區平糶。因 6 月間京市米糧來源缺少，價格奇昂（6 至 8 月），民食前途嚴重，奉汪精衛令續辦。2、辦理鄉區平糶。城區平糶後舉辦，自 9 月始。3、平價售米。城區平糶後市上米價高低無定，貧民糊口仍然維艱。派商赴蕪湖訂購三萬石，先運京一萬石，於市繁華區域設售米處 4 所。自 9 月 5 日起，每人購米數量自 1 升至 1 石為限。4、疏通商運。市內各商號出售貨物大半以上海為來源地，因友邦限制，故聯絡疏通。5、舉行防空演習。自 8 月 14 日至 17 日舉辦。6、規復陵園警衛隊，11 月 1 日成立。7、發售西貢米。組織發售西貢米委員會，自 11 月 11 日起，平價發售，共計三萬五千餘石。先定每石 65 元，旋減為 60 元。8、辦理冬季用煤。9、組織城區冬防保甲巡查班。12 月 1 日起至來年 2 月底，各坊組織保甲巡查班，每班 6 至 10 人。10、籌辦冬賑。因米價高昂數倍，故組織首都冬賑委員會，設立庇寒所 10 處。11、救濟大災。主要是火災。12、覆查戶口，換填聯保切結。〔註 45〕辦理糧食與救濟事項佔了社會局工作

〔註44〕偽「南京特別市社會局」：本局職員名冊、照片、履歷表，南京市檔案館藏，1002－2－13。

〔註45〕偽「南京特別市社會局」：本局重要工作報告，南京市檔案館藏，1002－2－1770。

的一半還要多，也充分說明食糧問題的嚴重性。糧食救濟及與此相關的度量衡檢定等事項後文有專門章節討論，暫不贅述。這裏主要來看社會局自身的運轉和對於社會團體的管理等事宜。

社會局處理公文程序的執行依據是 1940 年 7 月 13 日汪僞國民政府公佈的《劃一中央各機關處理公文辦法》。這個辦法又是完全仿照原南京國民政府的處理公文辦法，其中明確規定公文標點及行文款式仍遵照 1934 年 10 月 2 日頒行的公文標點舉例及行文款式辦理；用紙仍遵照 1929 年 10 月 18 日本府劃一公文用紙令辦理；關於各機關行文自稱仍遵照 1931 年 4 月 16 日公佈之劃一各機關行文自稱辦法令辦理。從形式來看，汪僞政府中央與地方各機關每日辦公程序與 1937 年以前似乎沒有區別，這也是汪僞著力營造的「民國」門面，至於是否體面就另當別論了。除實行每月工作報告外，爲促進各局處文件及時辦理，市政府派員赴各局進行行政督察，以便提高行政效率。

至於社會團體的管理，直接的負責機構是社會運動指導委員會。根據 1941 年 11 月頒行的《社會運動指導委員會組織法》，社會運動指導委員會隸屬行政院，掌理全國社會運動事宜，就主管事務對於各地方最高級行政長官有指示監督之責。主要掌理全國農民、漁民、工人團體、商人、自由職業、文化教育、青年婦女團體、慈善、同鄉、特種人民團體等之指導與組織訓練，以及關於農工福利及勞資仲裁、勞資協調等事項。社會運動指導委員會在各省市設立分會，各分會掌理事項也是上述內容，只是職權範圍不同而已。各省市社會運動指導委員會隸屬於各省市政府，並受行政院社會運動指導委員會之指揮監督。事實上這與社會局的很多工作相重合，這之間的關係又是如何呢？1940 年 9 月，社會部函令南京市社會局就其中的關係予以說明。

圖2－1：社會運動指導委員會與市政府關係圖

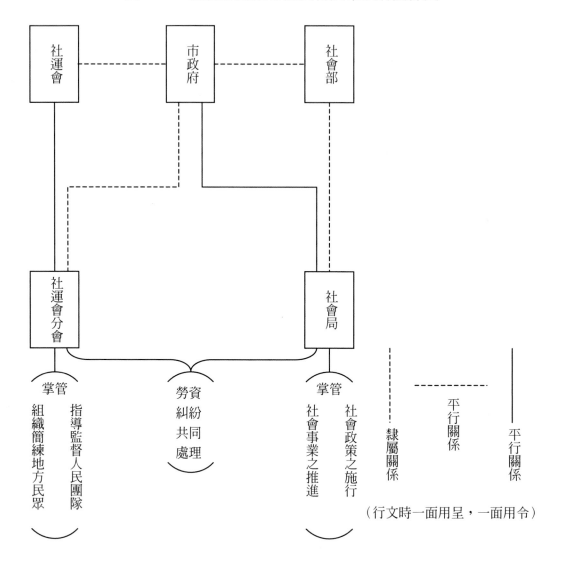

資料來源：偽「南京特別市社會局」：社會運動指導委員會與市政府關係圖，南京市
　　　　　檔案館藏，1002－2－1696。

　　社運會南京市分會主要職責為指導監督社會團體、組織訓練民眾事宜，
社會局則主要掌管社會政策之施行與社會事業之推進，雙方共同處理勞資糾
紛問題。在1942年2月公佈的《非常時期人民團體組織法》中明確規定：「人
民團體」之主管官署在中央為社會部，在院轄市為社會局。事實上，社運會

南京市分會的工作要通報社會局並需接受社會局的監督，所有團體都必須在社會局申請登記並備案。在 1941 年 3 月社會局上報行政院的地方團體名單裏，社運會南京市分會赫然在列。社會局長、教育局長均爲社運會南京市分會的當然委員。因此，指導監督人民團體雖掛在社運會名下，其實也是社會局工作的一部分。

表 2－2：社會運動指導委員會南京市分會一覽表

職　別	姓　名	備　注
主任委員	張克昌	
副主任委員	吳顯仁	
當然委員	盛開偉	現任社會局長
當然委員	徐公美	現任教育局長
委員	丁伯常	
委員	李先治	
委員	王承典	前任社會局長
委員	孫育才	
委員	顧惠公	
委員	蔣信昭	
委員	程德源	
委員	陸友白	

資料來源：僞「南京特別市社會局」：南京市各地方團體人數一覽表，南京市檔案館藏，1002－2－98。

　　1940 年 6 月 4 日，行政院第 10 次會議通過《修正人民團體組織方案》。方案中所稱之人民團體爲：農會、漁會、工會、商會、工商同業公會、學生會、婦女會、文化團體、教育團體、青年團體、公益團體、宗教團體、慈善團體、自由職業團體、幫會團體、同鄉團體、特種團體及其它經行政院社會部社運會核准之社會團體。1942 年 2 月公佈的《非常時期人民團體組織法》又規定：

　　　　人民團體因同一業務而結會者爲職業團體，各種職業之從業人員均應依法組織職業團體，並應依法加入該團體爲會員；人民團體

在同一區域內除法令另有規定外，其同性質同級者以一個為限；中
央直轄及省或院轄市之人民團體之組織應有 30 人以上發起。〔註46〕

社運會南京市分會與社會局強行推行成立各種職業團體，要求各相關職
業人員必須加入，以加強對各行各業的控制與管理。另一方面，在正常秩序
被擾亂、局勢動蕩不安之中，組織對人的重要性也日益凸顯。各種利害關係
被充分權衡與分辨，在強權的聚攏歸合下成立了各種各樣的團體。1940 年 5
月，南京市各職業團體計有工會 1 個、商會 1 個、漁會 1 個、同業工會 38 個。
〔註47〕到 1942 年上半年，社會團體的種類和數量都迅速增加，許可組織者 15
個，正在籌備中的 40 個，已成立 133 個，已經立案的 75 個，共計 263 個。

表 2－3：南京特別市社會團體組織現況統計表，1942 上半年度
（詳情見附錄二）

團體種類	總計	團體	農人	工人	商人	職業自由	文化	教育	女團體青年婦	公益	慈善	宗教	同鄉	幫會
單位數量	263	25	39	86	9	5	30	2	6	13	4	43	1	
會員人數	29939	3891	7788	6737	888	491	1986	236	356	1089	573	5764	140	

資料來源：偽「南京特別市秘書處」：南京市政府組織規則及市政概況（二），南京市
　　　　　檔案館藏，1002－1－15－2。

在 1942 年上半年，多種職業團體在社運會南京市分會和社會局的組織指
導成立。按其性質不同分為：1、農人團體。南京市岔路口等十區區農會，先
後舉行會員大會，改選第二屆理監事，並推舉出席市農會代表大會代表。2、
漁人團體。由漁業公會申請，重組市漁會。3、工人團體。製履業工會、米船
業工會、成衣業工會、稍袋運輸業工會、洗染業工會、軍西時裝工會、浴堂
業工會，先後召開成立大會。蓬彩業、銀樓業、粵菜業、皮件業等申請組織
工會，正在籌備中。4、商人團體。市商會、保險業公會、木材業公會、鹽號
業公會先後籌備就緒，經社運會派員指導宣告成立；砂石業、麵粉業，發起

〔註46〕偽「南京特別市社會局」：人民團體組織規程及工會組織準則住各縣市專員服
　　　　務規則，南京市檔案館藏，1002－2－1297。
〔註47〕偽「南京特別市秘書處」：市政公報（48 期），南京市檔案館藏，1002－1－1167。

組織同業公會，經社運會許可，先後成立籌備會；營造業公會組織鬆散，豬行業公會發生糾紛，先後經派員整理，組織各該會整理委員會，又米糧業公會會務停滯，已予以改組。醫園業公會、革履業公會等召集會員大會，社運會派員出席指導。5、教育文化青年團體。新聞記者公會、社會部工作人員訓練班同學會、國立交通大學同學會、實業部農業講習所同學會等，先後籌備就緒，經督促召開成立大會宣告成立；中央宣傳講習所同學會、興建劇團、私立金陵大學同學會等，已獲准組織成立籌備會，正積極籌備中；市教育會籌備會常委張其溁辭職照准，另派陳端志整頓會務，促其盡快成立。6、特種團體。文社旅京同志會、明德慈善堂、河北旅京同鄉會、奉南川旅京同鄉會、績溪旅京同鄉會等籌備就緒，經督促召開成立大會；六合旅京同鄉會、河北旅京同鄉會等已獲准組織成立籌備會，正籌備中；市佛教會、佛教往生蓮社舉行會員大會。〔註48〕

市府借助已經成立的各職業團體，將各種行業中混亂零散的人群掌控起來，有利於推動建立新秩序，但因其目的不在於發展，而在於控制。其一，各種職業團體成為汪偽推行各種政策的工具。諸如推行汪精衛提出的新國民運動，舉行各種為侵略戰爭張目的慶祝大會，迎送滿洲國答禮使團等，通過策動各種團體的參與，至少表面上都極盡排場，裝點了不少的門面。如為迎送滿洲國答禮使節團，就策動了約 10 萬人參加。

其二，社運會南京市分會和社會局也象徵性地推動一些農工福利事業和慈善事業的開展，儘管實效有限，但聊勝於無。半年中，在小行山區、皇城區、長生區等三個農村福利事業指導所舉辦農村子弟學校 1 所，農村簡易小學 1 所，農人補習班 1 處，青年農民訓練班 1 處，及農人遊息處、農民閱報室、農人問事代筆處、農村診療所等各 3 處。此外，在社會部指導下策動組織人力車夫福利事業委員會，由市政府社會局暨社運會市分會會商擬定組織規則，歸屬社會局暨社運會市分會管理。主要事項為調查人力車夫之生活及人力車業之業務狀況，改善人力車夫之生活及人力車業之業務狀況，增進人力車夫之知識事宜及其它有關人力車夫之福利事項。1941 年 5 月，《南京市人力車夫福利事業委員會組織規則》出臺，設委員 19 人，即社運會南京分會代表 3 人、社會局 3 人，財政局 1 人，衛生局 1 人、教育局 1 人、工務局 1 人、

〔註48〕偽「南京特別市秘書處」：南京市政府組織規則及市政概況（二），南京市檔案館藏，1002－1－15－2。

市黨部 1 人、首都警察廳 1 人、市商會整理委員會 1 人、市工會整理委員會 1 人以及市人力車行業同業公會 5 人。設常務委員 3 人，社運會南京分會、社會局、人力車行業同業公會代表各 1 人。該委員會預備福利事業計劃分兩期辦理：1941 年 5 月 1 日至 7 月 31 日爲第一期；1941 年 8 月 1 日至 10 月 31 日爲第二期。前半年設立中醫診療所 2 處，自 5 月起開始施診送藥，加惠工人，又購備夏季涼帽 1200 只分贈各車夫，至於在籌備中者尚有設置茶亭 7 處，及施送痧藥，舉辦休息涼棚等事業。〔註49〕

其三，社運會南京市分會和社會局在進行物價調查和糧食調查之外，也要調解各種勞資糾紛和行業糾紛。因物價飛速上漲，工人生活困難，勞資糾紛比較突出。出版業、水木業、紙作業、軍西時裝業、醬園業、緞機業、革履業等工會會員，相繼要求資方增加工資，而同業公會要求制止，雙方呈對立之勢。經局會先後召集勞資雙方代表調解，結果基本使雙方滿意。受物價上漲態勢的影響，有時工人以罷工相威脅，官方不得不使同業公會對職業工會有所妥協，謹防出現動亂。如 1944 年下半年物價高漲得厲害，洗染業職工會、皮件業職工會、香燭業職工會經要求分別於 10 月份加工資的五成、六成和九成。軍西時裝業職工會自 10 月 25 日起工資加六成，香燭業職工會 12 月 5 日再次增加，水木業、醬園業也分別要求增加工資。〔註50〕同一行業內部產生糾紛也需要社運會與社會局來調整解決，尤其是牽扯到僞府與日軍，需要尋找各方利益的均衡點。1941 年 12 月，本市豬業代表王學銘等呈控張雲濤勾結官吏，壟斷豬業，把持會務，請求徹查。在此之前豬商之間就迭起糾紛，因此市府飭令社會局、社運會將豬行、鮮肉、客販三方合併組織豬業整理委員會，擬具辦法期使三方平息紛爭繼續合作。嗣因該會常委施文時把持會務被控辭職，並經局、會擬具改組豬業整理委員會綱要暨組織大綱，又各派一人爲豬業整理委員會當然常委委員，以就近監督管理。經派員視察發現該豬業整理委員會，事權不一，行政系統不明，辦事多有未合，而豬行店三方因利害關係各存己見，未能切實合作。關於豬只搬運證之分配爲三方爭逐的焦點，張雲濤憑藉與日軍訂有華中契約之特殊關係，居間壟斷引起紛爭，現搬

〔註49〕僞「南京特別市秘書處」：南京市政府組織規則及市政概況（二），南京市檔案館藏，1002－1－15－2。

〔註50〕僞「南京特別市秘書處」：南京特別市政府工作報告，南京市檔案館藏，1002－1－424。

運證雖已由會辦理，但仍有由張雲濤暗中操縱之說流傳。為平息爭端，擬具調查綱要，由社會局、社運會同豬業整理委員會與日軍續立契約以昭信守，一頭繳軍豬費 36 元；另訂定豬業整理委員會辦事細則，豬販重行登記辦法，搬運證申請規則，稽查私豬獎懲辦法，以整頓會務。〔註51〕

其四，社運會南京市分會和社會局的工作重點之一就是督促並指導各行業組建同業公會。為進一步加強對於商業的控制，推動物資統制政策的落實，1942 年 7 月，行政院據實業部呈請責成主管官署，先就重要城市嚴屬督飭各商業依法登記，並立時組設同業公會限期辦理完成。市政府交社運會南京市分會與社會局遵照辦理。經雙方商討出臺五項規定：本市各主要商業公會大致均已組織成立，其有未經組織者，由社運會督飭限 7 月 10 以前組織完成；已設立之各同業公會而內部有不健全者由社運會督飭限 7 月 10 日以前調整竣事；已領營業許可證而未加入同業公會之商店，由社運會督飭各同業公會轉知各商店攜帶原證限 7 月 10 日以前一律加入公會；准由公會在該證外圈左下角空白處注明某年某月某日已入公會，並由同業公會加蓋會戳證明，以便檢查，限期加入而不遵辦者由社運會通知社會局，弔銷其營業許可證，勒令停業；各公會最近會員名冊及非會員名冊由社運會督飭各公會將其姓名、店號、地址及已否領證，各項分別造具清冊各二份，限 7 月 10 日以前送會，一份轉送社會局；未領營業許可證擅自營業之商店，雖已加入同業公會仍認為不合法，由社運會、社會局嚴飭所屬隨時檢舉，由社會局勒令停業，一面督飭依法補辦登記手續。〔註52〕至 1942 年 8 月，各主要商家未加入同業公會的商店尚有不少，米糧業有謝俊記等 4 家，棉紗業有信豐、福祥等 3 家，綢布業有天源、余豐等 11 家，煤炭鍋業有裕興、同盛永等 32 家，捲煙五洋業有裕豐等 4 家，皀燭城製造業有宏大等 4 家。〔註53〕市府嚴令局會盡快使其加入同業公會。1943 年 6 月，市府要求按照實業部所頒主要商品品目表，成立京市改組各業同業公會籌備委員會，按分類表限當月之內一律改組完成，並呈經濟局核定。至 1943 年 7 月，主要商品同業公會，業已組織成立，自 7 月 1 日起開

〔註51〕偽「南京特別市秘書處」：市政公報（109 期），南京市檔案館藏，1002－1－1169。

〔註52〕偽「南京特別市秘書處」：發售平價米清冊、物價評議委員會、公糶委員會旬報表等，南京市檔案館藏，1002－1－889。

〔註53〕偽「南京特別市秘書處」：市政公報（101 期），南京市檔案館藏，1002－1－1169。

始辦理登記給證。主要商品工廠、商號之已經登記領證者須向各該同業公會領取申請書，按照現況據實填明，連同舊證送由該公會彙呈市府；自 9 月 1 日起庚續辦理次要商品、普通商品、工廠、商號之重行登記，依照前項辦法送由各該同業公會，轉呈社會局核辦。〔註54〕1945 年 1 月，南京特別市政府工作報告中特別強調要繼續強化同業公會，健全組織遵行政府功令，對於所屬各會員可以切實督導。〔註55〕

　　因著政府的扶持，各同業公會成爲壟斷該行業大權，向上交結權貴，向下則把控行業的准入與日常運轉，成爲頗能代表日僞在社會各行業中滲透的力量。1941 年 7 月 5 日，南京市梨園協會在麗都大戲院（建康路）舉行成立大會。14 日即呈請社會局：「鑒於同人在京演戲者爲數約在千人左右，其中難免良莠不齊，爲完成和建大業及健全組織強化機構起見，凡在本市之梨園同志均須加入本會成爲會員，否則不得在京演劇，非經本會審查合格後由會轉呈登記外，個人不得單獨向社會局申請登記。」〔註56〕雖然社會局認爲應當緩議，但社運會認爲「所請各節，本市梨園現同人似應遵行」。

　　其五，值得注意的是，社會局指導協同南京市青年團指導部進行青年團員的培訓。「以青年爲推動社會事業之中心，使社會組織健全以補行政力量之不足，時值事變以後，社會建設亟待推進，青年團之組織倍覺需要。」〔註57〕內政部青年團指導員訓練所自 1940 年 3 月開始招收學員進行短期速成式培訓，受訓內容包括舉行和平反共建國宣傳、農村改善宣傳、農村衛生宣傳、青年團組織、農村保甲戶口調查、勞動服務、農村合作社組織及術科等科目，具有很強的實用性，與社會局的工作具有很高的契合性。1940 年 8 月第四期招募學員時，南京市青年團指導部會同社會局舉行筆試與口試，社會局局長親自到場監視，除紀耀炎等 4 人成績過差不予錄取外，其餘張元植等 17 人初試合格。學員受訓畢業後，由市指導部分派指導員、實習員到各區幫辦團務，各區區長兼任區團長。對於青年團員的培訓加強了區級基層行政的力量，特

〔註54〕僞「南京特別市秘書處」：市政公報（122 期），南京市檔案館藏，1002－1－1170。

〔註55〕僞「南京特別市秘書處」：南京市政府工作報告，南京市檔案館藏，1002－1－425。

〔註56〕僞「南京特別市社會局」：南京市梨園協會籌備委員簡曆表（冊），南京市檔案館藏，1002－2－67。

〔註57〕僞「南京特別市社會局」：南京市三青團指揮部、三青團指導員訓練所招收團員名單及畢業團員實地實習名單，南京市檔案館藏，1002－2－93。

別是在社會局忙於人口普查、賑濟、食米平糶等事務，還要努力社會秩序的
建立與控制之時，的確是不容忽視的助力。1940 年 9 月，市青年團指導部主
任朱君重辭職，吳剛接任。一年之後吳剛被停職，社會局局長盛開偉兼任，
將市青年團並於原社會局內，遷至中山路同仁街 41 號，更爲密切了社會局與
青年團的關係。

三、績效評析

　　社會局掌管的事項涉及面廣，也比較繁雜。其中所轄自治保甲、公安戶
籍、糧食物資等方面都是南京市政中所要處理的重中之重的問題，因此社會
局的地位和作用就顯得比較突出。1942 年社會局內部調整後，各科及下屬各
股的職責更加明晰，處理事務更具針對性，管轄範圍也較之前有所擴大。自
1942 年 7 月至 1943 年 3 月社會局撤銷，市長周學昌親自兼任社會局局長，也
充分說明了社會局的重要性。

　　社會局與社會運動指導委員會南京分會在組織與管制社會團體方面應
當說是成功的。其一，組織管理人民團體的目的是加強監控，並爲日僞所
用。南京在恢復秩序的過程中，人員混雜，各種力量在南京均有所圖，於
是「化零爲整」成爲進行有效管理的常用模式。這樣可以把分散的各種類
型的人予以分類重組或彙集管理，納入到系統的組織中來，達到控制人、
掌握人的目的，藉此也加強了對於團體的控制。其二，控制的手段多樣化。
開始一般採用強制手段，選定某人或機構強行推動成立各種職業團體，或
者直接就以政府要人、社會名流等爲核心予以組織。職業團體成立後，又
許以種種好處拉攏團體的上層，互相勾結利用。對於組織鬆散或負責人辦
事不力者則加以整理改組，以親日僞者取而代之。其三，在市民證和保甲
制的常規管制之外，建立了市府——人民團體——會員的控制網絡。這種
網絡覆蓋了農工商業、文教領域、宗教慈善以及其它社會組織，幾乎涉及
社會的各個層面，增強了市府的社會動員與社會監控能力，服務於日本侵
華戰爭和在華殖民統治。

　　在組織監管的過程中，有不少的問題一一湧現，特別透露出民間對於官
方有意抵制的信息。就掌握的資料來看至少有以下幾種情況：一是團體內或
團體間發生糾紛，會務無法正常辦理，如豬行業即遭遇前種情形，勞資糾紛
則屬後種情形。二是組織鬆散，會務懈怠。三是團體核心成員辭職或他往。

第三章 基層社會控制的兩張王牌：市民證和保甲

第一節 戶口統計與市民證

一、戶口統計

市政府改組後即對南京市人口數量及狀況進行統計登記，從 1940 年 7 月至 12 月，分別將戶口數量、人口異動、人口密度、職業分佈、年齡、教育婚姻狀況等一一登記在冊，清晰地勾勒出了南京淪陷三年之後的人口變化情況。

表 3－1：南京市戶口統計表（總表）（1940 年 12 月）

月 別	戶 數	人 口 數						
		總計	男 性			女 性		
			合計	成人	兒童	合計	成人	兒童
七月	133009	579329	322373	220157	102216	256956	169418	87538
八月	133439	581815	323924	221289	102635	257891	169998	87538
九月	133869	584133	325229	222289	102940	258904	170655	88249
十月	140722	611181	339768	233821	105947	271413	180938	90475
十一月	140798	614121	341050	234440	106610	273071	182052	91019
十二月	140080	615972	342070	234994	107076	273902	182623	91379

資料來源：傷「南京特別市秘書處」：，南京特別市政府組織規則及市政概況（二），
　　　　　南京市檔案館藏，1002－1－15－2。

截止 1940 年 12 月，南京市居住人口已經達到 14 萬戶，615972 人，比之 1934 年的 777230 已相去不遠〔註1〕。九月份到十月份激增了 27048 人，說明秩序開始好轉，回歸的人群增加。

表 3－2：南京市戶口統計表（異動）（1940 年 12 月）

月　別	遷入戶數	遷入人數	徙出戶數	徙出人數	出生人數	死亡人數	失蹤人數
七　月	2395	10412	2091	6651	413	450	2
八　月	2275	9841	1750	6715	356	505	2
九　月	1706	7666	1456	6094	351	576	3
十　月	9457	37445	2520	10809	364	496	——
十一月	2978	14355	2953	11412	437	523	——
十二月	2610	12721	3162	11808	566	504	——

資料來源：僞「南京特別市秘書處」：南京特別市政府組織規則及市政概況（二），南京市檔案館藏，1002－1－15－2。

然而，這一階段人口變動也比較大，以 10 月份爲例，遷入 9457 戶，37445 人，徙出 2520 戶，10809 人。11 月、12 月依然居高不下。這說明新的秩序尚未完全建立起來，人心未定，難以眞正安居。

表 3－3：南京市戶口統計表（密度）（1940 年 12 月）

區　別	面積（平方公里）	人口數			人口密度	每女子百人當男子數
		總計	男	女		
總　計	474.61	615972	342070	273902	1298	125
第一區	10.05	123674	68175	55499	12306	123
第二區	5.4	167431	91654	75777	31006	121
第三區	20.7	77915	33667	44248	3764	76
第四區	11.35	45868	25655	20213	4041	127
第五區	12.05	45514	27057	18457	3777	147

〔註1〕 胡煥庸：《論中國人口之分佈——附統計表與密度圖》，《地理學報》，第二卷第二期，1935 年版。

區　別	面積（平方公里）	人口數			人口密度	每女子百人當男子數
		總計	男	女		
上新河區	110.13	54512	29245	25267	486	116
燕子磯區	168.87	44914	24553	20361	266	121
孝陵衛區	26.69	19379	10290	9089	253	113
安德門區	59.37	36765	21193	15592	619	136

資料來源：僞「南京特別市秘書處」：南京特別市政府組織規則及市政概況（二），南京市檔案館藏，1002－1－15－2。

　　從人口密度來看，以第一區和第二區爲最，都超過萬人。第一區在中華路復興路以東、中山東路以南，計轄 20 坊；第二區在中華路復興路以西、漢中路以南，計轄 24 坊。兩區東西相接，處於城中南部，在各區中面積也小，又是人口密集彙聚之處，人口均在 10 萬以上，自然人口密度很大。

表 3－4：南京市戶口統計表（職業分類）（1940 年 12 月）

區別		總　計	第一區	第二區	第三區	第四區	第五區	上新河區	燕子磯區	孝陵衛區	安德門區
總計	合計	615972	123674	167431	77915	45868	45514	54512	44914	19379	36765
	男	342070	68175	91654	44246	—	—	—	24553	10290	21193
	女	273902	55499	75777	33667	—	—	—	20361	9089	15572
農業	合計	105800	4794	1899	3278	7019	5671	29365	24823	6931	22020
	男	56046	2003	1198	1743	—	—	—	12221	3453	12014
	女	49754	2791	701	1535	—	—	—	12602	3478	10006
礦業	合計	1466	1228	133	81	5	—	—	19	—	—
	男	949	737	108	81	—	—	—	18	—	—
	女	517	491	25	—	—	—	—	1	—	—
工業	合計	60472	17881	16367	1212	5915	9770	1219	4260	2245	1603
	男	43577	13096	10573	734	—	—	—	2196	1269	1106
	女	16895	4785	5794	478	—	—	—	2064	976	497

區別		總計	第一區	第二區	第三區	第四區	第五區	上新河區	燕子磯區	孝陵衛區	安德門區
商業	合計	95872	20335	15018	31953	9125	5828	2951	3137	3083	4442
	男	85099	17583	14049	31262	——	——	——	1870	1587	3304
	女	10773	2752	969	691	——	——	——	1267	1496	1138
交通運輸	合計	16789	4710	3367	1721	2324	598	1158	560	37	2314
	男	14504	4478	3179	1397	——	——	——	289	37	2314
	女	2285	232	188	324	——	——	——	271	——	——
公務	合計	11005	3488	277	2849	1882	581	189	859	312	568
	男	8915	2881	193	2311	——	——	——	844	309	568
	女	2090	1607	84	538	——	——	——	15	3	——
自由職業	合計	9673	3700	1114	2303	1462	448	25	386	60	175
	男	5995	1818	985	1436	——	——	——	287	49	175
	女	3678	1882	129	867	——	——	——	99	11	——
人事服務	合計	29768	12901	7256	3206	5436	——	——	969	——	——
	男	11741	2282	6268	1651	——	——	——	815	——	——
	女	18027	10619	988	1555	——	——	——	154	——	——
無業	合計	252782	49139	115839	27282	7253	22284	16453	4542	6696	3294
	男	93923	29441	49124	1534	——	——	4736	2780	3571	730
	女	158859	28698	66715	25748	——	——	11717	1762	3125	2564
失業	合計	32345	5498	6161	4030	5447	334	3152	5359	15	2349
	男	21395	2856	6051	2099	——	——	3152	3233	15	982
	女	10950	2642	110	1931	——	——	——	2126	——	1367

資料來源：僞「南京特別市秘書處」：南京特別市政府組織規則及市政概況（二）

，南京市檔案館藏，1002－1－15－2。

從職業分佈來看，從事農業的人口占 17%，從事其它職業的人口比例依

次為商業 16%、工業 9.8%、交通運輸業 2.7%、人事服務業 1.9%、公務人員 1.8%、礦業 0.24%、自由職業 0.16%。而無業人口比例高達 41%，失業者占 5.3%，兩者合計近占人口的一半。如果除去無業人口中 60 歲以上老人和 16 歲以下孩童的比例，青壯年無業人員大概有近兩萬人，與失業人員合計約五萬人，約占總人口的 8% 左右，也是一個不小的數字。然而從各業分佈來看，雖然職業類型並不多樣，但各業陸續恢復發展，已經呈現一定的生機活力。1942 年 5 月重新作了調查，變化不大，各項所佔比例基本維持不變。

表 3－5：南京特別市戶口統計表（職業分類）（1942 年 5 月）

項別	農業	礦業	工業	商業	交通運輸	公務	自由職業	人事服務	無業	失業
總計	105015	2162	64411	98431	16537	11425	11395	33848	261429	29249
男	56892	1291	46478	86051	14810	9331	7189	12327	94979	21720
女	48123	871	17933	12380	1727	2094	4206	21521	166450	7529

資料來源：偽「南京特別市秘書處」：南京特別市政府組織規則及市政概況（二），南京市檔案館藏，1002－1－15－2。

表 3－6－1：南京市戶口統計表（年齡）（1940 年 12 月）

年齡	合計	5～10	11～20	21～30	31～40	41～50	51～60	61～70	71～80	81以上	不詳
數量	615972	113412	119189	113319	103645	81856	53071	21783	7483	2102	13

資料來源：偽「南京特別市秘書處」：南京特別市政府組織規則及市政概況（二），南京市檔案館藏，1002－1－15－2。

表 3－6－2：南京市戶口統計表（文盲調查）（1940 年 12 月）

總計	總計			識字人數			不識字人數		
	總計	男	女	合計	男	女	合計	男	女
	615972	342070	273902	259370	190575	68795	356602	151497	205105

資料來源：偽「南京特別市秘書處」：南京特別市政府組織規則及市政概況（二），南京市檔案館藏，1002－1－15－2。

表 3－6－3：南京市戶口統計表（婚姻狀況）（1940 年 12 月）

總計	總　　計				男　　性				女　　性			
	未婚	有配偶	鰥寡	離婚	未婚	有配偶	鰥夫	離婚	未婚	有配偶	寡婦	離婚
	227840	350204	37202	726	128123	197741	15823	383	99717	152463	21379	343

資料來源：僞「南京特別市秘書處」：南京特別市政府組織規則及市政概況（二），南
　　　　京市檔案館藏，1002－1－15－2。

　　從以上三個表格，可以看出當時南京人口的年齡結構比較明晰，20 歲以
下人口占總人數的 38％，20 至 60 歲人員占 57％，60 歲以上的占 5％，男女
比例爲 1.2：1。受教育程度比較低，不識字人數 356602，高達 58％。1942 年
5 月調查統計的數據與此基本相同。

　　在 1940 年人口增長的基礎上，1941 年南京市居住人口數量呈不斷遞增的
趨勢，中間雖有所波動，但起伏不大，至年底已從 617597 人增長到 629380
人，增加一萬多人。

表 3－7：1941 年度南京市戶口統計表

月　份	戶　數	人　口
一月份	140185	617597
三月份	140439	619406
四月份	139331	617545
五月份	138043	613838
六月份	137914	613012
七月份	138331	616627
八月份	138617	618335
九月份	138983	620861
十月份	140273	625914
十一月份	140549	627506
十二月份	141024	629380

資料來源：僞「南京特別市秘書處」：市政公報，南京市檔案館藏，1002－1－1168。

鑒於市政恢復和發展的需要，市政府在 1942 年設立市民回歸照料所，以招撫市民回歸，布告稱：

> 查撫輯流亡，勸導回歸，爲當務之急。現值上海疏散人口之際，本市市民事變後流連滬地者，爲數頗多。爰經社會局召集各區區長及商會、工會、農會暨各大工廠負責人舉行談話會，商議決定：1、由各區公所先行調查轄鏡內確有相當資產，現留寓滬地者開單呈送，以便彙轉特務機關，轉商上海有關當局，設法勸令回歸。2、調查本市各業，及近郊各種工業，如磚瓦廠、麵粉廠等需要熟練工人數額，以便吸收一部分失業技術工人。由社會局令各區迅即設立市民回歸照料所，以期市民回歸後，獲得各種便利，附設於區公所內，統計本市由滬回歸市民，截至 6 月底，約達八百餘人。〔註2〕

這種措施的確有點成效。然而 1942 年的人口數量在相對上一年保持小幅度的增長的同時，出現較大的起伏性變化。7 月份出現一次戶口數量的大變動，人口銳減 17585 人。至年底的 10、11、12 月又出現人口陡升陡降的情形。

表 3－8：1942 年度南京市人口統計表

月　份	戶　數	人　數
一月份	142099 戶	633066 人
二月份	142905 戶	635149 人
三月份	143432 戶	637894 人
四月份	143622 戶	639903 人
五月份	141441 戶	633902 人
六月份	141564 戶	635010 人
七月份	133164 戶	617298 人
八月份	133043 戶	617425 人
九月份	133444 戶	618882 人
十月份	133985 戶	621539 人

〔註2〕偽「南京特別市秘書處」：南京特別市政府組織規則及市政概況（二），南京市檔案館藏，1002－1－15－2。

月　份	戶　數	人　數
十一月份	137248 戶	654315 人
十二月份	103973 戶	638464 人

資料來源：僞「南京特別市秘書處」：市政公報（112 期），南京市檔案館藏，1002－1－1169。

故此，我們可以將 1938 年至 1942 年五年的戶口數量予以對比來看。相較 1938 年而言，1942 年 6 月南京市人口已經增加 16 萬人之多，從性別與年齡來看增長都比較平穩與平衡，很少出現大的波折與變動。

表 3－9：南京市五年來戶口增加統計表（1942 年 6 月）

年別	戶數	人　口　數						
		總計	男			女		
			合計	成人	兒童	合計	成人	兒童
1938 年	117679	473411	256541	167843	88698	216870	135417	81453
1939 年	130163	548672	305208	209376	95832	243464	159450	84014
1940 年	133009	579329	322373	220157	102216	256956	169418	87538
1941 年	137914	613012	340592	233018	107674	272420	180948	91472
1942 年	141564	635010	351622	240920	110702	283388	188627	94761

注：除 1938 年 12 月始有正確戶口統計外，其餘各年之數字以每年 6 月數字爲代表，各國僑民戶口不在此列。資料來源：僞「南京特別市秘書處」：南京特別市政府組織規則及市政概況（二），南京市檔案館藏，1002－1－15－2。

進入 1943 年，從 1 月起人口就超過了 66 萬人，5 月超過 67 萬人，9 月超過 68 萬人，10 月更是達到 690513 人。汪僞政權的統治進入穩定有序期，南京市政恢復漸有成效，帶動了人口的回歸。與此同時，人口的回歸與增長，既爲南京的持續恢復注入了新的活力，又加重了物資短缺所帶來的危機，增加了人口管控的難度。恢復和控制，在人口問題上於南京市政府而言也是一個難題。

二、市民證

經前南京市自治委員會及督辦公署的努力，聞風歸回者日益增多，但逗

留異地者仍不在少數。1938 年 10 月，督辦南京市政公署發佈「召集流亡來歸布告」，特別表達了「對於資產階級及智識分子之流離在外尤為關念」〔註3〕。然而人口增多，秩序未穩，市政管理捉襟見肘，社會治安問題凸顯。自 1938 年底至 1939 年初，各區公所呈報警察廳記錄在案的搶劫與殺人案約有 35 件，被搶的有商民、保長、保衛團長、酒店、坊公所、警察局等，盜匪結黨橫行。〔註4〕此前秩序更為混亂，日軍及盜匪搶劫、強姦、殺人時有發生。至 1939 年，錢莊被劫、材料物件遭竊、公物被私拆、鄉民被劫、區長被劫、本府調查員被竊及被打等惡劣情形，仍然常常發生。因此南京區治安督察專員杜哲庵呈請市政府，於 6 月 12 至 13 日召集江寧、江浦、丹陽、溧水、蕪湖、當塗等十縣縣知事及警察局長、所長等召開第一次治安會議。警察廳、各區公所等也相繼召開治安會議查禁偷竊、增派駐警防守。隨著市府管治力度的加強，治安情況逐漸有所好轉。

為進一步查明人口，建立戶籍檔案，加強監管的力度與果效，1938 年 11 月市政公署舉行「南京市第一次戶口總覆查」，由警察廳及各區公所會同辦理，自 11 月 8 日開始，鄉區暫緩舉辦。此次覆查十分嚴格，乃是針對 9 月份戶口統計所做的覆查。

從 1938 年到 1940 年三年人口的比較中，可以明顯地看到人口的迅速增長，特別是從 1938 年 4 月到 1939 年 4 月的一年中，因秩序漸趨穩定引領四散的市民回歸。從 1939 年 4 月到 1940 年 4 月汪偽政權建立，人口雖然增加不是很多，但已經接近淪陷時留守南京的人口數量，自此之後人口基本保持小幅度地增長。

表 3–10：南京市三年來戶口增加比較表

項別＼年次	1938 年 4 月	1939 年 4 月	1940 年 4 月
戶數	68470	127760	136354
口數	265621	540525	584828

〔註3〕 偽「南京特別市秘書處」：布告召集流亡來歸時及治安警察暫行條例等，南京市檔案館藏，1002－1－538。

〔註4〕 偽「南京特別市秘書處」：各區公所警察廳呈報市民被盜案及處理情況，南京市檔案館藏，1002－1－575。

年次 項別	1938 年 4 月	1939 年 4 月	1940 年 4 月
成人	174546	365551	391652
兒童	91075	174974	189176

資料來源：偽「南京特別市秘書處」：市政公報（47 期），南京市檔案館藏，1002－1－1167。

　　1939 年 10 月，市府會同日本特務機關制訂發給市民證辦法，規定 6 歲以上南京住民均應領取。市民證按字號不同，分爲特、甲、乙、丙、丁、戊、上、燕、安、孝十種，其中特字號市民證發給公務員及其家屬，藉與普通市民證表示區別。在此之前，各區核發市民證，並不一定以戶口爲準，如有店保或公務人員的證明，即可取得市民證。故非南京居住人民取得市民證者甚多，致戶口凌亂，漫無稽考。市府遂制定辦法：「各區公所發給市民證，以具備下列各款之一爲限：1、呈驗門牌戶口證；2、坊保甲長蓋章證明；3、呈驗該管警局已報戶口通知單或戶口登記備查聯，一面令飭各區準警局隨時派員前往查抄底冊，以資聯絡，使市民證與警局戶口取得聯繫，數字既較易跡近，宵小亦難於匿跡。」[註5] 自 8 月至 12 月共發出市民證 71351 張，旅行證 4486 張。即便如此，也不能杜絕市民證發放過程中的漏洞。秘書處第二科民事股書記姜建生於 10 月份領去市民證達 87 張，其中顯有情弊，又因工作消極時常請假被開除。[註6]

　　市民證是由日本特務機關會同南京市政府所發，按照《市民證辦法》第 13 條規定出入城關時市民證及各處所給通行證不問所發年份一律有效。1941 年 7 月，據孝陵衛區區長等報告，市民出入城關之時，有日軍將 1939 年所填發市民證撕毀，要求更換新證；首都監察廳警士也報告有日軍撕毀前市政府所發市民證等情事。市政府經與市府聯絡官協商，由聯絡官通知各城關日軍 1939 年市民證一律有效。[註7] 自 1939 年 7 月 1 日至 1941 年 11 月 10 日止，各城鄉各區公所按照甲、乙、丙、丁、戊、上、燕、安、孝等分別市民證號

〔註 5〕　偽「南京特別市秘書處」：南京市政府組織規則及市政概況（二），南京市檔案館藏，1002－1－15－2。
〔註 6〕　偽「南京特別市秘書處」：行政院委任南京市各局長及市屬各局處任員獎懲職員之訓令、委令及來往文書，南京市檔案館藏，1002－1－100。
〔註 7〕　偽「南京特別市秘書處」：市政公報（76 期），南京市檔案館藏，1002－1－1168。

碼，另外加上特字號市民證，經南京特別市政府秘書處第二科整理，市民證底冊數目列表如下：

表 3－11：市民證底冊數目統計表

區　別	名　稱	號　碼	底冊總數
本　府	特字市民證	自 00001 號至 66999 號	計 70 冊
第一區公所	甲字市民證	自 00001 號至 165600 號	計 275 冊
第二區公所	乙字市民證	自 00001 號至 223627 號	計 411 冊
第三區公所	丙字市民證	自 00001 號至 88296 號	計 144 冊
第四區公所	丁字市民證	自 00001 號至 58000 號	計 60 冊
第五區公所	戊字市民證	自 00001 號至 66361 號	計 57 冊
上新河區公所	上字市民證	自 00001 號至 71872 號	計 74 冊
燕子磯區公所	燕字市民證	自 00001 號至 59400 號	計 97 冊
安德門區公所	安字市民證	自 00001 號至 40200 號	計 68 冊
孝陵衛區公所	孝字市民證	自 00001 號至 17944 號	計 30 冊

資料來源：僞「南京特別市秘書處」：行政院委任南京市各局長及市屬各局處任員獎懲職員之訓令、委令及來往文書，南京市檔案館藏，1002－1－100。

　　1942 年 5 月，爲配合日僞的「清鄉運動」，進一步加強人口管制，汪僞內政部下令各省市將原市民證改換爲居住證，同時公布施行《各省市警察機關發給人民居住證及旅行證明書辦法》，12 歲至 60 歲居民都必須請領居住證。南京市政府布告稱：

　　　　案准內政部咨：案查前警政部，以事變以還，各地爲防免莠民混跡，當時曾發給安居證，嗣以該項證式過於簡略，匪類易於混用。爰經先後變更，改由各地縣市政府會同關係機關製發縣市民證，一律黏貼本人照片。惟是項縣市民證，核發手續完備與否，影響治安，至深且鉅，以往由各地保甲轉展請領，難免有百密一疏，似非亟圖改善，不足以固治安，警察負有直接調查戶口之責，爲防患未來，免除流弊，爰將各地核發市（縣）民證事宜，一律劃歸警察機關辦理，並改定式樣名爲居住證，連同友邦憲兵司令部「對國民發給證明書之要領」呈請核實。嗣以警政部合併於本部，奉行政院令修正

各省市警察機關發給人民居住證及旅行證辦法，於本月 9 日公佈。爲防止僞造，特分別規定，各種顏色，用資識別，南京白色、江蘇綠色、浙江藍色、上海黃色、安徽紅色。歷經與有關方面商洽，對於發給手續，該證上必須加蓋憲兵隊印，以昭愼重，至捺蓋指紋一節，凡簡任以上官吏，中國國民黨中央執行委員，監察委員，中央黨部與簡任官同等待遇之職員等，及其家屬（直系同居），均免捺蓋。薦任以下公務員，須親赴警察局所辦理，現決定南京方面自 5 月 20 日開始辦理。〔註8〕

無論是發放市民證還是居住證，都必須以徹底的戶口清查作爲根據。1940 年年底，時屆冬防，爲維持治安，11 月 25 日下午 3 時市政府召集各城區區長及南京市青年團指導部代表等會商嚴密清查戶口辦法。會議決定更換市民切結，同時清查戶口，如遇有新增暨異動者換塡普通戶口調查表。市政府飭令城區公所自 12 月 6 日起開始辦理，限 10 日內完成。〔註9〕社會局第二科與第三科派員五人各擔一區，前往指導督促各區認眞辦理「覆查戶口及換塡聯保切結」一事，並召集坊保長談話，加以指導，於覆查期內每日午後前往各區督促辦理。然而在社會局督導之下，各區辦理情形並不盡如人意。社會局職員朱春祺於 12 月 18 日呈奉報告稱：

> 奉派於本月 4 日前往第一區履行督導職責，於 6 日起至 15 日止，每日由職會同該區戶籍主任曹馨谷前往各坊保按戶抽查，其間多有市民尚未接到此項切結，經詢該坊保甲長因何稽延功令，但均以現時調查冬賑，及無人在家，不能分身，暨布種牛痘各緣由爲辭，因此對於換塡切結未能遵期實施，以致延緩云云，經職再三督促，復唔劉區長面催，據云業已嚴令各坊保長知照限於 20 日以前辦畢。

〔註10〕

第二區報告情況與第一區類似，理由是人手有限，不能限期完成。其它各區報告與此基本相同，理由也相同，所稱均爲事繁人少。隨後，社會局局

〔註 8〕 僞「南京特別市秘書處」：市政公報（97 期），南京市檔案館藏，1002－1－1169。

〔註 9〕 僞「南京特別市社會局」：南京市城區戶口總覆查及塡換聯保切結文稿，南京市檔案館藏，1002－2－699。

〔註 10〕 僞「南京特別市社會局」：南京市城區戶口總覆查及塡換聯保切結文稿，南京市檔案館藏，1002－2－699。

長盛開偉派遣瞿正川前往各區各坊視察冬防巡查班、覆查戶口暨聯環保結，於 12 月 25 日呈奉報告，附有調查表一份。

表 3－12：南京市城區冬防巡查班、覆查戶口暨聯環保結已辦未辦調查表

區　別	冬防巡查班（以坊爲單位）			覆查戶口			聯環保結		
	已辦畢	已辦未畢	未辦	已辦畢	已辦未畢	未辦	已辦畢	已辦未畢	未辦
第一區	6	4	10	1	19	0	1	19	0
第二區	23	0	1	24	0	0	2	22	0
第三區	11	1	0	1	8	1	1	8	0
第四區	10	0	0	1	8	1	1	8	1
第五區	7	0	0	7	0	0	0	7	0

注：第三區計 11 坊，表中所填似有誤。資料來源：僞「南京特別市社會局」：南京市城區戶口總覆查及填換聯保切結文稿，南京市檔案館藏，1002－2－699。

　　從上表可以看出按市府諭令本應於 12 月 16 日完成的工作遲至 25 日尙有大部分沒有辦完或未辦，各區公所辦事不力有意延宕是主要原因。社會局再次下令截至 12 月 31 日必須辦完。各區先後呈報已遵限辦竣，並呈送覆查戶口統計表等。但是社會局對於各區所呈報數據不能完全信賴，「惟查戶口是否詳確，是否認眞，應派員切實抽查，俾資考覈，茲派第三科戶籍股科員韓葆華、楊運山二員自 1 月 17 日起，每日午後分往各區境內認眞抽查，限七日查竣」〔註11〕。

　　鑒於戶口異動頻繁，各種問題隨之叢生，加強戶口異動的報告與管理便提上了市府的工作日程。1938 年 5 月，南京市第四區區長方灝、副區長王松亭呈報市府，要求對於市民不報戶口異動者處以相當懲治。其時各區戶口登記均已次第舉行，但是市民對於全戶遷移以及出生、死亡、婚嫁等異動情事多不呈報，且「往之未久，復又他徙」〔註12〕。針對人口異動和各區辦事不力的情形，1940 年 5 月南京市政府訓令城鄉各區區長：

〔註11〕僞「南京特別市社會局」：南京市城區戶口總覆查及填換聯保切結文稿，南京市檔案館藏，1002－2－699。
〔註12〕僞「南京特別市秘書處」：督辦南京市政公署處理公文、人事等，南京市檔案館藏，1002－1－40。

　　　　查本市近來各地人士來京者日增，戶口必多異動，若不及時清
查及核對，聯保切結實不足以肅奸宄而增進保甲之效能，且查清鄉
區內各縣編查保甲戶口暫行條例第二十條第八項、第二十二條第二
項、第二十五條第三項規定之職務，各該區既未能切實辦理，即本
府前曾擬訂處置保甲辦法五項，各該區亦復陽奉陰違，致使保甲要
政不能徹底推進，茲再修正該五項辦法並另訂區坊長切結式樣，仰
該區長自6月1日起至6月15日止督率承辦保甲人員及該管坊長遵
照辦法切實辦理，一俟期滿，遵照結式出具，各該區坊長查明切結
呈報本府聽候派員抽查，倘有查報不實，定即按照清鄉區內各縣編
查保甲戶口暫行條例之規定分別議處。〔註13〕

　　11月，市府公佈《戶口異動報告辦法》，嚴格異動住戶申報程序，加強對
於異動人口情況的檢查和管理。各戶長須報告以下事項：形跡可疑之人；留
客寄宿及其離去，或家人出外作經宿之旅行及歸來者；出生、死亡或因其它
事故致生戶口上之異動者。要求住戶「在紙店購買戶口異動報告表 2 份，加
蓋戶長名章，向甲長申請蓋章。甲長登記在簿，同時加蓋名章於戶口異動報
告表。戶長再向保長申請蓋章。保長手續同甲長。坊長接受戶長報告戶口異
動表一份加蓋坊長名章，使其向該管警察局聲請報告取得戶口異動證，再行
發給戶籍門牌證，坊公所每日彙集戶口異動呈區彙轉登記。區公所收到坊公
所戶口異動報告表，按日彙集填具日報表，呈報本府社會局查核，戶口旬報
及月報另報之」〔註14〕。

　　自11月起，南京市屬各區每月按旬上報戶口異動表，滿一個月再上報月
表。每日均有統計，分人口異動、本日實有口數、戶數異動、本日實有戶數
等內容，調查極為詳盡。如11月上旬第一區戶口人口異動報表中顯示總人口
約 12 萬人，第一旬遷入 1796 人（312 戶），遷出 2535 人（271 戶），整個 11
月份遷入 5556 人（847 戶），遷出 5111 人（888 戶）。〔註15〕下表從 1940 年
12 月到 1942 年 5 月截取五個不同時段分別予以說明。

〔註13〕偽「南京特別市秘書處」：市政公報（48 期），南京市檔案館藏，1002－1－1167。
〔註14〕偽「南京特別市社會局」：市府關於劃分區界、呈編保甲組織規程、推進方法
　　　　及宣傳大綱等，南京市檔案館藏，1002－2－1234。
〔註15〕偽「南京特別市社會局」：南京市各區戶口旬月報表，南京市檔案館藏，1002
　　　　－2－708。

表 3－13：南京市各區戶口旬月報表

區別	時間	遷　入	遷　出	本區總人數約
第一區	1940.12	4184（607戶）	4038（718戶）	12 萬 3 千人
	1941.3	3690（759）	3230（733）	12 萬 4 千人
	1941.7	4649（800）	3533（666）	12 萬 4 千人
	1942.1	4907（1054）	3430（772）	12 萬 8 千人
	1942.5	4278（704）	3944（672）	13 萬
第二區	1940.12	1090（102）	1072（216）	16 萬 7 千人
	1941.3	1363（285）	885（245）	16 萬 8 千人
	1941.7	2422（611）	1420（506）	16 萬 6 千人
	1942.1	3733（1281）	2838（998）	17 萬
	1942.5	3497（1223）	2772（1223）	17 萬 4 千人
第三區	1940.12	1115（305）	1003（407）	7 萬 7 千人
	1941.3	841（192）	643（204）	7 萬 8 千人
	1941.7	772（136）	612（127）	7 萬 7 千人
	1942.1	480（139）	317（94）	7 萬 7 千人
	1942.5	515（141）	330（81）	7 萬 8 千人
第四區	1940.12	2419（905）	2492（1092）	4 萬 5 千人
	1941.3	1466（590）	1242（570）	4 萬 6 千人
	1941.7	2074（769）	1631（715）	4 萬 5 千人
	1942.1	2440（1012）	2082（877）	4 萬 5 千人
	1942.5	600（277）	7276（2478）	4 萬人（時已改名爲城區自治實驗區）
第五區	1940.12	2080（445）	815（162）	4 萬 5 千人
	1941.3	1271（240）	737（131）	4 萬 6 千人
	1941.7	797（155）	357（70）	4 萬 7 千人
	1942.1	1003（226）	343（63）	5 萬
	1942.5	710（171）	878（201）	5 萬

區別	時間	遷 入	遷 出	本區總人數約
燕子磯區	1940.12	431（35）	190（145）	4萬4千人
	1941.3	26（9）	5（2）	4萬5千人
	1941.7	438（78）	173（34）	4萬5千人
	1942.1	259（47）	482（92）	4萬7千人
	1942.5	173（23）	545（127）	4萬6千人（時已改名爲鄉區自治實驗區）
孝陵衛區	1940.12	329（59）	345（147）	1萬9千人
	1941.3	141（22）	133（14）	1萬9千人
	1941.7	92（26）	70（18）	1萬9千人
	1942.1	75（9）	80（13）	1萬9千人
	1942.5	68（9）	70（5）	2萬人
上新河區	1940.12	887（99）	732（221）	5萬4千人
	1941.3	200（29）	174（26）	5萬4千人
	1941.7	544（82）	421（82）	5萬4千人
	1942.1	389（174）	83（24）	5萬5千人
	1942.5	173（35）	134（23）	5萬4千人
安德門區	1940.12	430（117）	545（294）	3萬6千人
	1941.3	294（78）	237（71）	3萬6千人
	1941.7	221（82）	344（104）	3萬6千人
	1942.1	128（78）	70（42）	3萬7千人
	1942.5	219（98）	135（52）	3萬8千人

資料來源：僞「南京特別市社會局」：南京市各區戶口旬月報表，南京市檔案館藏，
　　　　　1002－2－709，1002－2－711，1002－2－713，1002－2－714，1002－2
　　　　　－718。

　　總體來看，各區人口呈緩慢遞增之勢。唯獨第四區在 1942 年 5 月人口數銳減幾千人，原因是 5 月 6 日前爲戶口總覆查期，經總覆查發現第四區人口數與原來所報不符，相差數字被視爲經月累日積聚之數，一律以遷出論。從

1940 年 12 月到 1942 年 5 月，無論是城區還是鄉區，人口變動都比較頻繁，尤其 1940 年 12 月份的統計數字比較突出，遷入與遷出之數基本上不相上下，既有與南京以外地區的流動，也有南京市內部的流動，顯示出生活與生產秩序並非恒常穩定。其中生活秩序的起伏，尤其以物資的緊缺與物價的飛漲爲重要原因。通過戶口旬、月報表，市政府對於人口的流動能夠清晰把握，特別是對於人口非正常流動的掌控和可疑人口的排查，都起了非常重要的作用。

第二節　基層社會控制組織：保甲

一、保甲概況

　　鑒於保甲組織的恢復與完善程度直接與基層社會秩序相關，僞政權都非常重視保甲組織的重建與重整。在清查人口的基礎上，首先從制度與政策層面整頓保甲秩序，完善保甲組織；其次從實際操作層面，重組保甲，改革坊政，加強保甲人員的管理，希圖從政府施政、社會管理與基層自治等多層面構建立體式的監控體系。

　　1938 年 11 月，市民林郁文呈請市政督辦高冠吾，建議設民眾意見箱，以便條陳市政。督辦市政公署採納此條意見，諭令各區公所在門前設民眾意見箱。1939 年 1 月，第四區八坊六保一甲甲長陶元松呈遞《保甲義務之概要》，請整頓保甲秩序。之後又有市民蕭苦淵呈《本市保甲之治》，張鐵吾呈《關於訓練保甲長意見》等意見。〔註16〕

　　因此汪僞還都甫定即著手完善保甲組織，加強基層組織建設。然而由於各區編查保甲清查戶口不力，引致 1940 年 5 月市府訓令城鄉各區區長切實辦理處置保甲五項辦法：

　　　　查各區未能切實辦理戶口清查與核對，市府前所擬訂處置保甲辦法五項，各區亦陽奉陰違，茲再次修正該五項辦法並另訂區坊長切結式樣，令各區長自 6 月 1 日起至 6 月 15 日止督率承辦保甲人員及該管坊長遵照辦法切實辦理，一俟期滿，遵照結式出具，如查報不實，定即按照規定分別議處。〔註17〕

〔註16〕僞「南京特別市社會局」：本局關於條陳市政府辦法及設民眾意見箱辦法，南京市檔案館藏，1002－2－1276。
〔註17〕僞「南京特別市秘書處」：市政公報（48 期），南京市檔案館藏，1002－1－1167。

訓令要求各區轄界居民依據《保甲條例》規定，聯合甲內他戶戶長至少五人共具聯保聯坐切結，互相勸勉監視。凡有不具聯保聯坐切結者及戶口異動不報者統弔銷市民證一個月。

根據《各縣編查保甲戶口暫行條例》，編組保甲清查戶口是爲了嚴密人民組織、徹底清查戶口，增進自衛能力，完成治安工作。南京市指定社會局派員負責辦理。保甲編組以戶爲單位，戶設戶長，十戶爲甲設甲長，十甲爲保設保長。戶口編查程序爲：甲長編定及清查門牌；保長按月至少覆查一次；區長按季至少抽查一次。甲長由本甲內各戶長公推，保長由本保內各甲長公推，有下列情形之一者不得充任保長及甲長：未滿二十歲者；非本地土著者；有不良嗜好者；有危害民國行爲曾受處刑之宣告者；褫奪公權尚無復權者。甲長由區長委任，保長則報上一級政府加委。保長職責在於監督甲長執行職務，輔助區長執行職務，教誡保內住民毋爲非法之事，檢舉違反保甲規約事項，分配督率保內應辦防禦工事之設備或建築事項，執行保甲規約上之賞恤事項，經費收支及預算決算之編製事項等。而甲長的職責則在於輔助保長執行職務，清查甲內戶口、編製門牌、取具聯保連坐切結等，檢查甲內奸宄及稽查出境入境人民，輔助軍警、保長搜捕人犯，教誡甲內住民毋爲非法之事等事項。此外，各戶戶長應一律加盟保甲規約，並應聯合甲內其它至少五位戶長，共具聯保連坐切結。爲應對救災、禦匪、建築碉堡公路等事務，將保甲內 18 歲至 45 歲男子編爲壯丁隊。凡編組五保以上之區或鄉鎮應設保長聯合辦公處，推舉聯保主任一名。保甲職員均爲無給職，只有書記給予最低之生活費。保甲經費由地方原有公款及財源撥充，如有不足可向保甲內住民徵集。在此條例頒佈之前，保之上還有坊，至 1943 年年底撤銷，代之以聯保主任。

爲推進保甲，改善區政，南京市政府於 1942 年聯合有關機關，召集各局處會高級職員、區坊鄉鎮長、地方各法團代表等，舉行區政會議。會議決定成立城鄉自治實驗區，以勵行保甲制，樹立區政楷模。

同時，爲強化保甲的組織與職能，南京特別市政府依據《剿匪區內各縣編查保甲戶口條例》第十八條訂立《南京特別市保甲會議規則》，規定：1、保甲會議以保甲長組成，得召集戶長列席，由區戶籍員出席指導。2、保甲會議每月開會一次，由保長定期召集。3、保甲會議以保長爲主席，保長因事缺席時得指派出席人員代理之。4、各出席人員非以正當理由申請，主席准假，不得缺席，如無故缺席二次以上者得由保長申誡或呈請上級機關從嚴處分。

5、出席與列席人員均須親自簽名，其缺席人姓名及人數應分別記錄。6、保甲會議議事範圍：保長交議事項；保內興革事項；協廳保甲規約事項；坊公所交辦事項；其它提議事項。7、議案暫以口頭報告方式行之，但須有出席人二人以上之附議方能成立。8、議事程序：報告事項有主席報告與上級出席人報告；討論事項有奉行上級法令而須經會議事項、坊長交議事項、出席人提議事項以及臨時動議。9、開會時須依秩序就座不得混亂，在會議時非經主席許可不得先行退席。10、會議記錄由保長呈送鄉坊鎮長轉呈備查。〔註18〕1942年 4 月，內政部舉行保甲推進委員會第二次會議。決議通過南京區治安督查專員杜哲庵提案：各縣已編查保甲區域，應切實注重戶口異動，未達到地區自應設法推進。〔註19〕

　　至 1942 年 6 月，南京市 9 個區計有 75 坊、17 鄉、7 鎮、1089 保和 10815甲。在各區之分佈情形見下表。

表 3－14：南京特別市保甲統計表（1942 年 6 月）

區別	坊	鄉	鎮	保	甲
總計	75	17	7	1089	10815
第一區	20	——	——	208	2137
第二區	24	——	——	274	2786
第三區	11	——	——	126	1367
城區實驗區	10	——	——	102	842
第五區	7	——	——	70	722
上新河區	——	5	1	96	996
鄉區實驗區	——	9	1	95	856
孝陵衛區	——	——	4	45	391
安德門區	3	3	1	73	718

資料來源：偽「南京特別市秘書處」：南京特別市政府組織規則及市政概況（二），南京市檔案館藏，1002－1－15－2。

〔註18〕偽「南京特別市秘書處」：關於籌設戶籍員訓練班計劃書訓練實施辦法、訓練教材及南京特別市自治人員聯誼會簡章，南京市檔案館藏，1002－1－45。
〔註19〕偽「南京特別市秘書處」：市政公報（93 期），南京市檔案館藏，1002－1－1169。

1942 年 11 月，因區公所組織不合實際，保甲編制又涉分歧，市政府借助重新劃定區界之機，要求各區公所切實整頓，尤其要徹底改革區公所之組織，借增工作效率，同時要求重新編制保甲。規定坊冠以地名，保甲以數字定之；各城區編制保甲不得超過規定坊數：城區實驗區不得超過 14 坊；城一等區不得超過 16 坊，城二、三等區不得超過 12 坊；確定保甲名稱後即覆查戶口，並釘置木質門牌，並檢查補發紙質門牌證；確定坊鄉鎮長之任職資格，除依照條例外另補充：須富有聲望而公正廉明者；有正當職業稍有資產者；熱心服務者；受有中等教育以上者，如不符合當選亦不任用。〔註20〕

　　爲配合汪僞「清鄉」運動與「戰時體制」，汪僞進一步調整和加強保甲組織。1943 年 6 月，《南京特別市政府組織規則草案》經行政院第 164 次會議審查通過，其中原社會局掌理之自治保甲事務另設保甲委員會辦理。在 1944 年頒佈的《省市縣保甲委員會組織規程》中規定市保甲委員會直隸市政府，設主任委員一人，在特別市爲市政府秘書長，並由各該地方黨部、宣傳部、社會福利部、新國民運動促進委員會、東亞聯盟總會附屬機關及警務機關負責人或長官爲委員。爲推動各區整頓保甲工作，保甲委員會規定了保甲長值日辦法，令各區公所遵照施行，並爲便於考覈起見，復令各區公所將保甲長值日名冊限期呈送。從時間進度而言，保甲組織歷經調整，愈趨嚴格。

二、整頓保甲

　　雖然南京市府對於保甲組織的控制日趨嚴密，但是保甲組織在整頓與改進工作過程中呈現出兩種截然不同的取向，即宣傳的火熱與推行的延宕。

　　1942 年，社會局爲推動保甲組織的整頓和改進，使保甲制深入人心，特別提出《整理保甲宣傳計劃大綱》，針對保甲推行中常見的問題與保甲的意義展開宣傳。擬定了十二條宣傳標語：1、全甲戶籍手續不辦妥善，不能享受一切配給權利。2、保甲是謀市民自身的福利。3、保甲機構不健全市民無以自衛。4、保甲機構不健全市民將有無衣無食的危險。5、市民推諉保甲長職務無異放棄公民權利。6、市民推諉保甲長職務者立即取消戶籍。7、公務員不應推諉保甲長職務，應利用公餘時間。8、保甲長優劣全在戶長之推選。9、

〔註20〕僞「南京特別市秘書處」：市政公報（103 期），南京市檔案館藏，1002－1－1169。

要想配給權利不受損失，就要認真選舉保甲長。10、無正當職業者，概不得任坊保甲長。11、戶長不按照規定製備名章，不得領取配給證。12、不遵守戶籍辦法，以少報多者，就是擾亂治安破壞配給政策。〔註21〕社會局將保甲的意義概括為謀市民福利、享受配給權利和公民權利，與市民的戶籍、生活、安全息息相關。通過保甲將市民與偽政權捆綁連接起來，強化保甲的合理性與必要性。

第二區公所向社會局呈奉《保甲編制宣言》進一步從國家、地方、自身來強調這種連接的關係，稱：1、保甲編制是保障地方民眾安居樂業唯一的方法。2、欲防止地方匪徒等不良分子危害地方民眾必須實行保甲編制。3、保甲編制是地方民眾自治的組織。4、鞏固地方的治安，國家的基礎，必須推進保甲制度。5、促進社會文明，革新地方政治，須從保甲著手。6、坊、保甲長是地方民眾的表率。7、人民是公務員的主人翁，公務員是人民的公僕。8、若靖治貪官污吏，剷除囤積奸商，必須尊重保甲。9、維持地方治安，保護公共利益，是坊保甲長的職責。10、要享安樂，大家趕快起來協助區公所推進保甲。〔註22〕

上新河區公所的宣傳標語則側重於市民在保甲中應有之作為，強調日常生活中應注意的事項。內容包括：1、保甲為自治基礎。2、住戶有異動時戶長應切實報告保甲長。3、保甲辦理完善可以免除一切糾紛。4、倡導本保甲內住民厲行勤儉節約儲蓄。5、促進本保甲內之生產。6、勸導本保甲內不識字之農民普遍識字。7、凡依法令及保甲規約應辦事項均積極奉行，不得因循敷衍。8、注意匪類混跡以維治安。9、輔助軍警搜捕匪盜。10、如有形跡可疑之人須立時報告鄉保長。〔註23〕

1943年7月，行政院第168次會議通過《改進地方行政綱要》，督促基層行政機構的日常工作，增強施政效能。其中清查戶口編組保甲、改編保安團隊、清剿零匪、整理田賦、徵工服役、修復省道縣道、提倡各地手工業和農村副業、積穀備荒、勵行墾荒等內容都與保甲相關。行政院要求各地方就地

〔註21〕偽「南京特別市社會局」：市府關於劃分區界、呈編保甲組織規程、推進方法及宣傳大綱等，南京市檔案館藏，1002－2－1234。

〔註22〕偽「南京特別市社會局」：市府關於劃分區界、呈編保甲組織規程、推進方法及宣傳大綱等，南京市檔案館藏，1002－2－1234。

〔註23〕偽「南京特別市社會局」：市府關於劃分區界、呈編保甲組織規程、推進方法及宣傳大綱等，南京市檔案館藏，1002－2－1234。

方實際需要舉辦中心工作，一年四期呈報。〔註 24〕此外，市政府以「守望相助」的名義組織市民聯保互助隊，策動保甲辦理防空、防水、救護等勞動服務，除商民勞動服務團由市府督飭市商會會同該區編組外，其住戶部分制定《南京特別市市民聯保互助隊暫行辦法》，限令各區剋日查編，於 8 月 10 日前編組完成。按照《南京特別市市民聯保互助隊暫行辦法》規定，一戶有成年男子（16 歲以上）三人者應出一人，公務人員、學校教職員准免擔任，殘廢傷病有確切保證者准免擔任；隊員年齡在 20 至 40 歲之間，以坊為單位成立一中隊，每區合組一大隊；凡有意規避參加聯保互助隊者另訂罰則懲處。

然而對於市政及保甲的推行，各區公所明顯有推諉拖延情事，時有不合規範的事情發生，以致市府多次發文訓令各區公所，以暢政令。如 1943 年 1 月，因各區公所時常延宕政務，市府訓令城鄉各區公所：

> 查市政之推進，端賴群策群力，努力推進，近查各區公所，對於市民聲請事件，每多推諉延宕，對於本府令飭整理案件，亦託故稽延，例如工作日報，及每月戶口旬報月報表，不能按期填報，即如此次辦理劃界重編保甲，雖經限期完成，而保甲戶口統計，迄今亦未據報，又調查赤貧，及其它飭辦事件，均未能遵限辦理，既屬違背本府施政方針，抑且有瀆職之咎。茲特申令告誡，務望以後力圖振奮，不得因循敷衍，任意稽延，除飭社會局主管科隨時考察並分令外，合行令抑該區長凜遵，並轉飭所屬一體遵照，切切。〔註 25〕

2 月，市府對於各區所辦訪貧收容不力十分不滿，再次諭令城區各區公所：

> 查本市舉辦冬振庇寒所，不特嘉惠貧寒，亦有益市容，業經通令各區博訪赤貧殘廢，老弱乞丐隨時送收容所。歷時一月，查核各區成績，所送人數寥寥無幾，原因不外避勞憚煩敷衍了事。亦有送請收容所者既非殘廢老弱，又非赤貧無依，僅此昧然行事，非但違背本意，且有偏私徇託之嫌，而街頭乞丐流浪者尚多，殘廢老弱者亦不少。〔註 26〕

〔註 24〕偽「南京特別市秘書處」：市政公報（124 期），南京市檔案館藏，1002－1－1170。

〔註 25〕偽「南京特別市秘書處」：市政公報（112 期），南京市檔案館藏，1002－1－1169。

〔註 26〕偽「南京特別市秘書處」：市政公報（113 期），南京市檔案館藏，1002－1－1169。

6月，市府又因各區公所與日軍處事繞開市府不合規範，諭令各區：

> 查邇來各區公所，關於與友邦部隊聯絡事項，每多事前來據呈報，自行直接辦理，殊屬不合。嗣後凡涉及與友邦部隊聯絡事項，務須呈報來府，轉向南京特別市聯絡部接洽辦理，以昭鄭重。〔註27〕

區公所之所以出現如此情形，除了組織制度、社會環境等原因外，與自治組織人員少，經費缺乏有很大的關係，這也直接影響了保甲整頓工作的順利推行。這種情況自偽府組建以來就一直存在，區公所經費缺乏是突出的問題。1938 年 4 月，南京市第一區至第五區正副區長聯署呈報督辦南京市政公署督辦任援道，請求區政興革：「竊職等於地方紛亂之秋，奉前自治會令長區政，以往工作詳載五日報告書中。前自治會仍為暫時維護地方機關，今督辦南京市政公署成立，區公所更為行政機構之組織。」除要求認真編制保甲，興辦輕手工業以努力生產，督飭清潔衛生，請協商日方憲警會同警察巡夜以肅匪患外，並請規定區公所職員待遇以提高行政效率，另請開稅源以裕收入，寬訂區公所員額暨行政費用以資推進。因為「現在區公所與昔日之區公所迥不相同，昔之公所留守數員，尚且終日徒手，而現實之區公所，舉凡戶籍之登記家屋之清查，管理租賃，救濟之查放、衛生、治療、宣傳之講演，喚起新思想，化除舊腦筋，保甲之巡查，處理總務之發給安居證，與夫種種登記，莫不受日方指導和督飭，工作之緊張，人員之奔馳，無不異常努力……舊政府時區公所之設置門可羅雀，今則門庭若市」。〔註28〕

區公所所稱人員不足與經費缺乏確是事實。根據 1938 年 5 月制訂之《督辦南京市政公署所屬各區公所組織規程草案》，設城區區公所五所，鄉區公所 3 處。城區公所每月經費概算為：區長 1 人 160 元，副區長 1 人 100 元，通譯 1 人 60 元，組長 3 人 150 元，組員一等 3 人 135 元，二等 3 人 120 元，三等 3 人 105 元，助理員 10 人計 300 元，雇員 20 人計 240 元，工役 12 人計 168 元；辦公費 100 元，預備費 100 元，另設坊保長辦公費 400 元。鄉區區公所每月經費概算為：區長 1 人 100 元，副區長 1 人 80 元，通譯 1 人 50 元，助理員 5 人計 150 元，雇員 8 人計 192 元，公役 4 人計 48 元；辦公

〔註27〕偽「南京特別市秘書處」：市政公報（122 期），南京市檔案館藏，1002－1－1170。

〔註28〕偽「南京特別市社會局」：城鄉區組織規程及經費概算及第五區坊保長名單職員名冊，南京市檔案館藏，1002－2－548。

費 50 元，鄉鎮公所辦公費 160 元（每區 8 鄉鎮），預備費 50 元。合計城區每區每月經常費 2118 元，鄉區每區每月經常費 880 元，三鄉區合計每月才 2640 元。〔註 29〕

　　1941 年 3 月，第一區公所全體坊長謝德琳等 20 人聯名呈請社會局，稱各坊公所每月原支辦公費 30 元，不敷支配，請酌予增加或由府逕派書記坊丁等。社會局批示：「此前 1940 年 3 月就曾申請，以無先例爲由拒絕，此次稱所呈確係實情，但値市府支絀，且關通案，飭令暫從緩議。」〔註 30〕11 月 25 日各坊長再次聯名呈請，辯稱此項辦公費自 1938 年保甲成立之時，即以市政待舉府幣支絀定爲 30 元，曾於 1939 年與 1940 年兩度呈請，未蒙應允，如今物價十倍於昔，公務員薪資全部加成，自治人員卻未見絲毫增添，顯然與普通公務員有別。第一區代區長李尙清極盡無奈之言：

> 如是情況已苟延三載，左支右絀，挪東補西，僅時此三等警，個月薪餉 30 元，如何能舉一坊之政。若禾稿得雨則興，腹饑有食乃飽，熟思保甲前途，不寒而慄，誠恐將如逆水行舟，不進則退。
>
> 〔註 31〕

　　市府批示應先查明全市坊長總數量，又言坊長係自治人員性質辦理地方事項，乃應盡之義務，與普通公務員有別，候市府庫稍裕再行酌辦。12 月，李尙清函請市長蔡培顧念下情，再予加贈薪金與辦公經費：

> 查職區本年度收支概算係根據二十九年度編造，惟年來生活程序繼漲增高，不可遏止。而區公所員役待遇依舊低微，例如組長、組員薪水月支 60 至 80 元爲最大，其餘助理雇員月支不過四五十元，公役工餉每月僅 22 元，按現時米薪價格較之早兩年前已超過十倍以上，以職員每日所得薪資尚不敷個人三餐之飽，遑論瞻及父母妻子，尤其公役所得最微，雖一日一餐亦不能果腹（每日七角餘）。如此待遇，焉能使其安心服務。最近雖蒙鈞府體念，加給薪餉三成，然杯水車薪，仍屬無補於徹底。擬請援照國府直轄機關職員待遇加薪八

〔註 29〕 僞「南京特別市社會局」：城鄉區組織規程及經費概算及第五區坊保長名單職員名冊，南京市檔案館藏，1002－2－548。

〔註 30〕 僞「南京特別市社會局」：城鄉區組織規程及經費概算及第五區坊保長名單職員名冊，南京市檔案館藏，1002－2－548。

〔註 31〕 僞「南京特別市財政局」：三十一年上半年度收支概算，南京市檔案館藏，1002－4－821。

成以維生活。至若辦公費區公所 120 元，坊長 30 元，保長 2 元，按現時各色物價較諸往年亦超過十倍以上，而每月實際開支不敷甚遠。若照物價比照，請求加增，勢有不可令，懇俯體下情各照原額增加一倍，以免長此賠累不堪，而利推行自治進展。〔註32〕

1942 年 5 月，因物價飛速上漲，平均較 1939 年度已超過 20 倍以上，第三區公所、第一區公所先後呈請酌加辦公經費。7 月 20 日，社會局為各區經費問題召集各區長舉行洽談會，與會者為第一、二、三、五四城區和上新河、孝陵衛、安德門三鄉區，城鄉自治實驗區因另有規定未參加。會議決議分等改編預算，下半年預算酌予增加。〔註 33〕同年內政部致令市政府社會局，要求保甲推進委員會舉行區長以下自治人員訓練，以鞏固保甲基礎。社會局長盛開偉即辭以經費不足，且正值整頓保甲戶口，事繁人少，現時無法推行。城區自治實驗區區長趙其凡的回覆更是直截了當，稱「本區按月舉行區務、坊務、保甲會議，並逐級訪問坊保甲長，無仿傚鎮江另設訓練所之必要」〔註34〕。受制於現實困境，保甲整頓工作的實效也大打折扣。

三、更委與考核

保甲長的更委與考核是保甲整頓的重頭戲。按照社會局的要求，各區按月呈報保甲長更委名冊。1939 年 12 月，第二區更委甲長共計 20 人，年齡從 28 到 61 歲不等，均為男性，籍屬南京及江蘇各縣者計 14 人；職業分佈於米行、政界、醫業、縫紉、鞋業、煙碳、舊貨、工等各行；以更委原因計，升保長 2 人，年老 1 人，他住 7 人，遷移 4 人，病故 2 人，品行不端 2 人，另選 1 人，新增 1 人。1940 年 1 月，第二區更委甲長 28 名，新添 2 名，均為男性，籍屬南京 16 人，江蘇各縣 7 人；年齡在 24 至 66 歲之間，職業分佈更為廣泛，涉及雜貨、小販、布業、米業、機業、浴堂、餅業、踹布、拉車等行業；更委原因有亡故 4 人，遷移 20 人，升保長 3 人，回籍 1 人。2 月份更委甲長 16 人。3 月份更委保長 4 人（病故 2 人，他往 1 人，遷移 1 人）。4 月份

〔註32〕僞「南京特別市財政局」：三十一年上半年度收支概算，南京市檔案館藏，1002－4－821。

〔註33〕僞「南京特別市社會局」：各區坊請增加待遇及辦公費用等，南京市檔案館藏，1002－2－791。

〔註34〕僞「南京特別市社會局」：為舉辦區長以下自治人員訓練與內政部的函及鎮江縣自治人員訓練所訓練大綱，南京市檔案館藏，1002－2－802。

更委保長 5 人，更委甲長 111 人，新增 16 人，病故 9 人，他往 65 人，遷移 21 人。5 月份更委保長 8 人，更委甲長 32 人。〔註35〕由此可見，各區每月保甲長的更委比較頻繁，且事出多因，但大都與人口流動相關。

坊保甲長與鄉鎮長的選拔程序，一般是分別在保甲及住戶中實行票選，經社會局考詢，合格者由區或社會局委令。以燕子磯爲例，1940 年 9 月，因前任病故或離職，郭慶泉與鄧少庚被區公所呈請委以分別暫代接任柵欄鄉鄉長與燕子磯鎮鎮長。郭慶泉是南京人，33 歲，畢業於武進縣立中學，1932 年曾任江寧縣第一區戶口調查員，1934 年任南京市燕子磯區保甲編查員，後繼任柵欄鄉事務員，1938 年 8 月任督辦南京市公署燕子磯區柵欄鄉事務員。鄧少庚則是湖南新寧人，58 歲，出身政界，讀過私塾。1929 年曾任燕子磯永固村村長，1938 年任燕子磯鎮救火會副會長。10 月 24 日，燕子磯區公所召集各鄉鎮所轄保長依法票選，以區長爲主席，社會局派員監選。11 月 8 日，由社會局第二科長梅慰農傳見二人考詢，評語爲尚屬合格，16 日下達委任令。〔註36〕

1943 年 1 月，各區劃界後重編保甲工作已經大致完成，市府要求各區坊重新呈報保甲長名冊。1 月 27 日，城區自治實驗區區長趙其凡呈奉給市長的公函中稱：

> 本區本月 11 日第十次區務會議，通過提議「查保甲長執行職務因無身份證明，關係諸多窒礙，擬由區製備保甲長證書，黏具相片，送區印後隨身攜帶以利執行職務」，其凡爲責令保甲長明瞭己身責任，便利與軍警聯絡且爲推行新國民運動起見，特統籌製備保甲長證書。〔註37〕

〔註35〕僞「南京特別市社會局」：更委各坊保甲長名冊，南京市檔案館藏，1002－2－526。

〔註36〕僞「南京特別市社會局」：燕子磯區選舉更委鄉鎮長，南京市檔案館藏，1002－2－544。

〔註37〕僞「南京特別市秘書處」：市政府鄉鎮坊長考詢記錄及呈送保甲長名冊之來往文書等，南京市檔案館藏，1002－1－176。

圖3-1：保甲長證書式樣（正反兩面）

保甲長證書正面

南京特別市城區自治實驗區公所證字第　號

外合發給證書以明職責

查　經選項充本區　坊第　保長　除委令

此證

右給　收執

中華民國三十二年　月　日

區長　趙其凡

（本人簽名蓋章）

保甲長證書背面

保甲長責任

一，保甲長應負清查戶口杜奸宄責任

二，保甲長應負管教居民毋為非法責任

三，保甲長應負監察配給物資責任

四，保甲長應負推行法令責任

保甲長信條

一，擁護最高領袖 汪主席

二，奉行三民主義

三，勵行新國民運動

四，貢獻要多，享受要少

五，奉公守法節約增產

六，負責任守秩序

七，不畏難不貪污

八，精誠團結實行地方自治

資料來源：偽「南京特別市秘書處」：市政府鄉鎮坊長考詢記錄及呈送保甲長名冊之來往文書等，南京市檔案館藏，1002-1-176。

　　1943 年 2 月，社會局對於各區編組後新任坊長進行考選，由社會局傳見到府考詢，合格者予以委任。有「南京特別市政府鄉坊鎮長考詢記錄表」記錄相關情況。

圖 3－2：南京特別市政府鄉坊鎮長考詢記錄表

示批	審查意見	是否符合資格標準	是否符合各項條例	經歷	擔任別	姓名	南京特別市政府 鄉坊鎮 長考詢記錄表
		一、須富有聲望而公正廉明者 二、有正當職業稍有資產者 三、熱心服務者 四、受有中等教育以上者	一、年未滿二十歲者 二、非本地土著者 三、有危害民國行為曾受處訓之宣告者 四、褫奪公權尚未復權者 五、曾為赤匪脅從雖邀准悔過自新而尚在查看管束期間者		區　鎮坊鄉長	年齡 / 性別 / 籍貫 / 學歷 / 職業 / 住址	
		評語	評語				

中華民國三十二年　月　日　審查員　簽名　蓋章

資料來源：偽「南京特別市秘書處」：市政府鄉鎮坊長考詢記錄及呈送保甲長名冊之來往文書等，南京市檔案館藏，1002－1－176。

　　具體考覈方式為先由各區公所呈送鄉坊鎮長調查表，然後市府傳喚考詢，再行委任。1943 年 1 月，孝陵衛區區長巫開福即呈送「現任鄉鎮長調查表」五份。上年 12 月 25 日，第四區區長胡松泉向社會局呈遞坊長調查表 12

份，經分別考詢審核，除文昌坊坊長張鈺綏、郎廟坊坊長盛湧未據遵照來府
考詢外，文正坊坊長程繼先、復興坊坊長柳書堂被控有案，中山坊坊長劉漢
生原名劉天民，曾充第三區第一坊坊長任內因案撤職，均未照委，由區依法
改選。其它戶部坊坊長楊世傑、太平坊坊長周玉田、洪武坊坊長王洪興、明
瓦坊坊長朱雲波、慧園坊坊長郭仁彬、白衣坊坊長方有林、評事坊坊長江悅
甫等七員資歷尚合。

表 3－15：第四區區長胡松泉呈坊長調查表 12 份與考詢記錄

坊長姓名	年齡	籍貫	教育程度	從事行業（財產）	月收入／月支出	民眾輿論	對於公益事業責任心及對民眾態度
文正坊程繼先	44	南京	安徽中學	葆昌雜貨號，歷充新聞記者，現從商	約 500／約 400 元	聲譽不惡	猶能勉力從事，尚能為民努力
中山坊嚴厚興	68	寧波	私塾	馬車行，咸奉公司經理（十萬餘元）	約 4000／約 3000 元	尚佳	尚屬熱心，尚能推誠
太平坊周玉田	53	南京	商業學校	開設國鳴醫院（三十萬元）	約 2000／約 1000 元	輿論融洽	頗能負責；公正謙和
戶部坊楊士傑	59	南京	金陵大學助教	中央商場震源商號，中央商場理事		尚洽	尚能負責；尚當
洪武坊王洪興	40	寧波	私塾	汽車業，裕豐補胎號（十萬餘元）	約 1500／約 1500 元	印象尚佳	猶能負之；尚懷真誠
明瓦坊朱雲波	44	南京	市立師範學堂	鐘錶行，自立營業，曾任二區十九坊長	約 500／約 500 元	尚孚眾望	頗能負責，尚稱謙和
慧圓坊郭仁彬	51	江寧	中學	浴業，玉新池浴堂（三十餘萬）	約 3000／約 2000 元	一般印象不惡	尚能站於本位努力；尚抱認真態度
白衣坊方有林	51	南京	商業中學	曾任軍警，現開鴻祥雞鴨店（四萬餘元）	約八九百／約八百元	民論融洽	尚能為眾謀利；態度尚可

坊長姓名	年齡	籍貫	教育程度	從事行業（財產）	月收入／月支出	民眾輿論	對於公益事業責任心及對民眾態度
評事坊 江悅甫	51	南京	法政專科	曾任公務員，現任煤炭鍋爐業公會文牘	約 500／約 500 元	尚稱融洽	責任心猶未棄；尚能接受眾意
復興坊 柳書堂	65	江寧	師範畢業	曾任校長、公務員（住宅十餘間）	約二三百／三四百元	輿論融洽	有責任心；尚稱公正
文昌坊 張鈺綏	49	南京		錢業，資營中國戒煙所	約千元／約千元	一般評論尚可	未離本位，行爲尚不惡
郎廟坊 盛湧	45	江蘇	聖約翰大學	哈羅服裝公司、湧豐商行、大西洋製帽廠經理	約 15000／約 10000 元	輿論尚洽	尚能努力，尚能待人以誠

資料來源：僞「南京特別市秘書處」：市政府鄉鎮坊長考詢記錄及呈送保甲長名冊之來往文書等，南京市檔案館藏，1002－1－176。

　　市府以坊長爲推行地方自治之中堅，要求推選公正、賢明、人格高尚、識學優異兼熱心公益之人士充任。以上主要是就保甲條例與就任資格來看，所委各鄉坊鎮長是否合適，而事實上坊鄉鎮長及保甲長是否合職的表現多種多樣，透射出區公所與保甲組織以及保甲內部的種種矛盾，呈現出複雜的面相，主要有以下幾種情況。

　　其一，順應民意與私意指定的交織。1940 年 5 月 20 日，第三區第一坊坊長劉天民呈報區公所，稱該坊第六保保長王恒山、第十三保保長孔繁勳、第十六保保長龔墨傭、第十八保保長董開桂等薎視功令，阻礙保甲進行，擬請撤職改選。區長方灝派人調查認爲該四人懈怠職務，妨礙保甲工作進行，爲整理起見，報請社會局准如所請，除令飭 22 日召集各該保原有甲長依法改選。〔註 38〕但是這種保甲長公推選舉的制度並非在每一處都能落實。城區自治實驗區位於城中心，又是自治實驗區，自應擔當模範，但是事實卻並非如此。1942 年 12 月 20 日，五洲人民代表石秉庚、石金山、夏長慶等呈請市長周學昌，稱：

〔註 38〕僞「南京特別市社會局」：第三區公所職員任免開調及更委保甲長名冊和選聯保主任履歷，南京市檔案館藏，1002－2－35。

　　爲遵命改組實驗區坊保甲長，請求准予由地方公開推選以福地
方事。竊代表等因受五洲人民推舉爲代表，對於原任坊長各種行爲
實與地方人民殊屬不合。其徇私利己，濫用職權、無所不爲。值此
奉命改組之時，正當徹底改善，以期爲地方人民謀幸福。查實驗區
之坊內忽有一姓彭者充任保長之職，又由伊指派石秉春爲甲長。究
其實際此人有何知識及何資格，均由坊長私自指派，並非地方產生。
似此壟斷行爲，無怪其只圖一己之利，不顧地方人民之痛苦。五洲
人民敢怒而不敢言，因此坊長亦屬本坊之人，礙於情面隱忍至今，
茲既有改組之命，勢必請求。〔註39〕

　　12月31日，市府令城區自治實驗區公所派員查明，妥爲辦理。

　　其二，被免保長舉報坊長行爲不端，請求市府予以懲處。1943年2月15
日，金同壽（洪武路）向市長辯稱自己任保長時自始皆奉行職務，傳達民情，
並無從中藉故牟利之事；再次舉報坊長柳書堂平素行爲頗屬不端，年齡老邁，
遇事圖財，羅列多件呈核，希望早日清除惡習吏治。2月25日，市長批覆：「查
該民前呈坊長柳書堂違法各情，經派員查明係因免去保長一職，憤而具控，
現復續陳。仰詳敘事由，指出確證，以憑實究處，再空言不予置理。」〔註40〕
事實上，兩個月後柳書堂即因被控有案未被委任。

　　其三，保長對於市府撤換坊長表示不滿，懇請市府留用。第三區丹鳳坊
全體保長張子良等13保保長（被撤職之坊長李鴻山本人也是第五保保長）於
1943年3月25日、4月3日兩次聯名呈稱：

　　竊保長等因坊長李鴻山任職以來對於地方事務悉皆竭力以赴，且
平時爲人正直熱心公益，素爲地方人士之佩贊，詎於方任坊長之際，
正適保界劃界，戶口待理之間，突因居民俞漢臣者化名蒙領米證一
案，致蒙鈞府令行三區公所，以該坊長不負責任，著另換選，轉行下
坊保長。3月17日由三區公所召集保長等改選坊長時，咸以李坊長
雖對此次米證怠忽職責，惟平日處理坊務忠於職守，素爲地方民眾愛
戴，緣敢匿揣冒昧聯名具懇，從寬處分，祈請免於撤換。〔註41〕

〔註39〕偽「南京特別市社會局」：市府關於劃分區界、呈編保甲組織規程、推進方法
　　　　及宣傳大綱等，南京市檔案館藏，1002－2－1234。
〔註40〕偽「南京特別市社會局」：市府本局與各區公所來往文書，南京市檔案館藏，
　　　　1002－2－1825。
〔註41〕偽「南京特別市秘書處」：第三、四等區選舉坊長、聯保主任等選舉情況報告、
　　　　委令及來往文書等，南京市檔案館藏，1002－1－214。

　　市府訓令以該區丹鳳坊前坊長李鴻山因填發購米證疏忽職務，免職在案，該保長對所請免於撤換一節毋庸再議，仍飭該區依法改選。保長所請雖未蒙應允，但之後兩次改選均未能選舉出合適的人來，以致於最後由區公所指定。4月15日，保甲委員會派伍家幹赴第三區與第三區公所共同監選丹鳳坊坊長。是日下午三時四十分開始選舉，計到保長劉錦貴等 8 人（保長共計13人），李國賢計獲 8 票，當選丹鳳坊坊長，但是李國賢並非現任保長。李國賢是一名商人，32 歲，住丹鳳街 65 號後進，是南京市人。19 歲時肄業於五州中學，後經商營業。23 歲服務於第六區區公所事務員，兼人民訓練模範隊隊長。事變後又復經商，兼南京市醫園業同業公會幹事。經第三區區長葉秀甫呈報後，市府批覆擬定期考詢後再行核委。於是訂於 4 月 30 下午二時傳見考詢，業經通知李國賢本人，但未見前來報考，又定 5 月 8 日上午十時考詢。發現該員對保甲組織毫無認識，且資歷每多不符，府令該區速即另行改選。6月 12 日下午四時半重新選舉，9 位保長出席，結果李少亭獲 4 票，陳祝三獲2 票，葉大本、章監堂、劉錦貴各獲一票。李少亭獲票不足半數，竟以之當選坊長，且李少亭係被改選李國賢之父。李少亭已 61 歲，南京人，以經商爲業，住丹鳳坊 5 保 8 甲。1938 年以前在浦口華洋旅館賬房，於 1941 年被辭退。經25 日考詢，審查認定該員年邁力衰，一切均感欠缺，不孚眾望。市府以該坊原坊長李鴻山去年因案撤職，遷延迄今仍不能公正選出坊長，殊屬非是，指令該區即日指派地方公正人士擔任爲要。

　　其四，爲當選坊長四處活動者，勾結區公所，引致坊政混亂，上下不滿。1943 年 6 月，市府保甲字第 592 號訓令內開：

> 案據密報該區御史坊坊長朱文祥依勢串賣民房，唆使其子率眾
> 毆傷農民黃義起一案，業經派員查明屬實，按照編查保甲戶口暫行
> 條例第三十四條第三項之規定，該坊長應予以免職處分，並由該區
> 公所迅速定期改選以重坊政。〔註42〕

　　第三區區長葉秀甫奉令於 6 月 12 日下午二時召集該坊各保長來區舉行改選，並由保甲委員會派督導員孟傑監選，結果該坊第五保保長郭允洲獲 6 票（共 7 保）當選。但區長葉秀甫以「郭允洲經歷原係一無知農民，本業菜販，實不足以孚眾望。茲爲鄭重坊務起見，擬由職區暫行指定該坊公民趙少臣代

〔註42〕僞「南京特別市秘書處」：第三、四等區選舉坊長、聯保主任等選舉情況報告、
　　　委令及來往文書等，南京市檔案館藏，1002－1－214。

理坊務。緣查該趙少臣曾充公務員有年（前陵園管理處職員），恒產學歷俱甚相當，且平日對於地方公益頗顯熱忱，較之郭允洲實有天淵之別」〔註43〕。保甲委員會要求當選坊長郭允洲來會考詢後再行核辦。同時，不滿區長葉秀甫指定趙少塵為坊長，6月21日第三區御史坊除郭允洲之外的6位保長呈函保甲委員會，歷陳趙少臣活動御史坊坊長的經過事實，並特保證公推郭允洲當任該坊坊長職務，免誤坊務公事。內稱：

> 12日改選郭允洲為坊長，因悉郭某平素為人正直廉敏可靠，對於地方公益素具熱心及本坊民眾均甚信仰，並富有名望。保長等此次推選郭允洲純為代表本坊民眾之意旨，以孚眾望，對其經歷亦有相當程度，定能勝任坊長斯職。此乃保長等各衷之表也。不料改選後忽有趙少臣者出而傾其全力向區方人事活動，意欲推翻郭允洲，乘機彼可得一坊長地位。結果據聞區方允如所請。保長等聞悉之下不勝驚異。而對於此人素不相識，則聞事變前不知在陵園任何職務。經探悉趙某現確染有嗜好甚深，不獨將來有礙坊務，且能貽害坊民，而本坊民眾均不信仰趙某。保長等為謀團結幸福地方民眾，以利坊務起見，不得已披歷前情事實呈請。鈞長查核，況保長等此次根據保甲章則依法改選，而郭允洲似應由優先權，則他人何能搗亂，意以徇情所得殊屬不合法理。保長等茲特保證仍公推郭允洲當任本坊坊長職務，以免引起坊民糾紛誤會至礙坊務進行。〔註44〕

6月26日，蔡憲民奉保甲委員會委派赴御史坊後宰門等處調查，親赴保長張有德家詢問，據原呈人保長張有德稱：

> 當選坊長郭允洲人雖懦弱無能，但對地方公益情事確具熱心，地方輿論亦對其極佳，所以本坊各保長一致擁戴出任坊長。而關於趙少臣者，事變前一度曾任陵園管理處職員，事變後賦閒在家，依靠漁池為生。一年前即吸食鴉片至今，雖籍南京，但家中除有平屋數間外，毫無其它恒產。平日地方人民對其均有怨言及惡劣批評。趙對處理地方情事亦全不顧及大眾，所以本人等對前坊長朱文祥被免職後趙少臣活動情形加以注意。今果然區公所發表趙少臣代理。

〔註43〕偽「南京特別市秘書處」：第三、四等區選舉坊長、聯保主任等選舉情況報告、委令及來往文書等，南京市檔案館藏，1002－1－214。
〔註44〕偽「南京特別市秘書處」：第三、四等區選舉坊長、聯保主任等選舉情況報告、委令及來往文書等，南京市檔案館藏，1002－1－214。

倘趙以後任職，本人等即聯名辭職以免受地方之批評。〔註45〕
因大雨影響蔡並未至其它保長處訪問，但其認爲原 6 位保長所報基本屬實。
28 日郭允洲來會考詢，被認爲老實而無能，學歷資歷太差，對保甲毫無認識，
未堪領負重任；至於該區呈請暫以公民趙少臣代理御史坊坊務一節，府令不
准，保甲委員會飭區重新改選。7 月 24 日午後，全體保長準時出席坊長選舉，
由葉區長任主席，李組長發票記錄，蔡憲民監選，各保長一致票選甲長陳雲
龍任坊長，由保長郭允洲等譯述當選坊長陳雲龍之經歷與學歷，繼由葉區長
傳見加以談話，認爲一切尚可，8 月 7 日到會接受考詢。按其所報經歷，陳雲
龍是南京人，鍾英中學畢業，經營德鑫商行，住在御史坊五保一甲。審查意
見認爲其係私塾讀書六年，並非鍾英畢業，也缺少證明文件，除在太平門內
開設德鑫果行外，另在太平門內開設新民飯館。然而批示意見認定該員人頗
能幹，一切尚合，且被控各節尚無確實證據，准予照委。

其五，坊政改革帶來的強化與混亂。自 1943 年底南京市開始新一輪戶口
清查，改革坊政，於城內各區編組聯保機構，至 1944 年 1 月完成。這次坊政
改革，因設立新的聯保機構，也帶來新一輪的人事變動。1944 年 1 月 18 日，
市長周學昌諭令城區六區（第一至第五和城區自治實驗區）：

> 查本市城區六區，此次清查戶口，調整保甲長人選，編組聯保
> 機構，關於各區每坊聯保主任候選人業經各該管區公所分別票選，
> 呈報本府，圈定核委在案。所有各區原任坊長，應即一律停職，準
> 備辦理結束暨交卸事宜。至原有坊公所名義，並應一律撤銷，改稱
> 保長聯合辦公處。〔註46〕

各區各坊開始編組聯保機構的時間並不統一，而且聯保主任的選舉與任
命成爲新的爭奪焦點。如第三區珠江坊於 1943 年 9 月 16 日即行改選。原有
保長 29 人，時到保長 24 人，趙養之僅得 9 票即當選珠江坊聯保主任。趙是
南京人，東南大學畢業，於 1937 年避難重慶，曾任交通部西北公路管理局材
料科科員，1940 年由渝返京復業，1941 年冬任宣傳部國際宣傳局新聞處科員，
1942 年冬因店務無人主持請准辭職，並任第三區五坊 9 保保長，1943 年春第

〔註45〕僞「南京特別市秘書處」：第三、四等區選舉坊長、聯保主任等選舉情況報告、
　　　委令及來往文書等，南京市檔案館藏，1002－1－214。
〔註46〕僞「南京特別市秘書處」：第三、四等區選舉坊長、聯保主任等選舉情況報告、
　　　委令及來往文書等，南京市檔案館藏，1002－1－214。

五坊改組爲珠江坊，他連任保長一職。審查認爲該員資歷學歷均尙可，俟該區各坊改編完竣後統一加委。1944 年 1 月，第三區各坊改組完畢，呈報保長聯合辦公處主任名單，計有珠江坊趙養之、太平坊成兆榮、大光坊湯德義、丹鳳坊李靜芝、碑亭坊王壽彭、復成坊馬煥勤、吉兆坊張學鍾、彙文坊徐恩霖、光華坊程松林、如意坊黃少雲、英威坊王毓賢、御史坊陳雲龍等。

而第四區則是在 1943 年 12 月開始辦理編組聯保調整保甲事宜，並於 12 月 31 日召集各坊保長來區推選，由市府派員出席監選，計每坊選定候選人 3 人，並將名單呈報保甲委員會。1 月 14 日核定第四區各坊保長聯合辦公處主任名單，計有文昌坊周玉田、郎廟坊馬金海、文正坊程建民、慧圓坊郭仁彬、白衣坊方有林、評事坊江悅甫、復興坊單友三、太平坊李梓山、明瓦坊撒光銓、中山坊雍家考、洪武坊王洪興、淮海坊楊士傑等 12 人。

各坊長改稱聯保主任於坊政並沒有帶來實質性的改善，主要是強化保甲以適應戰時體制的需要。第四區淮海坊聯保主任楊士傑年過六十，自覺年老體衰，且「地方自治正當強化保甲之時，宜其勵精圖奮，始可造益地方。自審老朽菲材難肩責任，對聯保之眞面目簽字蓋章之職責，感到驚懼，助手鶴俸不足以養廉，良心不忍，雙層比率之下，成就厭心，爰此毅然決然而至悚然引退」〔註47〕。於 1944 年 5 月呈請辭職。

坊保之間也時有互相勾結以謀私利之事發生。1944 年 4 月 22 日，第四區白衣坊聯保主任方有林被撤職，遺缺暫由區指定該坊第九保保長王紹南代理。王紹南代理聯保主任一職卻遭遇了極大的挫折，於 5 月 20 日向保甲委員會及市長呈稱：

> 適逢配給煤證，然該前主任陽謀煽惑，故意延誤會議，從下午三時一直到七時（商討配煤急務），前主任發言，云及第二區各坊甲長派有配煤三石，保長配有五石，主任配有十石。查此並無明令公佈，該前主任故意搗亂破壞。查該配給煤證清冊係由該前主任包攬督造，未由各保經手。上報區長派第三組組長單友三到會監督，所有配煤證要公，決不能變動，保甲長派有數量礙難照准。該主任不遵組長指導，違抗訓諭，仍將配給煤證與事務員等自行專主，不按冊證，張冠李戴，抽摯配給。其仍爲第十保保長，與事務員貫通一

〔註47〕偽「南京特別市秘書處」：第三、四等區選舉坊長、聯保主任等選舉情況報告、委令及來往文書等，南京市檔案館藏，1002－1－214。

氣，狼狽爲奸，蠱惑各保長同流合污。請收回成命，請辭本兼各職，
免負重責。〔註48〕

王紹南時已年逾七旬，自稱素持公正，凡事不息苟且，更換聯保主任亦
非他所謀奪，認爲其坊保素來勾結以之爲營業，不能隱忍不發。而正是在這
一天於區大禮堂舉行聯保主任推選，共有 11 位保長出席，王紹南負氣並未到
場。在保甲委員會蘇源科長監選下，以伍仲戣（保長）9 票當選爲聯保主任。

日僞對於基層組織的掌控，除保甲之外，鐵路沿線的愛
護村也是需要注意的現象，而且二者也互有交織。1939 年 3
月，華北方面軍司令部制訂《治安肅正要綱》第三章第四十
六規定：鐵道愛護村，以鐵道兩側各 10 公里範圍內之村落
組成，擔負一定區域的鐵路保護任務，並搜集情報，協助對
鐵道之守備；愛護村之組成與今後之領導，由所在軍隊指揮
官分別領導下，與鐵道方面各機關爲其核心進行之；軍隊指揮官應逐漸使愛
護村之組織與行政系統協調一致，調整兩者之間關係；對愛護村之獎勵與福
利所需經費及各種設施，由鐵道方面承擔。〔註49〕

1942 年 3 月，應市政府小松聯絡官的要求，燕子磯區將各鄉保甲制度暨
愛護村組織狀況調查匯總予以報告，涉及萬山鄉、氈斗鄉、燕子磯鎮、金固
鄉、和平鄉、柵欄鄉、烏龍鄉與太平鄉。針對愛護村有三層組織保證：1、保
甲制度。燕子磯區計 69 保，626 甲，7052 戶，31601 人（除七里、八卦兩鄉
在外），充任保長者，7／10 務農，3／10 經商。住戶之間皆有聯環保結，平
時均能守望相助。2、愛護團。區轄各鄉所管鐵路計長約 23 里半，愛護團員
1491 名；扼要設立監視小屋 6 所，瞭望 4 處，輪流值勤，分班巡查與鄉鄰村
會哨。3、青年團。共辦理青年團培訓兩期，加入青年團者第一期 100 人，第
二期 95 人；已接受訓練者，幹部訓練班 20 人，第一期團員 100 人；初期狀
況尚好，後因生活關係幹部訓練班及第一期團員均出外謀食而陷入停頓，以
致第二期團員無人領導，均未受訓。〔註50〕

〔註48〕僞「南京特別市秘書處」：第三、四等區選舉坊長、聯保主任等選舉情況報告、
委令及來往文書等，南京市檔案館藏，1002－1－214。

〔註49〕王輔：《日軍侵華戰爭》，網址：http://warstudy.com/history/world_war/jp_china
/401.xml。

〔註50〕僞「南京特別市社會局」：燕子磯愛護村組織狀況，南京市檔案館藏，1002－
2－786。

四、戶籍員

　　1942 年 4 月，內政部保甲推進委員會舉行第二次會議，專門討論保甲與戶籍之關係。特別提出各地應切實注重戶口異動，因其爲判定良莠之方法。8 月 22 日，南京市依照內政部訓練保甲人員之規定組織「南京特別市戶籍員訓練班」，設主任 1 人，由社會局長周學昌兼，副主任 2 人由主管科長李惟身與蒯君甫兼，在市府辦公。

　　戶籍員訓練班的開設，緣於「惟是保甲之運用，必先清查戶口，務使閭閻安謐，盜匪斂跡。本市辦理保甲，所有清查戶口工作，均由各區坊保甲長爲之，或由各區公所組員、雇員行司其事，其中經辦人員類多學淺不一，經驗欠缺，且各區對於戶籍調查又復因循敷衍，致綜錯重複，不易見效，蓋保甲戶籍人員之知識不齊，其辦事能力水準難以平衡，執行職務時自不免困難叢生。擬每區內規定每兩坊設置戶籍員 1 人，專司坊內調查戶口，戶籍異動事宜」〔註51〕。以此使戶籍調查與統計歸專人負責辦理，便於提高行政效率，並加強人口的管理與盤查。參加訓練班的人員由各區公所就現任辦理戶籍人員儘量保送，其不合格及不足額者再公開招考；各區內規定每兩坊設置戶籍員一人，專司該兩坊內調查戶口，戶籍異動事宜；訓練期暫定一個月。學習課程包括和平建國黨義（每周 1 小時，共 4 小時）、戶籍調查統計概要（每周 4 小時，共 16 小時）、社會學概論（每周 4 小時，共 16 小時）、現行保甲制度（每周 2 小時，共 8 小時）、戶籍法（每周 4 小時，共 16 小時）、清查戶口要義（每周 4 小時，共 16 小時）、衛生常識（每周 2 小時，共 8 小時）、精神訓話（敦請名人）、調查戶口實習等。投考戶籍員訓練班，必須是年齡在 25 至 45 歲，曾經初級中學畢業，或具有同等學力者，或曾任委任官或曾任區公所職員二年以上者。學員人數暫定 60 名。

　　9 月先行舉行各區保送戶籍員考試，共 62 人參加。考試分筆試和面試。筆試課目爲國文、黨義、常識測驗和算術（珠算與筆算），面試則主要考察態度、精神、口才、經歷、認識、思想等方面。隨後舉行戶籍員訓練班招考學員考試，考試分數及格者共 28 人，不及格者共 12 人，報名而未考者 3 人。

　　學員在南京特別市政府大禮堂上課，授課教員爲社會局第二科科長以下之職員。受訓期滿，舉行嚴格考試一次，各課分數均在 60 分以上者爲合格（列

〔註51〕　僞「南京特別市秘書處」：關於籌設戶籍員訓練班計劃書訓練實施辦法、訓練教材及南京特別市自治人員聯誼會簡章，南京市檔案館藏，1002－1－45。

丙等）；總平均分數在 70 分以上者（列乙等）；在 80 分以上者（列甲等）；在
90 分以上者（列最優等）。最優等中前三名，除畢業證書外，給予名譽或物質
上之獎勵。訓練班承諾本班學員除免費受訓外，其不被中途淘汰，持有畢業
證書者，各區公所盡先錄用。

表 3－16：戶籍員訓練班學員畢業考試姓名成績等第清冊

分數	等第	姓名	年齡	籍貫	保送或投考	保證人姓名	備　考
79.7	1	金翰璋	33	南京	保送	李集雲	城區組長
77.2	2	毛懋華	27	南京	投考	夏承吉	蘇省府科員
76.7	3	宦順源	20		投考	趙素戈	南京區會計室出納
76.7	4	周敬	22	南京	保送	蕭石樓	鄉區區長
76.1	5	殷少星	26	鎮江	保送	李集雲	城區組長
75.8	6	許興宗	25	江都	投考	鋪保許人和國藥號	明瓦廊 38
74.7	7	曹茹宏	20	鎮江	投考	孫時傑	南京區會計室
74.3	8	高繼超	25	南京	保送	劉連祥	第五區區長
73.6	9	黃師憲	25	——	投考	薛聯述	✓警總署督察長
73	10	白文行	24	浙江鎮海	投考	梁思誠	金固鄉鄉長
72.8	11	沈壽慈	22	合肥	投考	王金泉	✓政警署股員
72.2	12	ＸＸ猷	22	南京	投考	孟傑	社局科員
71.1	13	朱金華	25	南京	保送	高振聲	第三區組員
71.1	14	侯琳	31	南京	保送	李集雲	城區組長
71.1	15	沈耕餘	42	鎮江	保送	馬憲麟	第五區區長
70.6	16	李占南	24	南京	投考	劉連祥	麟泰竹行
70.6	17	顧家德	24	南京	投考	齊志淞	市秘二科民事股主任

分數	等第	姓名	年齡	籍貫	保送或投考	保證人姓名	備　考
70.3	18	竇曉春	26		投考	孫志敏	同泰豐北貨油行
70.3	19	馬子章	38	南京	投考	胡印堂	恒豐號
70	20	劉仲盈	32	南京	保送	李集雲	城區組長
69.4	21	李建基	25	南京	保送	蕭萬樓	鄉區區長
69.4	22	張英	37	南京	投考	葉德芳	社會局職員
68.4	23	趙衍鑾	25	南京	保送	嚴明華	第三區組長
67.8	24	周文祿	25	南京	投考	劉宏興	劉復盛書東
67.8	25	宋紹禮	25	山東	投考	唐良弼	公糶會會計
67.8	26	尉遲嚴	25	南京	投考	張冠英	漢茂號
67.8	27	錢人傑	21	南京	投考	黃息存	本府秘一科職員
67.8	28	陳如澄	30	浙江	保送	李集雲	城區組長
67.8	29	陳華甫	26	河南祥符	保送	劉連祥	第五區區長
67.2	30	黃叔華	25	南京	保送	黃秀甫	第三區區長
67.2	31	唐德	20	南京	保送	蕭萬樓	鄉區區長
66.7	32	朱堯祖	20	南京	投考	鋪保范順金紅木作	瞻園路二九
66.7	33	張慶齡	20	南京	投考	鑫春祥號	大香爐三十七
66.7	34	徐鵬飛	21	武進	投考	✓徐武	調查統計部股長
66.7	35	陶鍵中	26	含山	投考	強嘉鑫	強嘉興麵館
66.4	36	沈明芝	25	南京	投考	✓施叔賢	財局稅警隊長
66.1	37	張文藩	20	南京	投考	周玉昆	南京市政府
66.1	38	蕭根炘	24	南京	投考	────	────
66.1	39	俞家棟	37	南京	保送	葉秀甫	第三區區長

分數	等第	姓名	年齡	籍貫	保送或投考	保證人姓名	備考
65.6	40	金尚軍	21	南京	投考	——	——
65.6	41	王宇春	25	南京	保送	巫開福	孝陵衛區區長
65	42	王國年	25	南京	保送	王德銘	安德門區善德鎮長
64	43	馬駿	23	南京	保送	葉秀甫	第三區區長
63.9	44	裴華明	22	南京	投考	李少卿	鍾山旅館
63.9	45	孫志祥	32	南京	保送	巫開福	孝陵衛區區長
63.9	46	俞起發	20	南京	投考	劉志富	劉志記沙發號
63.9	47	金宏祥	25	南京	投考	張宗祿	宣傳處科員
63.3	48	盛明玨	22	南京	投考	路步洲	乾泰衣莊
62.2	49	王德剛	25	南京	投考	喻葆忱	國立二職學校職員
62.2	50	張惟德	25	吳縣	保送	彭味秋	城區組員
62	51	楊忠誠	25	上海	投考	徐立泉	高黏除號
61.1	52	錢幼雲	44	南京	保送	李集雲	城區組長
61.1	53	唐奮民	24	南京	投考	馬憲麟	麟泰竹行
60	54	章智賢	20	南京	投考	穆子良	社局事務室
60	55	郭世琦	25	南京	投考	——	
60	56	沈北熊	35		投考	坤泰絲經行	北門橋雞鵝巷內
58.9	57	張嘉福	27	吳縣	投考	王金泉	政警署股員
58.9	58	王仲和	21	淮安	投考	祁永祥	永興雜貨號
58.9	59	楊順義	22	南京	投考	唐文有	大生洗染廠
×57.2	60	王利痕	25	南京	保送	王長義	金順園飯館
×57.2	61	李培鑫	30	鎮江	投考	趙同椿	糧委會職員
57.2	62	顧振峰	34	吳縣	保送	葉秀甫	第三區區長
56.7	63	李聲遠	30	河北	保送	彭味秋	城區組員
56.7	64	田廣壽	33	江蘇	投考	徐海	社會局辦事員

分數	等第	姓名	年齡	籍貫	保送或投考	保證人姓名	備　考
54.4	65	商子清	26	四川	投考	周恩梅	新東方雜誌社
×53.9	66	劉鈺洲	26	南京	投考	李峻德	財政局第一科長
53.1	67	張宗義	34	南京	保送	李集雲	城區組長
48.9	68	陳瑞熙	43	江寧	保送	葉秀甫	第三區長
47.2	69	貝有江	40	南京	保送	楊廣才	安德門區區長
45	70	韋靜波	37	南京	保送	葉秀甫	第三區長
×45	71	湯錫文	23	江寧	保送	宗伯超	第一區區長
34.4	72	周笏臣	36	山東	保送	宋古帆	工務局辦事員

注：×✓均爲原表中所標注。參考資料：傓「南京特別市秘書處」：關於籌設戶籍員訓練班計劃書訓練實施辦法、訓練教材及南京特別市自治人員聯誼會簡章，南京市檔案館藏，1002－1－45。

　　戶籍員訓練班畢業學員共 72 人，屬於保送者 29 人，屬於投考者 43 人。按其考試成績，甲等空缺，列乙等者 20 人，丙等者 36 人，不及格者 16 人。表格中劃有「✓」者，想來是需要特別關照之人，劃「×」者估計是被淘汰之人。第一名金翰璋被分配至公糶委員會以組員任用，第二名毛懋華分至第一區，也以組員任用，爲該區戶籍事務副主管。其餘及格者分發各區以戶籍員身份任用，不及格者一律除名。如戶籍員訓練班畢業學員計分發第五區 6 人，府令該區長將原來未受訓之戶籍員（助理員）予以裁汰，缺額以分發人員遞補，除戶籍員沈耕餘，高繼超，陳華甫仍回原職外，計分發戶籍員章智賢、張嘉福、郭世琦三人到區。因此將原有未受訓之助理員鄭寶和、何松亭二人降爲雇員，又助理員高金科一人被裁汰，以分發學員遞補。〔註52〕

　　按照《南京特別市戶籍員服務規則》，戶籍員應受社會局監督指導，區公所指揮調遣。戶籍員如不服從該管區指揮調遣及不適宜所在地工作，得由區公所具函通知社會局與其它各區戶籍員對調之。戶籍員經派定所管兩坊（以兩坊爲原則，但保數在 15 保以上之坊僅管一坊）後，應切實負責戶口調查、

〔註52〕傓「南京特別市社會局」：南京第五公所更委職員文稿，南京市檔案館藏，1002－2－41。

戶口異動、戶口統計、社會動態、市面情況等任務，經管兩坊每一個月須清查一次。戶籍員對於所查坊內保長、甲長應負督導責任，並督促保長、甲長每月必須開保甲會議一次，商討該保內一切事務。保長甲長須向保內各住戶每十日內訪問一次。按規定戶籍員調查戶口每日須查一保，一保查完再查第二保，按照順序而行，不得混亂，所經管兩坊，每一個月內須清查一次。在調查戶口之前，戶籍員應先向區長書面報告所查之第幾保，到達後並須會同該保保長、甲長執行之。如其不在，則單獨調查。一日調查完畢，須保長、甲長加蓋名章於戶籍員外勤報告表上，俾便考覈。調查戶口時戶籍員須攜帶規定臂章於右臂以資識別。對於居民態度要和平，言語須簡明懇切，不得稍涉粗暴或輕浮。問話時並須在公開之處（如天井堂屋等），不得擅入內室。如調查居有相當地位之戶口，不必面詢戶主，可將戶口調查表責交司閽或管理人詢明填注即可。戶籍員如工作不力，敷衍懈怠，及有不法情事，得適用公務員懲戒條例予以懲處。戶籍員對於坊內保長、甲長負有考覈之責，看其辦理保甲是否認眞負責，如有奉行不力，得由戶籍員糾正告誡或書面報告區公所核辦。對於戶口異動戶籍員應保持戶口數字準確，格外注意除督促人民自行具報甲長、保長辦公室，及由戶籍員辦理戶口異動登記外，並即具報區公所存根。在調查時並須登記在調查表上，毋以遺漏。每日調查之保，不論有無戶口異動，戶籍員都必須用外勤報告表向區公所報告一次。每旬應填每旬統計報告表呈報，每月應填每月統計報告表一次，其它如各種分類統計報告表，務必切實詳細填載呈報區公所以備查。〔註53〕

據此產生的《保甲長訪問住戶辦法》，規定保甲長應受戶籍員指導向保內各甲之住戶訪問，並清查其戶口。每十日內向各戶訪問一次，訪問情形用訪問手冊向戶籍員報告。訪問時如遇戶長不在，家人又復他出時，應改日再予訪問，以訪問到爲止。訪問住戶時應督促戶長如有戶口異動情形，應立即報告，並說明戶口異動共分九種：遷入徙出、來住他往、出生、死亡、雇用辭退、婚嫁、分居、繼承、失蹤，均須分別一一填報。此外，甲長應在本人之辦公處備戶長姓名表一份，如訪問該住戶後，發覺該戶口或看增減情形，應隨即改正，俾便查考。對於甲內各戶一切情況，保甲長應絕對注意，隨時觀察，如有發現可疑之住戶，立即報告戶籍員，轉呈區公所核辦，務使不良分

〔註53〕僞「南京特別市秘書處」：關於籌設戶籍員訓練班計劃書訓練實施辦法、訓練教材及南京特別市自治人員聯誼會簡章，南京市檔案館藏，1002－1－45。

子無法寄跡其間。遇有甲內住戶發生特殊事件，甲長可立即向區公所報告。〔註54〕至於每月一次定期召開的保甲會議，也須邀請區戶籍員出席指導。

戶籍員在保甲組織之中的作用既扮演任務執行者的角色，也扮演監管的角色。通過與保甲長的配合，戶籍員對於戶籍的調查管理將住戶平時生活的靜態與異動的動態連接與掌控起來，這種制度對於日偽在基層建立穩固的政治與經濟秩序提供了組織上的保證。事實上，自戶籍員制度實施後，就人口的掌控而言的確較以前有了很大改觀，十分詳實的戶口異動報告是一個重要的明證。此外，戶籍員對於區公所和保甲人員予以監督，發現問題即行上報，成為市府在基層安插的耳目，導致戶籍員與區公所職員及保甲人員貌合神離，矛盾重重。

五、績效評析

為了迅速恢復並掌控社會秩序，汪偽還都之後便著手清查戶口與整頓保甲。首先從組織制度上完善保甲組織，而且厲行戶口清查，調查統計了人口數量、異動、密度、職業、年齡、教育、婚姻等詳細情況，較之維新政府時期的統計詳密具體得多。

其次，從整理區政著手整頓保甲。1941年5月，汪偽在日本的授意下組織清鄉委員會，7月開始推行「清鄉運動」。為此，南京市政府根據《清鄉地區內各縣區區公所組織暫行條例》整理區公所和區政，又根據《清鄉地區整理保甲肅清零匪暫行辦法》整頓保甲，以適應清鄉剿匪的要求。

再次，以市民證制度與保甲制相配套。為防「莠民混跡」、「匪類混用」，市民證（居住證）的核發機關、核發手續、制式顏色等都重新釐定。核發機關改為日本憲兵隊與首都警察機關，行政劃一，免生紕漏；核辦手續繁瑣，不僅需要門牌、戶口證、坊保甲長證明，還要呈驗警局核發之戶口統制單貨戶口登記備查聯；證件上必須黏貼本人照片，各地顏色不同，以示區別。新的市民證填發政策是隨著戶口清查而逐步完善規範起來的，是日本特務機關、南京市政府、首都警察機關共同施行和管理的，與保甲制互相配套，放在清鄉的背景下來看，可知這並非單一的行政措施，而是具有強烈的政治性與軍事性。以其政治性而言，透過實行門牌、戶口證、市民證（居住證）、旅

〔註54〕偽「南京特別市秘書處」：關於籌設戶籍員訓練班計劃書訓練實施辦法、訓練教材及南京特別市自治人員聯誼會簡章，南京市檔案館藏，1002－1－45。

行證等加強居民的流動與身份認定，結合編組保甲、連坐聯保，推行自首和策動告密的方法，以強化日僞的殖民統治。以其軍事性而言，通過戶籍管理抽調人員組織壯丁隊，由駐在地軍隊或團隊會同區公所督率壯丁隊實施防共、治安及戶口清查編冊，並核對一保一甲一戶之人口是否與編查表冊相符，戶口異動是否舉辦等。

　　這種以保甲組織爲基礎的基層管控政策的推行極大地提高了日僞對於社會基層的監控力度和強度，不僅嚴格防範和嚴重破環了民眾的抗日熱情與抗日活動，而且便於日僞在基層的經濟掠奪和思想文化控制。

　　然而從操作實施層面來看，保甲制的整頓與推行受限於複雜多變的現實。雖然保甲組織日趨完善與嚴密，但是其作爲自治組織又面臨著經費人手嚴重不足的困擾。從參與的人員來看，保甲長更委頻繁，缺乏穩定性，社會身份複雜多元，在一定程度上降低了戶籍監控的成效。保甲長更委與考覈也透露了許多的衝突與矛盾，凸顯了社會境況的複雜與多變，政府應對的乏力，以及基層社會秩序的紊亂。此外因爲資料的限制，保甲長的個人和家庭情況以及生存環境所帶來的諸多差異和變化難以描述，這是需要進一步探討的內容。

第四章　糧食危機應對與民衆生存實態

第一節　農業生產與財政收支

一、食糧生產

　　南京市幅員遼闊，城鄉面積合計六十餘萬畝。汪僞南京市政府時期定城區爲五區，鄉區四區。食糧的產區主要是在鄉區，城內五區也分別出產少量的稻米與雜糧。

　　鄉區四區即上新河區、安德門區、燕子磯區、孝陵衛區，是南京市的主要產糧區。根據南京市 1940 年與 1941 年度各鄉區農產品收穫數量調查表，可以看出主要糧食作物稻、麥和雜糧的種植和收穫情況。1940 年農產品總種植面積爲 189288 畝，其中稻子占 18％，麥子占 40％，黃豆占 21％，玉米占13％。1941 年因鼓勵墾荒種植面積有所擴大，總計約 233136 畝，比上年增加42848 畝。其中稻子占 23％，麥子占 41％，黃豆占 14％，玉米占 16％。總體來看，稻麥的種植量都在六成左右。籼稻畝產在 1.05 到 1.24 石之間，按民國時期 1 市石等於 156 斤計算，[註1] 畝產約爲 163 到 193 斤。正常情況下，糯稻的產量與籼稻相當。小麥的畝產量在 0.79 到 1.1 石之間，大麥的產量在 0.68到 0.85 石之間，平均畝產量分別約爲 147 斤和 119 斤。無論稻麥，畝產量都比較低。

〔註 1〕 參見盧鋒、彭凱翔：《我國長期米價研究（1644～2000）》，《經濟學》，第 4 卷
　　　　 第 2 期。

表4－1：1940年與1941年度各鄉區農產品收穫數量調查表

種類	種植畝數（畝）		收穫總量（石）	
	1940年	1941年	1940年	1941年
秈稻	33153	51703	35010.2	64296.5
糯稻	877	2974	290	3205
小麥	56195	79352.68	44505	87544.95
大麥	18884	17105.77	12969	14564.01
蠶豆	2300	1164	1223	625.50
黃豆	39905	33028	12506.86	10720
棉花（斤）	6080	2668	60820	29800
高粱	2166	2247	2212	1305
玉蜀黍	24412	36594	7081	27699
蔬菜（斤）	4851	5870	792090	2423500
山芋（斤）	465	430	42500	155900

參考資料：偽「南京特別市秘書處」：首都義勇警察隊組織規則、各區公所組織規程
及編制情況及各項物資調查表等，南京市檔案館藏，1002－1－888；偽「南
京特別市社會局」：本府關於調查各鄉農產品收穫數量情形及表冊，南京
市檔案館藏，1002－2－1108。

與此相印證的是安德門區各鄉麥子的收穫數量及畝產數量。安德門區下
轄四鄉鎮，種植大麥634.7畝，小麥1104.8畝，大麥平均畝產量為124斤，小
麥畝產量在93到124斤之間，平均畝產101.4斤。

表4－2：南京特別市政府安德門區各鄉收穫麥實數量調查表
（1940年6月）

鄉鎮	大　麥			小　麥		
	每畝數（斗）	全年畝數	收穫總量	每畝數（斗）	畝數	收穫總數
善德鎮	8斗	634.7	5077.6斗	6斗	314.5	1887斗
谷秀鄉	——	——	——	6斗	200	1200斗

鄉鎮	大 麥			小 麥		
	每畝數（斗）	全年畝數	收穫總量	每畝數（斗）	畝數	收穫總數
海新鄉	――	――	――	6斗	324.3	1945.8斗
鳳臺鄉	――	――	――	8斗	266	2128斗

參考資料：僞「南京特別市社會局」：市府、本局與各區所來往文書，南京市檔案館
　　　　藏，1002－2－1821。

　　1942年，麥類種植畝數繼續增加，大麥與小麥合計已經超過11萬畝。自
1940年以來，每年至少增加種植面積2萬畝。小麥平均畝產0.97石，約合151
斤；大麥平均畝產1.1石，約合171斤。麥類畝產量也有所增加，這與政府推
行墾荒增產政策有關。

表4－3：南京特別市1942年度麥類收穫調查表

農產品種類	種植畝數（畝）	收穫總量（石）
小麥	89835.8	87239.52
大麥	21813.1	23927
裸麥	2610.7	1264.99

參考資料：僞「南京特別市秘書處」：糧食物資之各項調查統計表，南京市檔案館藏，
　　　　1002－1－890。

　　據1942年5月份統計，南京市從事農業的人口有105015人，時有總人
口63萬人，約占總人口的16%。與前後相較基本沒有什麼大的變化。〔註2〕
然而這樣規模的農業人口與糧食種植面積要想支撐南京市人口的糧食消費還
遠遠不夠。

　　爲此，南京市在1943年特別進行了各區食糧需供數量調查，時間範圍是
自1942年9月到1943年8月，以一年爲限。茲將各區情形羅列如下：

　　1、鄉區自治實驗區。該區共有人口46435人，大口29044，小口17391。
全年消費米1.6萬石，雜糧19.6萬石；預計全年收穫米1.6萬石，雜糧14.3
萬石。總體來看食糧不足，如果考慮到政府徵收的賦稅與對糧食的徵調，收

────────────

〔註2〕 僞「南京特別市秘書處」：南京特別市政府組織規則及市政概況（二），南京
　　　　市檔案館藏，1002－1－15－2。

種糧食與實際需求相差更甚。該區山多田少，兼之土瘦，是以生產不豐。食米不夠之數，以雜糧代，而雜糧尚少 5.3 萬石，多向鄰縣購買。

2、上新河區。該區人口共計 54898 人，大口 36980，小口 17918。全年消費米 8 萬石，雜糧 2 萬石；該區田少人多，又兼氣候不調，收成歉少，預計全年收穫米 2.5 萬石，雜糧 2.2 石石，差額為 5.3 萬石。又因雜糧運銷本市 0.2 萬石，故從外吸收 5.5 萬石，一般在中華門外陸續購買。

3、安德門區。該區人口共計 38163 人，大口 23088，小口 15075。全年消費米量 8.42 萬石，雜糧 0.46 萬石；而該區全年可收穫米約 0.62 萬石，雜糧 0.27 萬石，因農田無多，產量不裕，人口繁眾，故消費者與生產者比額懸殊，消費量與生產量也差額巨大。平時吸收外部米量約 5 萬石，雜糧約 0.1 萬石，不足部分約需米 2.8 萬石，雜糧 0.1 萬石，由近鄰產區陸續供給。

4、孝陵衛區。該區人口共計 19903 人，大口 11196，小口 8707。全年消費米量 3984 石，雜糧 2900 石；預計全年收穫米 2042 石，雜糧 7620 石，加上原存米 350 石和雜糧 6220 石，僅食米有所不足，約 1522 石，雜糧倒是頗有剩餘。出現這種現象是因為該區田畝旱地占半，水田亦山田，僅恃塘池灌溉，故稻收甚微；而雜糧因不慣食，故有剩餘。平時運銷雜糧到外埠，約計 3222 石，同時往京市購買食米 1522 石。

5、第五區。該區人口共計 50338 人，大口 36281，小口 14057。全年消費米量為 12.86 萬，雜糧 830 石；預計全年收穫米 500 餘石，雜糧 830 餘石。食糧不足的主要原因是生產能力有限，欠缺食糧 12.8 萬餘石，一般由外埠購進。

6、城區自治實驗區。該區人口共計 40799 人，大口 29069，小口 11730。全年消費米量 6 萬石，雜糧 4.3 萬石，而預計全年僅能收穫雜糧 7940 石，二者相差米 6 萬石，雜糧 3.5 萬石。原因是地處城內，食糧產量甚少。

7、第三區。該區人口共計 78479 人，大口 53853，小口 24626。全年消費米量 7.4 萬石，雜糧 2.4 萬石，預計全年僅能收穫米 140 石，雜糧 1280 石，差額巨大，還需米 7.4 萬石，雜糧 2.3 萬石，需從外埠輸入。該區農田計約兩千畝，日軍就佔用一千餘畝，種植雜糧約 1670 畝，水稻僅約 70 畝。

8、第二區。該區人口共計 174507 人，大口 117856，小口 56651。全年需米 34 萬石，原存米 225 石，雜糧 32 石，因該區為商區，不生產糧食，基本全部靠外埠輸入。

9、第一區。該區人口共計130467人，大口91552，小口38915。全年需米 19.7 萬石，雜糧 4.2 萬石。該區不產米，雜糧一年收穫約 1 萬石。平時需米量巨大，由官商到附近產區採辦運京銷售。〔註3〕

綜合以上九區的情況，人口共計633989人，大口428919，小口205070，全年需米約98.4萬石，雜糧約33.3萬石。而全市米產量僅為5萬石，雜糧19.5萬石。生產與需求相比，僅能滿足需米量的 5%，雜糧需求量的 58%。食糧的缺口很大，尤其是米類的需求量甚大，主要靠在蕪湖、蘇州、無錫以及蘇北的採辦運京供給。

此外，日偽為加強對農業和農民的管理與控制，1940 年 3 月成立南京特別市農會籌備會，後因經費無著會務無法進行。10 月 5 日社會部社會指導委員會南京分會致函社會局，已依據「修正人民團體組織方案」規定予以整理，在該團體中選派孫承恩、童啓照、王鎔鑒、許生保、吳夢麟、張道生、陳林貴等七人為南京市農會整理委員會委員，並指定孫承恩為常務委員。1941 年 4 月，舉行成立大會，通過會章，選舉了理事。名單如下：

表4－4：南京特別市農會理事名單

職別	姓名	性別	年齡	籍貫	學 歷	經 歷	現職位地位	黨籍
常務理事	許生保	男	45	南京	江寧中學	前市農會整理委員兼總務科主任	自耕農	國民黨
常務理事	王鎔	男	36	南京	曉莊鄉村師範畢業	四區六坊坊長，前市農會整理委員	自耕農	國民黨
常務理事	謝執中	男	51	南京	兩江師範畢業	南京市黨部組織科總幹事，伏家場小學校長	自耕農	國民黨
理事	張道生	男	49	南京	初中	前市農會整理委員	自耕農	國民黨
理事	昌元明	男	54	南京	私塾	前市農會理事	自耕農	國民黨
理事	童啓照	男	54	南京	兩江巡警學校畢業	前區農會幹事長，前市農會理事，整理委員	自耕農	國民黨
理事	陸松岩	男	47	南京	私塾十五年	現任第三區第十坊坊長	自耕農	國民黨

〔註 3〕偽「南京特別市社會局」：市府、本局與各區所來往文書，南京市檔案館藏，1002－2－1825。

職別	姓名	性別	年齡	籍貫	學歷	經歷	現職位地位	黨籍
理事	陳林貴	男	54	南京	私塾十年	前市農會理事，區會幹事長，現任市農會整理委員	自耕農	國民黨
理事	徐煥庭	男	50	南京	私塾十年	前市農會理事，兼市人民自衛指導委員會	自耕農	國民黨
候補理事	陳立鑫	男	26	南京	私塾四年	前區農會幹事	自耕農	國民黨
候補理事	陳金鏞	男	43	南京	私塾十年	前區農會幹事長	半自耕農	國民黨
候補理事	金如桂	男	42	南京	私塾六年		自耕農	國民黨

資料來源：偽「南京特別市社會局」：市農會附各區農會一覽表及委員名單，南京市檔案館藏，1002－2－70。

南京市農會共分 24 區。1940 年 12 月有 6 區成立農會，1941 年 1 月有 4 區，2 月有 5 區，3 月有 9 區相繼成立區農會。每區設正副理事長各 1 人，理事 5 人，候補理事 3 人。農會「以發展農民經濟、增進農民智識、改善農民生活二圖農業志發達爲宗旨」〔註4〕，負責指導農民，並協助政府或自治機關分別進行土地水利之改良、種子肥料及農具的改進、森林的培植與保護、水旱蟲災之預防及救濟、糧食之儲積及調劑、農業教育及農村教育之推行、衛生福利事業之舉辦、農業及農民之調查統計等。在戰時物資統制的背景下，糧食緊缺、物價飛漲，農會在糧食生產與徵調方面的作用就越發凸顯，政治性與軍事性的色彩愈宜濃厚。

二、財政收支

要考察糧食問題需要對於南京市政府的財政狀況有所瞭解。從整體來看，政府的財政收入限制了在解決糧食危機中的經費投入，龐大的日常開支也擠佔了有限的經費，而且徵收稅種也直接或間接影響了物價水平，加劇了糧食問題在市民生活中的嚴重性。

〔註 4〕《農會法》，《中華民國國民政府公報》（124）（第二三六〇號）。

1938 年 11 月之前，雖然督辦南京市政公署實行統收統支的政策，但各局處並未嚴格按照遵行。各局附屬機關所辦事業之收入本應隨時悉數報解，其因事業支出的費用亦應按月或臨時請領，但是各附屬機關往往將收支之款累積不繳，並將按月支出費用任意坐支，而後始將其所餘呈解，收支十分混亂。因此市府下令自 11 月份起，各局所有收入限定每旬呈解一次，不得遲延；所有支出經費應照核定數目按月或臨時請領，以劃清收入與支出的界限，杜絕濫支侵漁之弊。〔註5〕

1940 年 7 月，蔡培接任市長之後即進行財政整頓，將按月編造預算改為編造半年收支概算。「查本府經常費用，在以前係按月臨時編造預算，向無確定標準，不免挪移虧短，款目混淆，本任於七月一日接收後，查核代管款項，均須隨時支撥，苟有通融，將至無法彌補。當即選開會議，將支出方面務求緊縮，收入方面力加整頓，其確實不敷之數，則詳敘理由，呈咨院部，撥款協助。一面按照現實情形，編製預算，以期收支適合。適於八月間奉行政院訓令編造本年下半年收支概算，遵即將預定計劃，編造概算兩份，附加說明，並檢同各附屬機關第一級概算，咨送財政部核定彙轉，所有本年下半年度收支，即照上項概算辦理，故年終決算，不致懸絕財政漸入正軌。」〔註6〕

財政收入除上級撥款外，主要來源於捐稅、田賦、市有財產及企業收入、行政費、租金等。捐稅分為車捐（分季捐、月捐兩種）、輔房捐、筵席捐、娛樂捐、營業稅、妓捐、屠宰牲畜稅、住房捐等。其中住房捐本擬 1940 年 6 月開辦，嗣因米價狂漲，百物騰貴，復據紳商請求，暫不開徵。田賦則採用劃一稅率，承宜廢除舊制（按土質分三等九則），另按各鄉鎮估報地價及調查收穫情形，仿照地稅法納賦千分之幾十，使農民擔負得以平均。由田賦徵收處遵照辦理，督率員警，努力催追兼由各地防軍協助催徵。行政費則主要包括各種牌照登記費用等。參照所列 1940 年下半年度收支各款百分表，可以對於市府明面上的財政收入有較為詳細的瞭解。

〔註5〕僞「南京特別市秘書處」：僞市政府關於經費方面之各項辦法，南京市檔案館藏，1002－1－991。

〔註6〕僞「南京特別市秘書處」：南京特別市政府組織規則及市政概況（二），南京市檔案館藏，1002－1－15－2。

表4-5：1940年下半年度概算收入各款百分表

科　目	列收數	占總數百分比
經常門	元	
田賦	9600	0.55%強
契稅	20400	1.17%弱
營業稅	75000	4.29%弱
屠宰牲畜稅	132000	7.55%弱
手貼稅	10625	0.61%強
藥酒牌照稅	11130	0.63%強
車　捐	108890	6.23%弱
車輛季捐	18000	1.02%強
輔房捐	44655	2.55%強
娛樂捐	10390	0.59%弱
筵席捐	33180	1.90%強
妓　捐	25200	1.41%強
商場租金	720	0.04%強
市產租金	9000	0.51%強
洲產售價	8500	0.49%弱
自來水站租金	360	0.02%強
洲租	30000	1.72%弱
湖產售價	8000	0.46%弱
田地租	3000	0.17%強
茔場租金	7140	0.41%弱
攤販租金	8580	0.49%弱
各診療所號金	2000	0.11%強
工商業登記費	1800	0.10%強
度量衡檢定費	960	0.06%弱
廣告費	1200	0.07%弱
船舶登記費	2400	0.13%強
車輛登記費	6000	0.34%強
建築執照費	2400	0.13%強
車輛牌照費	9000	0.51%強

科　目	列收數	占總數百分比
船舶磁牌費	2400	0.13%強
產權登記費	1800	0.10%強
測量費	960	0.06%弱
查驗登記費	8100	0.46%強
衛生登記費	120	0.01%弱
醫師開業執照費	240	0.01%強
行政補助費	540000	30.87%弱
事業補助費	60000	3.43%弱
教育補助費	220920	12.67%弱
各項收申水（？）	94027	5.37%強
代管徵收租金	3600	0.21%弱
代管住房租金手續費	31200	1.78%強
代糞疏管費	12	
臨時門	元	
田賦稅	20000	1.14%強
營業稅	8950	0.51%強
輔房捐	5000	0.29%弱
洲　租	20000	1.14%強
漁　產	3000	0.17%強
柴　草	7000	0.14%弱
市產租金	2000	0.11%強
特稅附加	48000	2.75%弱
營業稅及執照費	72000	4.12%弱
合　計	1749459	100%

資料來源：偽「南京特別市秘書處」：南京特別市政府組織規則及市政概況（二），南京市檔案館藏，1002－1－15－2。

　　該收入表包括「經常門」和「臨時門」兩部分。其中捐稅半年收入總計431272.94元，約占總收入的25%；行政費收入16319.24元，市有財產及企業收入91407.10元，經營租金收入34800元。此外行政補助費、事業補助費與教育補助費共計820920元，約占總收入的47%。可見市府自身的收入只占一半左右，經費並不充裕。

同樣，市府的支出概算也同樣包括經常門與臨時門兩部分。主要集中在市政府經常費和教育文化經常費支出，約占 61%。但因支出細目不詳，只能作爲一項參考。

表 4－6：1940 年下半年度概算支出各款百分表

科　目	列支數	占總數百分比
經常門	元	
市政府經常費	640750	36.63%弱
社會事業經常費	89840	5.14%強
財務經常費	128340	7.33%強
教育文化經常費	432870	24.74%強
交通建設經常費	162533	9.29%強
土地管理經常費	18990	1.09%弱
衛生行政經常費	106172	6.07%弱
補助費	5520	0.32%弱
預備費	30000	1.72%強
臨時門	元	
市府行政臨時費	30000	1.72%強
社會臨時事業費	27000	1.55%弱
財務臨時費	20092	1.15%弱
教育臨時費	12000	0.67%弱
地政臨時費	12000	0.67%弱
衛生臨時費	33350	1.91%弱
合　計	1749459	100%

資料來源：僞「南京特別市秘書處」：南京特別市政府組織規則及市政概況（二），南京市檔案館藏，1002－1－15－2。

1941 年財政部部長周佛海在呈行政院的報告中稱：

　　竊查國府還都以來，歷居國家概算，量入爲出，妥爲籌劃。檢討過去收支狀況，1940 年度之實際收入，尚能勉如估計。而實際支出，經竭力撙節，亦能略有羨餘。迨至 1941 年度新增機關時有設立，

新興事業逐漸舉辦，政費軍費相率增益。而軍事預備費，清鄉經費又復呈請追加，支出日見膨脹，已由每月 1600 萬元，進而增至 3900 萬。雖收入方面之關鹽、統特各稅截長補短，尚能勉告足額，但數月來金融變動靡定，生活指數日增。公務員生活困難，隱憂堪虞，不得不有員役俸資臨時加成之舉兩次，由一二三提高為二四六八成。凡此種種增加支出，月約六百餘萬元之鉅，實為籌劃本年度概算始料所不及。〔註7〕

因為財政困難，所以要求新增機關或事業均應一律從緩，辦公費增加之數不得超過一成。

自 1942 年起，南京市財政大幅增加且漸趨穩定而入正軌。僅上半年的支出費用就是 1940 年下半年支出的 2.43 倍。鑒於物價高漲，為安定工作人員生活起見，前以經費無著未能如期進行的薪俸臨時加成得以施行，分別實行二四六八加成，增加了俸給費的支出比例。同時採取三項措施進一步擴大財源：1、改組捐稅徵收所。經徵車捐稅等 6 種捐稅，整頓鋪房捐，改進營業稅，改進旅館捐，整頓屠宰稅等。2、整頓田賦，追收積欠舊賦，查擠隱匿田地，調整稅率（原以三等九則制徵收，最高上則，每畝收六角，最低下則每畝收三分，物價昂貴，加倍徵收）。3、改進市產事項：開徵八卦洲 1941 年度秋租，派員直接徵收各莊田春租；恢復徵收承恩寺房地租金；嚴催各租戶清繳欠租。〔註8〕

1942 年下半年，新增了公益捐和住房捐，每月約計 7 萬元。每月支出也相應增加，包括各區公所經費增加一成，即所謂的地方協助費。1943 年下半年總計收入 13861724 元，較 1940 年下半年增加近 8 倍，其中特稅附加收入為 216000 元，而此項收入即是鴉片特稅附捐、鴉片營業稅及執照費。在支出所列「經常門」中，增加了救濟費、救災準備金，在「臨時門」中增加了糧食臨時費，三項合計 315200 元，占總支出的 2.27%。同時，因物價上漲，公務員加成不斷增加，俸給費也大幅上漲。〔註9〕

〔註7〕　偽「南京特別市財政局」：三十一年上半年度收支概算，南京市檔案館藏，1002－4－821。

〔註8〕　偽「南京特別市秘書處」：南京特別市政府組織規則及市政概況（二），南京市檔案館藏，1002－1－15－2。

〔註9〕　偽「南京特別市財政局」：三十二年上半年度收支概算，南京市檔案館藏，1002－4－811。

1944 年 10 月 28 日，財政部在呈中央政治委員會的函中稱：「現在國家最要支出必須積極籌措者，厥爲保障治安、增加生產及提高待遇三端，是以本屆概算即擬置重點於上述三項，妥爲支配。」〔註 10〕因糧食問題、物價風潮帶來的生活與社會危機已經開始嚴重影響僞府的統治，是以其財政政策也不得不做出重要的傾斜。

南京市政府儘管已經多方增收，並開源節流，然而收支相抵，依然是入不敷出。用於糧食救濟和物資供應的經費雖有所增加，但在日益嚴重的糧食危機中，仍屬杯水車薪。在增收與救濟之間，二者有時卻勢同水火，市府面對糧食危機採取的補救措施多屬拆東牆補西牆的權宜之計。

第二節　物價指數與生活指數

一、物價飛漲

日本佔領南京後，意圖將其納入「以戰養戰」的戰時經濟體制之中，直接或通過僞政權大肆搶掠物資，採取物資統制的政策。由於日軍在產糧區強制性收購糧食，南京米源減少，另外又因交通管制，米糧運輸通道不暢，加上糧商趁機囤積居奇，於是造成嚴重的糧食危機。

日軍初期不肯放棄大規模糧食採購的計劃，也不願及時將南京及其附近地區的糧食採購權交還汪僞政權，僅僅將日商三井洋行存在上海倉庫的 3000 噸大米讓出，由汪僞實行平糶。日軍藉收買軍糧爲名，自新穀登場開始，即在各產米區域委託三井、三菱等日商洋行大量收購糧食。同時，對於糧食運輸加以統制，非經日商之手，糧食不能大量搬運。即使在產米區域的中國糧商未經日軍許可，亦不能自由活動。因此，民需食米之供需失衡，而引起民食恐慌之現象。就南京而言，由於日方遲遲不肯移交該區的糧食採辦權，因而南京實施糧食統制的時間比華中其它城市較晚。直到 1941 年 4 月，由南京市商會和米業同業公會共同組織的南京區米業聯合辦事處成立，宣佈自 4 月 26 日起實施糧食全面統制，規定所有糧食的銷售和購買事宜一概由該辦事處直接辦理。〔註 11〕

〔註 10〕僞「南京特別市財政局」：三十四年上半年度收支概算，南京市檔案館藏，1002－4－824。

〔註 11〕谷德潤、張福運：《略論日僞對南京的物資統制》，《中國礦業大學學報（社會科學版）》，2005 年第 2 期。

　　針對高漲的物價，尤其是米糧價格的飛漲，市府決定由南京市商會整理委員會及衛生局菜場管理所先後呈報各種物價，由社會局彙編總表，制訂每月日需品物價表。從下表所列 1939 年 9 月的米糧價格與 1941 年 10 月直到 1942 年 6 月的價格對比，可以明顯看出米糧價格一路飆升，價格翻了幾番。以中等秈米為例，1939 年 9 月每石 14 元，1941 年 10 月上漲至 81 元，翻了近 6 倍。到了 1942 年 6 月又漲至 180 元，翻了近 13 倍。其它如小麥、麵粉等都是如此。1940 年物價上漲幅度不大，尚且平穩，至 1941 年便開始出現較大波動。

表 4－7：物價比照表

種類	月份	1941 年			1942 年				1939 年
		10 月	11 月	12 月	1 月	2 月	3 月	6 月	9 月
秈米（石）	上等	86	118	109	113	128	175	190	14.3
	中等	81	113	104	108	123	165	180	14
	次等	76	108	99	103	118	155	170	13.8
粳米（石）		無　　　　　　　　貨							
糯米（石）		120	138	132	140	150	240	230	16.5
秈糙米（石）		72	105	96	99	113	145	160	11.5
秈稻（石）		38	52	48	50	57	73	80	5.6
小麥（石）		59	87	85	91	110	185	150	11.8
大麥（石）		46	65	64	68	90	140	90	7
苞米（石）		36	57	48	60	88	135	140	
有恒麵粉（袋）	上等	31	44	44	52	60	80	80	6.8
	中等	26	40	39	46	57	75	75	6.4
	次等	20	36	28	34	36	55	55	4.2
客路麵粉（袋）	上等	31	44	44	52	60	80	81	
	中等	26	40	39	46	56	74	76	
	次等	20	36	28	33	36	54	55	
土製麵粉（袋）		61	80	76	84	95	150	120	無

資料來源：偽「南京特別市秘書處」：南京特別市政府社會局呈報月份日需物價調查表，南京市檔案館藏，1002－1－418。

即便市府制訂了限價措施，糧價依然有瘋漲之勢。1942 年 11 月，南京《民國日報》「經濟與商情」欄刊有標題為「囤冒又告擴張，物價暗盤猖獗」的文章，內稱：

> 連日物價暗盤之猖獗已成燎原之勢，蓋因市面囤冒又告擴張，商戶心理看好，踢球風氣轉形大盛，暗盤早橫越官價以上，頻日仍再接再厲，盲目亢進，一般物品均將限價踢翻，而拋之於市場之外，致限價一項買賣，雙方鮮能遵守之者，不知此類囂風畢竟伊於胡底也。〔註12〕

實業部因此致函南京市政府要求調查物價上漲情形。社會局認為《民國日報》所載情形，「未更過甚，其間不足盡信」；又辯稱近來商人藉口米糧上漲與運輸艱困，請提高限價，多數均經批駁。〔註13〕無論如何，社會局並沒有完全否認報載情形，說明漲價之風一日數變也非空穴來風。

此外，各類食品價格受季節影響較大，燃料類物稀而貴上漲勢頭迅猛，總體上各種物品均呈上漲之勢不減。為了更為清楚明瞭此間物價飛漲情形，下以 1943 年 3 月與 4 月為一組，8 月與 9 月為一組進行比照，如以 1937 年為基數 100 的話，3 月與 4 月的物價都以千計，8 月和 9 月的物價大部分都已萬計了。僅以此兩組數據來看，短短 5 個月之間，物價已近乎翻倍了。

表 4－8：1943 年南京日需品零售物價指數比較表（簡單幾何平均），
1937 年＝100。

月份	食糧葷菜類					油及調味料	燃料類	衣服材料類	雜項類	總指數
	食糧	菜蔬	肉食	醬菜	平均					
	10	23	9	5	47	9	7	10	10	83
3 月	5831.0	5552.6	3877.7	3073.1	4918.4	4233.3	4863.2	6813.1	6434.8	5193.4
4 月	7373.8	4249.6	4800.2	4402.3	4909.5	5410.5	6479.8	7451.8	7812.8	5648.4
增（＋）減（－）	＋26.5%	－23.47%	＋23.79%	＋43.25%	－0.18%	＋27.81%	＋33.24%	＋20.22%	＋21.41%	＋8.8%

〔註12〕偽「南京特別市秘書處」：市政公報（107 期），南京市檔案館藏，1002－1－1169。

〔註13〕偽「南京特別市秘書處」：市政公報（107 期），南京市檔案館藏，1002－1－1169。

月份	食糧葷菜類					油及調味料	燃料類	衣服材料類	雜項類	總指數
	食糧	菜蔬	肉食	醬菜	平均					
	10	23	9	5	47	9	7	10	10	83
8 月	12118	7918.1	10585	9414	9334.2	16862	11637	9658.4	15270	10803
9 月	11377	10554.1	11681	10157	10889	13812	17441	8081.5	17499	11875
增（＋）減（－）	－6.11%	＋33.29%	＋10.35%	＋7.89%	＋16.66%	－18.09%	＋49.88%	－16.33%	＋14.60%	＋9.92%

　　以相鄰兩個月來看，一些物品價格因季節或臨時性原因會有小幅度的波動，但不影響整體物價的走勢。4 月份食糧較 3 月份漲價的主要原因是麵粉來源不暢；而 9 月份較 8 月份價格稍跌的原因則是時屆新米穀、小麥、豆類上市。4 月蔬菜上市，價格有所下降；而 9 月時商家藉口中秋汛期循例抬價，較 8 月增長 33.29％。因貨源通暢，豆類跌價，9 月份油及調味料價格較 8 月有所下降。同期的衣服材料類價格亦有所下調，緣於戰時經濟緊急政策逐實，商家削碼競銷。〔註 14〕物價上漲給南京市民帶來了極大的生存壓力，無論是政府一般職員、自治組織人員還是普通民眾，都處於節衣縮食甚至食不果腹的境況之中，如果貧病交加，生存環境就更為險峻。

二、生活緊縮

　　一般而言，政府職員有穩定的收入來源，薪資比普通市民要高，生活相對穩定。但進入 1941 年以後，隨著物價上漲的勢頭加快，俸薪較低的職員入不敷出，如家中人口較多，則更是雪上加霜。1 月 6 日，社會局局長在呈市長函中稱：

　　　　竊查近來物價日高，俸薪較低之員度日維艱，局長將所屬人員詳密考察，擬使員額力求減少，其有確屬勤能者酌其薪，即以減員所節餘薪資移充，使預算不增。〔註15〕

　　1942 年下半年，政府職員以四、六、八加成，以社會局為例，局長盛開偉，月薪 640 元，按月薪加四成 256，共計 896 元。科長加六成，其它職員及

〔註14〕偽「南京特別市秘書處」：市政公報（129 期），南京市檔案館藏，1002－1－1170。

〔註15〕偽「南京特別市社會局」：社會局職員任免，南京市檔案館藏，1002－2－4。

公役按工資加八成。〔註 16〕1943 年再次加倍加成。4 月，財政局營業稅徵收處職工臨時加成，處長徐靜皆月薪 300 元，加六成兩次，合加 360 元；其餘均是加八成，如秘書吳漢卿月薪 200 元，加八成兩次，合加 320 元。加成數超出了原來的薪資，以應對物價的成倍增長。7 月改爲三次加成。財政局捐稅徵收所所長江兆龍，月薪 360 元，前兩次分加六成計 432 元，第三次加九成 324 元。其它如課長張少屛月薪 200 元，兩次分加八成計 320 元，第三次加十成 200 元，工資合計 720 元，已是原工資的 3.6 倍。〔註 17〕一般公務員的生活困乏到一種地步，就是獲得了汪僞政府頒發的同光勳章也無力具領勳章，因勳表證書各費計國幣 27 元 4 角。文官處奉汪手諭通融辦理，先領證書勳表以資配用，勳章隨後具資補領，然而未具領者依然不少。無奈之下，該處只得下令未具領者各員統由各該保敍機關代領證書勳表轉發，所有費用由各代領機關負責繳納。〔註 18〕

　即便如此加俸還是難以追趕物價的上漲速度。1943 年 11 月，財政局科長李峻德、夏道生等呈稱：

> 　　查本局各科職員之底薪大都低微，雖奉一再加成，在公家已多
> 體恤，而核與物價高漲速度，尚屬望塵莫及，以致個人生活及家庭
> 養贍均感困難，加以各職員頗多偏居城南，並有單身寄居旅舍者來
> 往車資及中午膳食費所需不貲，困苦尤甚。近來各職員每多辭職他
> 就，如不設法維持，深恐影響工作，擬請將辦事勤勞而底薪微薄者
> 自本月份起酌予增加，以示體恤而期其安心服務。〔註 19〕

　所請者是爲 43 人加薪，額度分別爲 20、15、10 元。財政局局長譚友仲以此科長所稱屬實，將其轉呈市府。至 1944 年，形勢日困，更是加大裁員加薪力度。行政院規定自 5 月起各機關應本行政簡化之原則，嚴格調整機構，裁併人員；並將所餘經費撥充在職人員增加津貼之用，決不得移作辦公等費。財政局 4 月即裁員 13 人，6 月又裁員 7 人，在職人員分別加俸 3、4、5 倍；

〔註 16〕 僞「南京特別市社會局」：本局職員名冊、照片、履曆表，南京市檔案館藏，1002－2－13。

〔註 17〕 僞「南京特別市財政局」：汪僞時期財政局各單位職員名冊，南京市檔案館藏，1002－4－194。

〔註 18〕 僞「南京特別市秘書處」：同光勳章姓名表及國民禮服襟節形式等訓令，南京市檔案館藏，1002－1－56。

〔註 19〕 僞「南京特別市財政局」：汪僞時期財政局各單位職員名冊，南京市檔案館藏，1002－4－195。

12 月裁撤 46 人，包括主任科員 1 人，科員 8 人，辦事員 13 人，稽查 3 人，公役 3 人，稅警 18 人。薪俸加成爲 14 倍。〔註20〕

　　受物價連年持續高漲的影響，市府決定參照中央加辦公務員津貼辦法，將公務員待遇自 1945 年 1 月份一律分等增辦加成。因此次加成數目較鉅，要求儘量裁汰冗員，以資抵補。市政府奉令裁撤合併了相關機構：度量衡檢定所裁撤，工作並由經濟局辦理；市立苗圃裁撤，由園林管理處辦理；榮場管理所與攤販管理所合併，改稱攤販榮場管理所；營業稅徵收處撤裁，由捐稅徵收所辦理；南京防疫籌備處裁撤，改由衛生試驗所具領協助費。公務人員工資由是不斷翻倍，上半年南京市公務員分別加俸 59、64、69、74 倍。按任級列爲三個表格，如下所示。

表 4－9：南特市府三十四年上半年度公務員加俸表（1945 年）

任級	特選任	簡任一級	二	三	四	五	六	七	八
本俸	800	680	640	600	560	520	490	460	430
加俸倍數	59	64	64	64	64	64	64	64	64
加俸數	47200	43520	40960	38400	35840	33280	31360	29440	28070（另加 550 元）
合計	48000	44200	41600	39000	36400	33800	31850	29900	28500

任級	薦任一級	二	三	四	五	六	七	八	九	十	十一	十二
本俸	400	380	360	340	320	300	280	260	240	220	200	180
加俸倍數	69	69	69	69	69	69	69	69	69	69	69	69
加俸數額	27600	26220	24840	23460	22080	20700	19320	17940	16560	15180	14800（另加 1000）	13320（另加 900）
合計	28000	26600	25200	23800	22400	21000	19600	18200	16800	15400	15000	13500

〔註20〕僞「南京特別市財政局」：汪僞時期財政局各單位職員名冊，南京市檔案館藏，1002－4－195。

任級	委任一級	二	三	四	五	六	七	八	九	十	十一	十二	十三	十四	十五	十六
本俸	200	180	160	140	130	120	110	100	90	85	80	75	70	65	60	55
加俸倍數	74	74	74	74	74	74	74	74	74	74	74	74	74	74	74	74
加俸數	14800	13320	11840	10360	9620	8880	8140	7400	6660	6290	5920	5550	5180	4810	4440	4070
合計	15000	13500	12000	10500	9750	9000	8250	7500	6750	6375	6000	5625	5250	4875	4500	4125

資料來源：僞「南京特別市財政局」：三十四年上半年度收支總概算，南京市檔案館藏，1002－4－824。

　　市府公務員尚且拮据如此，區級自治機關職員薪水更是不足維持。1940年12月，孝陵衛區區長朱子榮呈請南京市發售西貢米委員會賜准購買西貢米五袋，以爲各職員日食之需。因「現時市上米價極度高昂，敝區各職員大都薪給微薄，若不設法救濟生活，殊感無法維持」〔註21〕。原本區級政府屬自治組織，職員不列在公務員之內，薪資也不同。但經各區連番申請，1942年初臨時加八成，7月到10月又加八成，11月加十六成。同時市府諭令各區精簡機構，裁減人員。〔註22〕至1945年，各區公所職員與市府公務員待遇相同，均加俸74倍。如安德門區區長楊廣才，本俸180元，加俸74倍即13320元，合計13500元。其它助理員、雇員、公役都是一樣。〔註23〕

　　若家中人口眾多，微薄薪資更是難以供養。上新河區區公所助理員江蘭蓀前呈社會局稱：

〔註21〕 僞「南京特別市社會局」：各機關擬購西貢米及薦任級以下職工人數登記，南京市檔案館藏，1002－2－989。

〔註22〕 僞「南京特別市社會局」：南京第五區公所更委職員文稿，南京市檔案館藏，1002－2－41。

〔註23〕 僞「南京特別市社會局」：安德門區公所員役花名冊、薪餉、獎金及各坊鄉鎮保甲名冊，南京市檔案館藏，1002－2－48。

竊職前於民國二十七年（1938 年）春蒙前督辦任委，充上新河
區公所助理員供職五載，幸天隕越，不意值此米珠薪桂，仰事府畜，
八口之家支持維艱，若不另圖出路，實不足以舒家困，屢向本區區
長辭職不准，籌思再四，維有仰懇鈞長電鑒，體念下情，准予辭職，
而使另圖，一面令飭上新河區長迅予派員接充，以免誤公。〔註24〕

　　區長呈明該員薪給微薄，不敷生活，呈詞一事確無隱飾別情。此種情形
在當時南京甚為普遍。就一般市民而言，如遇貧病交加便是雪上加霜。如偽
中央大學理工學院院長徐仁銑即遭此噩運。透過徐仁銑這樣一位大學教授的
遭遇可以使我們對當時的社會產生一些細節性的認知。徐氏為江蘇宜興人，
清華大學畢業，其後官費留學美國，入康奈爾大學，獲得物理博士學位，是
民國時期著名的科學家。事變前徐氏先後執教滬上各大學，後執教川閩各大
學，事變後念及家鄉年逾古稀雙親，重返滬地。1943 年春應南京國立中央大
學聘請，就任理工學院院長。「雖懷無限學問而任院長之職，然些許薪俸，全
家老幼之生活尚難賴以維持。乃繼晝至夜撰述闡發研究心得之文章，無非博
取稍多之金錢免骨肉之凍餒耳。及病勢惡化，腰部疼痛劇烈，還不稍歇息調
養，一則不肯有誤同學之教育，一則點金乏術，老幼生活尚堪憂慮，況醫療
之費用也」〔註25〕。病重後轉至上海，同事嚴士弘慨歎：「他家境清寒，在南
京已病了半年多，長病要有耐心守，上海的生活豈是五六千塊法幣所能維持
下去的嗎？一兩個月後要是囊空如洗，莫說病人，就是無病的人也要餓死了。」
〔註26〕徐氏自知不起，不得已商與友人，託以年在十四歲下七個子女的生活
處置。最長之二子送工廠學徒，次二子送孤兒教養院，末三者送其外祖家照
料，而年逾 72 歲之雙親唯賴家鄉親友周濟以苟延生活。徐氏一生恬淡，任教
二十年，落得個家破人亡的結局，就是醫療喪葬諸費，也都是親友所借助。

　　1943 年 12 月 20 日，《中大周刊》（國立中央大學周刊）於第 113 期特別
製作「國立中央大學理工學院徐故院長仁銑博士紀念特刊」。施礐齋在「編者
之言」中稱：

〔註24〕偽「南京特別市社會局」：上新河區更委職員文稿，南京市檔案館藏，1002－
　　　2－64。
〔註25〕蔣洪巽：《關於徐先生的種種》，《中大周刊》，第 113 期，國立中央大學理工
　　　學院徐故院長仁銑博士紀念特刊，1943 年 12 月 20 日。
〔註26〕嚴士弘：《追憶徐仁銑先生》，《中大周刊》，第 113 期，國立中央大學理工學
　　　院徐故院長仁銑博士紀念特刊，1943 年 12 月 20 日。

> 遭時變戰，兵火未靖；物價騰昂，遍越恒度，近且倍蓰什百，
> 錳翔不已。一衣之費，動輒千餘。雙履之值，亦云數百。眞乃曠代
> 希有，期出非常；而欲以舌耕所獲，勉圖一家溫飽，實難乎其言之
> 矣。雖然，遍之慮飢寒者，又豈特徐君一人而已哉？舉凡國內之爲
> 師者，大學教授，月豐者不逮二千金，中學教員且半之，小學教師，
> 更無論矣！故以月入千金率之，則一人衣食，猶虞不給，家於何有！
> 〔註27〕

「生活在這米珠薪桂的環境裏，許多大學教授都因生活的逼迫而棄學就商。
先生卻不改初衷，來培植中國科學界的幼芽。社會是沉醉在紙醉金迷裏，到
處是輕飄飄的歌聲」〔註28〕。翟亞林不無悲憤地寫道：

> 在動盪紛亂的局勢中，一個人的毀滅自然是無足輕重的。如果
> 他不是抱了盡瘁教育的夙願，以他個人過去的資歷才具，又何嘗不
> 能棄仕就商，大展宏圖，甚或奔走於形勢之途，飛黃騰達。尤其在
> 現在的今日，有什麼不可以？──總比這清苦「叫瘦」的生涯強的
> 多哩！⋯⋯所以我們除了悲痛國家的不幸外，尤其痛悼他個人的不
> 幸遭遇。先生不幸而生現代，又何不幸而生中國，以一個身爲最高
> 學府大學裏的院長，平常一家的生活，都不能夠仰事俯蓄；大學院
> 長的子弟都不能夠受到小學教育的機會；可想而知，今日教育界的
> 清苦是如何了，怎麼能不使熱心教育者爲之寒心？⋯⋯當他呻吟病
> 榻的時候，教育當局對於這位鞠躬盡瘁的學者，又沒有一種實際有
> 效的援助，讓他無聲無臭地死去！〔註29〕

徐仁銑博士的遭遇並非特例。歷史中有許多普通人不能留下隻言片語
的痕跡，他們的活與死無關輕重，檔案文件中記載的可能性微乎其微，但
是透過徐仁銑可以想望更多的普通人被社會的洪流裏挾著，無聲無息之中
就被吞噬了，沒有絲毫的痕跡。歷史永遠不可能是全部，只能是由一點及
其餘罷了。

〔註27〕施槃齋：《編者之言》，《中大周刊》，第 113 期，國立中央大學理工學院徐故
　　　　院長仁銑博士紀念特刊，1943 年 12 月 20 日。
〔註28〕何廣鑫：《一位科學家死去了》，《中大周刊》，第 113 期，國立中央大學理工
　　　　學院徐故院長仁銑博士紀念特刊，1943 年 12 月 20 日。
〔註29〕翟亞林：《心裏面要說的幾句話》，《中大周刊》，第 113 期，國立中央大學理
　　　　工學院徐故院長仁銑博士紀念特刊，1943 年 12 月 20 日。

　　1943 年 11 月，市府通過對於公務員、小學教員、工人和商人四種不同職業人群三個月的調查，製作了南京生活指數的參考表格。其中公務員、小學教員與商人所取家庭樣本一致，均為成人 3 人、兒童 1 人的四口之家。比較三者來看，以公務員家庭每月花費最高，並且超出後面兩者不少，而小學教員與商人家庭基本相當。工人家庭選取的是六口之家，成人 4 人，兒童 2 人。每月用度遠遠超過其它三類家庭，僅食物一項就超過近一倍以上。以 1943 年 7 月公務員工資為例，當時所得工資為本俸加三次加成數。我們選取前文所提財政局捐稅徵收所所長江兆龍（薦任三級）予以說明：江兆龍月薪 360 元，分別加六成、六成和九成，總計 1116 元。比之下表所列公務員生活費用指數，看來是遠遠不夠的。以此類推，小學教員與工人更是入不敷出。至於商人，因其收入不好計算，也無具體的數字記載，但可以推想小商販的生活大概也難以為繼。

表 4－10－1：公務員生活指數（平均每家人口，成人 3 人，兒童 1 人）

	月份	食物類	服用類	燃料及水	雜項類	房租燈火類	總計	
費用	七月	1358.0	141.0	246.3	166.5	89.0	2000.8	
	八月	1799.2	78.0	289.5	179.0	89.0	2434.7	
	九月	1829.9	84.0	337.5	159.0	89.0	2499.4	
指數	1937 年＝100（加權得合平均）						總指數	國幣購買力
	七月	6974.0	5423.0	10946.6	16165.0	18541.0	6636.0	1.5
	八月	9240.0	3000.0	12422.0	17378.0	18541.0	8075.6	1.2
	九月	9398.5	3230.7	15000.0	15436.8	18541.0	8256.7	1.2

表 4－10－2：小學教員生活費用指數
　　　　　　（平均每家人口，成人 3 人，兒童 1 人）

月份	食物類	服用類	燃料類	雜項類	房租燈火類	總計
七月	824.1	161.2	128.0	160.0	85.0	1358.3
八月	1146.6	151.5	146.0	165.0	85.0	1694.1
九月	1238.5	161.5	166.0	182.0	85.0	1833.0

表4－10－3：工人生活費用指數（平均每家人口成年4人，兒童2人）

月份	食物類	服用類	燃料類	雜項類	房租燈火類	總計
七月	2372.0	93.0	222.8	168.0	178.0	3033.8
八月	2707.6	86.0	286.0	179.0	89.0	3347.6
九月	3364.0	213.0	370.0	227.0	190.0	4364.0

表4－10－4：商人生活費用指數（平均每家合成年3人，兒童1人）

月份	食物類	服用類	燃料類	雜項類	房租燈火類	總計
七月	756.6	116.0	170.8	93.5	86.0	1222.9
八月	1093.4	126.0	196.0	96.5	86.0	1597.9
九月	1190.3	116.0	224.0	95.0	86.0	1711.3

資料來源：偽「南京特別市秘書處」：市政公報（131期），南京市檔案館藏，1002－1－1170。

　　作爲觀照社會生活的參考，上面所列數據的價值很大。在理想的生活模板與現實的生活夾縫之間的差距越大，越是能反映出這個社會在物價上漲的壓力下呈現的畸形與扭曲。從以上所舉的例子來看，人們至少要比正常狀態下節衣縮食一倍以上，才能勉強糊口而生存。然而眾生疾苦顯然與淪陷區達官貴人的生活無甚關聯。

第三節　隔靴搔癢：平抑物價的努力

一、平糶

　　1940年6月，南京市發生了一次嚴重的糧食危機，這對於剛剛成立的汪偽國民政府和南京市政府都是一次不小的考驗。這年春夏之間，雨澤稀少，天氣乾旱，市上米價每石漲至七八十元，且無處可購，京市米糧來源缺少，價格奇昂，民食問題極爲嚴重。汪偽經與日軍協商，工商部向日商購存西貢米三萬五千餘石運京調濟。市政府飭令南京市總商會籌備會呈送調查本市各

米鋪牌號、姓名、資本額、每日銷售數量表到府，並經召集該會長及米糧業分會代表，指定城內外適宜地點米鋪仁昌行、友豐廠等 40 家承銷平價米，同時訂定《南京市政府分配各米鋪承購洋米暫行辦法》。

　　常規平糶事宜則由平糶委員會負責辦理以救濟平民。平糶委員會是在高冠吾任內所組織，經擬訂平糶辦法舉辦平糶，規定放糶時間自 6 月 21 日起至 8 月底止，於各城區區公所分設糶米處。7 月 31 日蔡培接辦後，據各區貧民請求補發糶米證者極多，而糶米量、經費均有限制，爰本「不患寡而患不均」之旨，就原有數量重行分配。經第四次平糶委員會決議，自 8 月 1 日起，將原購糶米各戶之米量減少三分之一，每旬糶米三次者，均改爲兩次，將勻出之米就賑務委員會此次急賑調查名冊未能給賑之貧戶中，摘出較有購買能力者約計三萬口，發給糶米證，與舊有糶米證同樣辦理，每旬亦准糶米二次，以資普及。此次平糶總計惠及城區貧民 37416 戶，127272 口，售出米量 21428.674 石。鄉區平糶因名冊造送稽延，是以延至 9 月下旬開始。規定鄉區每口糶米 8 升，統限一次購買，總計食糶貧民 2174 戶，3056 口，糶出米量 244.48 石。實施糶米期內，市府臨時密派幹員予以督查，以期杜絕弊混。〔註30〕

　　平糶本旨原爲壓平米價。京市米糧自經市府疏通來源，嚴禁囤積居奇後，市價已逐漸回落，此次貧戶雖略減糶米數量，於生計尚無十分影響。平糶的主要對象是賑務委員會急賑名冊中之貧民、散戶貧民與本府附屬機關團體，共計 12384 戶，31240 口。糶米數量按每戶 1 口領米 1 升 2 合，每戶 2 口領米 2 升 4 合，以此類推。要求市民領米時須出示糶米證與市民證，以便核對信息。同時市府密令各區調查赤貧並造冊報具，約有 2.4 萬餘口。已領有糶米證而非赤貧者予以弔銷，遷移重複者收繳，以貧民遞補。此次實發糶米證數 39590 個，糶米人口數達 130328，糶米數量計 21673.154 石。市府爲充足米源，多方籌措，計有三種來源：中央賑務委員會撥米；商請南京特務機關協助轉託日商採辦之米；派員赴外地（蕪湖）採購，疏通米商運道。〔註31〕此外，南京各商號出售貨物大半以上海爲來源地，因日軍限制，故由僞府聯絡日軍疏通，以暢運輸。

〔註30〕僞「南京特別市秘書處」：南京特別市政府組織規則及市政概況（二），南京市檔案館藏，1002－1－15－2。

〔註31〕僞「南京特別市社會局」：二十九年城區平糶，南京市檔案館藏，1002－2－960。

　　城區平糶後市場上米價高低無定，貧民糊口仍然維艱。為保證民食，在平糶之後，實行平價售米。市府派商赴蕪湖訂購三萬石，先運京一萬石，於市繁華區域設售米處 4 所。自 9 月 5 日起開始平價出售，每人購米數量自 1 升起至 1 石為限。8 月間市府曾派人赴無錫購粳米 1900 餘石，只供首都各級機關食糧，作間接維持市面之計。

　　因先後辦理平糶及平價米，米糧市價逐漸降平。至 10 月間，米糧價格復又高昂。市府經與工商部協商同意，將所存西貢米平價發售，並由工商部派商業司長，糧食管理委員會派秘書及南京區辦事處長，市府派社會局長，會同市商會整理委員會主任委員、米糧業代表等，組織南京市發售西貢米委員會，負責辦理髮售事宜。委員會除准各米店承領零售外，並就城區各區公所及商會等處設立售米處 7 處。自 11 月 11 日起同時出售，米價初定每石 65 元，附加手續費 1 元。再由委員會調查市面情形，隨時提減，以資調劑。後因市價未能低抑，市長諭令將西貢米售價減至每石 60 元，且限每人購米不得超過一斗，意在專售給貧民。及至開辦冬賑，因貧民俱已發給賑米，始將發售西貢米事停止。〔註32〕

　　與此同時，市府分秋冬兩季存儲米糧以備急需。市府根據市面米糧流通情況決定儲糧的發賣與平糶，並保有一定的儲備。

表 4－11：倉儲統計表（1940 年 7～12 月）

項　別	秋　季	冬　季
積穀倉數	2	2
發賣數量（石）	105.000	10321.773
平糶數量（石）	17039.736	576.900
積存數量（石）	37178.284	26279.611

資料來源：僞「南京特別市秘書處」：南京特別市政府組織規則及市政概況（二），南京市檔案館藏，1002－1－15－2。

　　此外，為慶祝國民政府「還都紀念」每年均舉辦平糶，雖然打的是親民牌，但也的確調劑了米糧供求緊張的局面。1941 年 3 月，為紀念國府還都一週年，

〔註32〕僞「南京特別市秘書處」：南京特別市政府組織規則及市政概況（二），南京市檔案館藏，1002－1－15－2。

舉辦首都平糶。計發售糶米五千石，每石國幣 50 元。平糶自 3 月 30 日至 4 月
12 日，設置糶米地點 30 處，糶米名冊以 1940 年首都冬賑名冊及補遺名冊為根
據。日商也將搶購來的食糧讓利出售，以示「友好」。普豐麵粉公司以恭逢國
府還都週年紀念，特製麵粉一千袋，每袋計重 10 磅，減售 4 元，送交社會局
糶給貧民。市府以此與其日常營業性質完全不同，「禮隆紀念，惠加平民，義
同輸將，深堪嘉尚，除將麵粉一千袋飭交本府社會局按冊分配，並令函蘇浙皖
統稅局寧浦分局請予免徵統稅以便出糶」〔註33〕。4 月 29 日至 5 月 10 日舉辦
鄉區平糶。由糧食管理委員會撥發碎米，日商有恒、華商普豐兩麵粉公司提供
特製 10 磅小袋麵粉 1550 袋予以平糶。平糶米每石國幣 50 元，重 160 市斤；
有恒平價麵粉每袋國幣 4.5 元，普豐每袋 4 元。〔註34〕同時，因米價上漲迅速，
為保證米麥供給平衡並用以調劑民食，市府特向無錫採辦麵粉運京，並先行發
售最上等之山鹿牌麵粉，每袋暫定售價 27.5 元。〔註35〕1942 年又舉辦還都二
週年紀念平糶。由行政院糧食管理委員會特撥食米二千石，送交南京市政府自
3 月 31 至 4 月 2 日辦理平糶。設糶米處 12 個，由社會局派 12 人分別監視。每
石售價為新法幣 95 元，城區糶米 1800 石，鄉區 200 石，每一貧民准糶米 2 升。
事先由社會局印製好糶米證，由區坊保甲長分給貧民，憑證購米。

　　根據市面米糧情況以及糧食運購情形，市府在緊急情況下也會組織發售
平價米糧。1941 年 11 月，因米源梗阻，市價飛漲，民食問題極為嚴重。幸有
西貢米存儲，故以南京市發售西貢米委員會平價發售西貢米，每石 61 元。每
人限購一袋，以防販賣圖利；各機關購買一袋以上者需派員向該委員會接洽，
各職員需請局、處函請委員會領米；商號則向商會整理委員會申請發領單。
此時因日軍搶奪浙江米糧致杭州市食米來源日益缺乏，米價飛漲，行政院糧
食管理委員會要求南京市發售西貢米委員會撥發西貢米一部分給杭州正亨米
號以示接濟。市長蔡培呈請說明雖有西貢米平價發售，但漲風尚未抑止，望
迅籌款補進公米。因存米無多，不敷支配，一律暫停向各機關發售。然而華
中水電南京支電水道科長石川尊俊向委員會申請購領西貢米 6 石，鑒於其為
日人公司，則以情形特殊通融照售。〔註36〕

〔註33〕偽「南京特別市秘書處」：市政公報（68 期），南京市檔案館藏，1002－1－1168。
〔註34〕偽「南京特別市秘書處」：市政公報（70 期），南京市檔案館藏，1002－1－1168。
〔註35〕偽「南京特別市秘書處」：市政公報（74 期），南京市檔案館藏，1002－1－1168。
〔註36〕偽「南京特別市社會局」：各機關申請購米函件，南京市檔案館藏，1002－2
　　　　－1450。

　　1942 年公糶委員會成立，由其接手負責平糶事宜。因物價持續上漲，京市的糧食緊缺狀況一直未能得到緩解，公糶不再只是應急的一時之舉，而是成了一種需要持續進行的日常行爲，同時也是爲了配合統制政策的實施與適應戰時體制的需要。1942 年 3 月，市政府決定舉辦還都二週年平糶以平抑物價，由社會局局長盛開偉任公糶委員會主任。5 月開籌備會，訂立《南京特別市公糶委員會組織規章》，並爲安定首都秩序，由該會承接糧食管理委員會所撥發之官米辦理公糶。市府決定擴大京市公糶範圍，普遍供給民食，由公糶委員會再行指定公糶售米處 100 所，連同原有售米處合爲 150 所。另因市民購米多不諳手續，以致售米處所常有籍端拒售情事，因此糧食管理委員會於 7 月制定了《京市市民購買糶米須知》。

　　政府各機關的食糧消費需求被優先考慮，由公糶委員會向各機關核發配米。爲使政府職員在物價高漲之中得到實惠，早在蔡培市長上任之初，即以「物價日昂，最大原因是抱定利潤主義之中間人從中剝削，同人購買力薄弱，杯水車薪，必要消費不易簡省，救濟之道亟應集中力量共圖集體消費，於是組織合作社，共同辦理社員日常用品，公平分配，以免中間剝削」等因，決定由市長領導組建南京市政府同人消費合作社，由市府及各局派員負責籌備，並由市長指定一人爲籌備主任。主要業務是辦理合作食堂、合作宿舍及社員日常生活必需用品。以市府十里以內爲範圍，凡現任市府及各局所屬職工，或年滿 20 歲無不良嗜好者，或願認股金一股以上者均爲該社社員。〔註 37〕在京各機關職員之食米原由糧食管理委員會依據各機關合作社之申請數量核實配給，使職員甚得便利。自實行公糶後，即停止配給各機關消費合作社之食米，而是發給各機關職員甲種購米證自行購買。「惟現在各公糶處均繫米商代辦，商人唯利是圖致購買發生困難，往往奔馳數日不得粒米，而公務忙碌無暇守候街頭以購米，家屬多婦孺亦無力擠購，提請由合作社代辦公務員食米，恢復各機關同人消費合作社配米辦法，由合作社憑證統計，逐請核發公米，至於戶口調查與核發米證仍由公糶委員會辦理」。於是由公糶委員會重新恢復向各機關同人消費合作社核發配米。〔註 38〕

〔註 37〕僞「南京特別市秘書處」：市政公報（52 期），南京市檔案館藏，1002－1－1167。
〔註 38〕僞「南京特別市秘書處」：市政公報（109 期），南京市檔案館藏，1002－1－1169。

　　其它則由公糴售米處負責發售。公糴售米處多由商戶代辦，常有違反規定情事發生，因此市府諭令公糴委員會加強管理和監督。1942 年 8 月 21 日公糴委員會公佈《南京特別市公糴售米處違章罰則》，10 月 9 日又公佈《修正南京特別市公糴委員會分配公糴米辦法》，採用依戶口印購米證的方法。同月，市府爲劃一各米店使用量器，特飭令度量衡檢定所派員攜帶儀器，分區詳密覆驗各公糴售米處升斗等量器，加蓋注音符號，烙印在案。據該所簽稱：

> 　　查有第 65 公糴售米處大彩霞街久康米號所使用之一升量器，竟於底層用漿糊油灰層層塗厚，偷減米量與法定容量相差頗多；第 69 公糴售米處中華路 602 號天昌米號使用未經檢定之五合量器，亦將底層用麵粉油灰塗厚，減少食半，核與法定容量不符；第 92 公糴售米處附屬珠江路 425 號裕泰號所用之一升量量器，破壞不堪，竟用布質硬骨裱糊，乘機偷減米量，核與法定容量不符。以上三處米店於使用之升合內用麵粉、油灰、硬骨塗厚，偷減米量，剝削平民，殊堪痛恨。又查有第 115 號公糴售米處廣州路 16 號玉記米號所使用之一升及五合量器大出法定公差 6 倍之多，亦屬於法未合，雖據該商面陳因係外行開設米店，已損耗不資，但難保無利用此較大升合收買米糧情事。〔註39〕

　　除以上各公糴售米處使用之不合法量器被當場沒收外，市府飭令該區公所將前三處違法米號原領營業許可證弔銷呈繳來府，並要求公糴委員會予以查明，撤銷其公糴售米處資格；第 115 號念其情節較輕，由公糴委員會予以嚴重警告。另外，社會局奉令派員會同第二區公所職員及保安隊警士至復興路 62 號之天豐米店，執行弔銷營業許可證任務時，鄰近居民向其報告該店尚有匿不出售之公米頗多。經執行人員會同搜查，果在房內床下及門板下發現公糴米 12 石，即行加以封存，交由該甲甲長柯家變督行看管，由公糴委員會迅即查核辦理。〔註40〕

　　不僅糴米商易於投機，就是市民爲了多領糴米，也採用各種手段。市府於 1943 年 6 月發佈通告：

〔註39〕僞「南京特別市秘書處」：市政公報（105 期），南京市檔案館藏，1002－1－1169。

〔註40〕僞「南京特別市秘書處」：市政公報（105 期），南京市檔案館藏，1002－1－1169。

查本市辦理公糶憑證購米，爲適應戰時體制，計口售糧原期根絕囤積，民食無虞。實行以來已著宏效。惟近有少數市民，不明政府施政眞諦，間有捏報住址，朦領雙證，或有以少報多浮報戶口者。間有各機關暨學校等員役，或虛報隻身，或捏稱包伙，似此意圖冒領公米，飭令各區長徹查。〔註41〕

爲杜絕公糶米糧在配送過程出現情弊，公糶米糧的申領程序比較嚴格。該程序分爲兩部分，即先由糧食局向糧食部請領，然後由公糶商向糧食局申領食米。第一部分爲糧食局向糧食部領米：每月計分三旬發米，每旬於五日前由局備文向糧食部申請需米數量，經核發「發貨憑證」，由糧食局交各倉庫存執；糧食局簽發各公糶處「發米聯單」，向市銀行繳款後持同「發米聯單」第四、五兩聯分別倉庫取米，再由倉庫將第五聯送交糧食局報查，至庫餘之米於月終結束後仍歸還糧食部。第二部分爲公糶商向糧食局領米：每旬開始，糧食局根據各公糶處所擔負戶口數量及實際情況，詳細簽發所需米量，愼發「發米聯單」；由公糶商持「發米聯單」向市銀行照額繳款，市銀行即截取第一、二、三聯，並在第四、五聯加蓋「收訖」戳記，以第一聯留行存查，第二聯彙報糧食局分別記賬，第三聯通知糧食部列入「售米戶」帳內，然後由公糶商持同第四、五聯向倉庫取米，第六、七聯即由公糶商收執，以資存查。〔註42〕

二、物資統制與糧食配給

物資統制與糧食配給政策是爲了適應戰時體制的需要，對物資的生產、收買、配給及流動進行控制，滿足日軍「以戰養戰」的戰爭政策。1941 年 9 月汪僞成立中央物資統制委員會（1941.9～1942.9），主任爲梅思平。1942 年 9 月成立中央物價對策委員會（1942.9～1943.6），梅思平任委員長。1943 年 3 月 17 日又成立了全國物資統制審議委員會，是汪僞國民政府推行戰時經濟體制進行物資統制的最高機構之一，由周佛海任委員長，日本駐華公使崛內干城任副委員長。

〔註41〕僞「南京特別市秘書處」：市政公報（122 期），南京市檔案館藏，1002－1－1170。

〔註42〕僞「南京特別市秘書處」：市政公報（130 期），南京市檔案館藏，1002－1－1170。

　　南京市政府也奉命成立了各級統制配給委員會。1941 年 10 月，市府奉令依照《長江下流地帶物資統制暫行調整綱要》，聯絡日本各有關機關，組織南京地方物資統制委員會，及南京小地區物資統制委員會，辦理物資統制事務。又於 12 月 1 日組織南京特別市物資配給委員會，辦理南京市區物資配給事務，並組設附郭各關卡要隘檢查所。迨至 1942 年 3 月 2 日，行政院地方會議決定將各地方辦理物資管理之機構，在省由建設廳管理，在市由社會局管理。故南京市所有物資統制事項，改由社會局承辦。主要辦理物資管理事項有：1、辦理物資搬出入事項。按物資統制之各種章則，凡物資搬出入必須呈請主管機關核准。自開辦以來至 6 月底，需核實發證明書 149 件，搬出許可證 141件；城郊商店貨物運送，核發小地區範圍內搬運證，已發 862 件。2、辦理物資配給事項。物資統制委員會成立之初，即造具南京小地區物資月額基準數量表冊，送由南京地方物資統制委員會審核。經委員會召集會議決定：以煙草、石城、洋燭、石油、火柴、砂糖、棉布、棉紗、汽油、重油、機械油等11 種為限，並按照人口數比例配給中國商人、日本商人、中國軍民、中國合作社四部分，其餘各項物資，除別有限制外，悉聽商人請求採運。關於中國商人方面，計先後呈准日本各關係機關，通知配給洋油 206 聽，蠟燭 464 箱，肥皂 885 箱，火柴 756 箱，並分別轉知本市捲煙五洋業公會，向日商洋行繳款領貨，分配各同業商店，遵照市府規定限價發售。1942 年下半年，市府相繼接日本特務機關首席聯絡官通知，配給一般市民 7 月份砂糖 12 萬 5192 斤，8 月份蠟燭 80 箱，10 月份蠟燭 60 箱，12 月肥皂 180 箱。3、設置物資檢查所。本市舉辦物資統制後，即著手組設各域關卡及重要地點之檢查所，於 1941 年11 月，會同首都警察總監署及日本憲兵隊，決定在水西門、中華門、京蕪車站、中山門、太平門、挹江門、京滬車站、下關船碼頭及三叉河等處地方各設檢查所一處，由日本憲兵、偽軍憲兵及警察會同擔任檢查工作，自稱成效頗著。〔註43〕

　　對於食米的運銷統制可從《蘇浙皖食米運銷管理暫行條例》得到充分體現。條例規定蘇、浙、皖三省及京滬兩市境內所有食米運銷事宜，均依照該條例辦理，條例中所指米商為凡以經營食米之販運、零售、躉批、居間買賣及設機精碾等為業者。主要內容有：1、凡米商搬運米，應經由各該地米業同

〔註43〕偽「南京特別市秘書處」：南京特別市政府組織規則及市政概況（二），南京市檔案館藏，1002－1－15－2。

業公會代向糧食管理委員會所設各該地主管機關，申請頒給食米採辦證及米搬運護照，經審核許可頒發後，方可經營食米運銷業務。2、糧食管理委員會得將蘇、浙、皖三省及京、滬兩市劃分為若干食米運銷管理區公佈週知，前項食米運銷管理區分區界限，遇有變更時，由糧食管理會隨時公佈之。3、持有食米證之米商，得在指定食米運銷管理區自由搬運食米，持有食米搬運護照之米商，得依照護照上指定之購運經由及運往地點，暨許可運輸數量搬運食米。4、凡食米數量不超過 10 石者，得在各該食米運銷管理區內自由搬運，毋須領食米採辦證。5、凡米商持有食米採辦證或食米搬運護照搬運食米時，不得夾帶違禁物品或漏稅貨物及其它類似情事，一經發覺，除依法嚴懲外，並將其所持食米採辦證或食米搬運護照註銷，以後不再頒發。6、凡米商持有食米採辦證或食米搬運護照搬運食米時，其沿途遇有軍警及行政稅卡各機關查驗，應隨時呈驗，不得違抗，各地軍警及行政機關對於持有食米採辦證或食米搬運護照之米商，應加以保護，不得無故留難。7、糧食管理委員會為調節米價起見，得隨時規定公佈米商收買及出售最高及最低價格，必要時，並規定適當價格。8、凡未經請領食米採購證或食米搬運護照，私自搬運食米者，除由糧食管理委員會將其私運悉數沒收外，並得課以私運食米價格 2 倍以下之罰金。9、凡米商囤積居奇，操縱米價及售米時，摻水或雜入沙泥、石子等，妄為不正當之行為者，糧食管理委員會得將該米商所有之半數沒收，前項米商持有之採辦證或搬運護照，准用本條例第七條之規定。10、管理委員會對於前條之舉發人，得配給沒收米價 10% 以內之獎勵金。〔註44〕

　　日偽實施糧食配給政策，是限於糧食經日軍及日商搶掠後嚴重缺乏，故在有限的米糧供給範圍內對於各機關、團體及市民按人口平價配給，既是輔助物資統制政策的實施，也是在物資統制之下不得已應對糧食危機的一種方法。南京市糧食配給主要有三部分：其一是民食配給。公糶委員會成立後，撥發大量食米辦理公糶。但以各行號所存米量尚不在少數，且囤積居奇，致市面米糧短缺之故，公糶委員會藉此下令將京市所有米商存米剋日掃數查封，作價收買，以後民食米糧概由該會統籌配給。其二是各機關團體食米配給。各機關合作社社員食米、各機關團體學校伙食米及小學教員平價米原由糧食管理局主辦，1942 年 4 月糧食管理局裁撤，歸併至社會局辦理，每月按各單位申請配給量，彙造需米數量總表，呈請糧食管理委員會審核。至於小

〔註44〕重慶市檔案館：《敵偽之糧食管制》，《檔案史料與研究》，2001 年第 2 期。

學教員平價米，每月係由教育局造具數量清冊，送社會局審核。其三是臨時
性食米配給。主要是臨時工程和婚喪需米。如配發工務局路工隊工人工價米，
因工人工資微薄，爲暫時救濟起見，經糧食管理委員會批准，在南京各倉庫
結存掃倉米項下，一次配給 180 石，每石依新法幣 100 元計價，撥交工務局
轉發工人食用。〔註45〕

　　然而，糧食統制政策於市民和商民而言都是極大的轄制和禁錮，配給制
使日僞互相勾結共同得利，民眾遭受極大的困苦，因此遭致了各種形式的抵
制。以商民而言，採取諸如走私、囤積、抵制限價等方式以示抗議。〔註 46〕
就是汪僞政府內部也出現了不同的聲音。立法院委員陶錫三是南京地方公會
會長，南京淪陷初期曾任南京市自治委員會會長。1942 年 11 月，陶錫三以地
方公會名義，具詞上告，反對糧食管理委員會的糧食管理政策，遭到訓誡。
國民政府因此諭令文官處稱：

　　　　比年以來，因匪共滋擾，和平未致，生產減退，交通困難，以
　　　致糧食來源匱乏，價格飛騰，政府憂心民食，不得不採統制政策，
　　　以期平均分配。迭經瀝告諭，俾民咸知此中艱苦情形，共期克免，
　　　乃有立法院委員陶錫三等勾結奸商壟斷民食，以糧食統制政策不便
　　　私圖，前月假借地方公會名義，切詞上告，表面反對糧食管理委員
　　　會，而其呈文所云始而管理，繼而統制，不啻明目張膽反對糧食統
　　　制政策，政府當此艱難時會，不欲加罪言者仍申浩誡，冀其悔悟。

　　　　〔註47〕

　　不料又有監察院委員馬孟莊等呈案彈劾糧食管理委員會，內容與陶錫三
所呈如出一轍。文官處以其眾人勾結串聯，於 11 月 16 日提出彈劾案。依據彈
劾法第 10 條之規定：「監察院人員對於任何彈劾案在未經移付懲戒機關前不
得對外宣泄。」依照中央政治委員會第 416 次會議決議之關於監察院彈劾案
三項辦法第一項之規定，「監察院彈劾案原文與被彈劾人申辯書及一切有關該
案之內容消息，非經受理本案之機關決定公佈以前，概不得披露」。但是馬孟

〔註45〕僞「南京特別市秘書處」：南京特別市政府組織規則及市政概況（二），南京
　　　　市檔案館藏，1002－1－15－2。
〔註46〕張福運、谷德潤：《商人、商團與商業投機──日僞統治時期的南京爲個案》，
　　　　《中國礦業大學學報（社會科學版）》，2005 年第 3 期。
〔註47〕僞「南京特別市秘書處」：行政院關於各省市軍政機關任職日期、姓名之訓令，
　　　　南京市檔案館藏，1002－1－79。

莊等人根本不予理會，將彈劾案油印四處公佈，續又印刷小冊子益廣傳播，其冊末附有「南京市民增印閱後，請勿拋棄，如能翻印、轉送，勝如杭州燒香多子多孫多福，功德無量」等語。因陶錫三、馬孟莊等人身居高位，無論其出於何種目的散播反對統制言論，都在社會上造成了極大的影響。國民政府對此十分惱怒，令稱：

> 兩旬以來，市面騷然，人心浮動，關於糧食採辦分配莫不受此影響，稽其散佈文字之用心，無非煽動市民反對政府。當此糧食艱難之際，非統制無以調劑，非從刻苦自勵無以渡過難關，而彼輩則以爲正宜利用，此時機人民易爲搖動，政府易受挾制，可以肆無忌憚，遂其奸謀。此等惡劣行爲在法律上爲違法，在政治上則爲煽亂政府，紀綱尚在，豈能姑容陶錫三、馬孟莊及其連署之呂一峰、趙世鈺，均著即褫職，聽候查辦。〔註48〕

事實上，物資統制與糧食危機存在必然的因果關係。重慶國民政府中央調查統計局羅澐在 1941 年 2 月全國糧食會議上所做的報告中對此做出了解釋：

> 京滬線民食恐慌極爲嚴重，偽組織惡意宣傳，否認爲敵方統制結果，反謂受抗戰影響，偽組織初成立時，南京米價每石僅 30 元上下，目前幾至與上海相等。無錫、常熟、蘇州、崑山，雖爲產米區域，莫不一致上漲，半月前，南京饑荒大起，偽組織極感不安，目前南京人口約達 70 萬，存底不充，來源不暢，恐慌自屬難免，新偽市長蔡逆培接任後，首謀調整京市民食，疏通米糧來源，現聞偽組織特發款 200 萬元，由偽工商部在滬購辦大批洋米，已運京者，計 4 萬餘石，上海洋米存底充實，計 70 萬包，一時不虞匱乏，但各地紛紛採辦，米價更形高漲。上述京滬線各地糧食，在偽方統制之下，一概不許搬運出口，如無錫糧食雖有餘穀，但不許運往鄰縣，因敵方爲解救本國米荒及採辦軍火，須大批購運也。現無錫米芝業領袖李逆仲臣，對駐蘇州敵某師團之軍火採辦證，及敵方運回本國××領事館或特務機關之採辦證，無不奉承備至，於產量不足之鄰縣，反顆粒不與云。〔註49〕

〔註48〕偽「南京特別市秘書處」：行政院關於各省市軍政機關任職日期、姓名之訓令，南京市檔案館藏，1002－1－79。

〔註49〕重慶市檔案館：《敵偽之糧食管制》，《檔案史料與研究》，2001 年第 2 期。

雖然上述言論中一些數字有失準確，但所述事實基本不差，糧食統制政策已經嚴重危及一般市民之生活。

三、限價

在糧食統制政策的背景下，南京市政府為緩解糧食危機，認定商戶投機取巧、囤積居奇是物價上漲的重要原因之一，因此要求加強對於米糧業商戶的管理和對於物價的控制。

首先，市政府聯合商會整理委員會控制了糧食的採辦權。先是成立了南京市地方民食平價委員會，由市府招商、集資向產地採辦食米調劑民食，以平抑市價為宗旨。1941 年 1 月 15 日，南京市政府社會局、商會整理委員會為採運食糧、調劑民食及徵集公米事，召集各機關暨米業代表舉行聯席會議，決議由南京市商會整理委員會推派代表 3 人，南京市糧食評議委員會推派代表 2 人，米業代表 12 人，組織南京市糧食採辦委員會，負責集資並集團採辦，即於同月 17 日成立並召開第一次全體委員會議，擬定《南京市糧食採辦委員會組織規則草案》，推定常委及下轄各組正副主任負責進行。常務委員有盛開偉、葛亮疇、蕭一城、陳鑫智、陳家禮、賈聘三、申長霖等人。委員會下設七組，分別為總務組、財務組、採辦組、運輸組、配給組、聯絡組、稽核組。〔註50〕

其次，組織南京特別市物價評議委員會，評定日常必需食用物品限價。市府以物價日益暴漲，影響民生甚巨，一面爰經召集有關機關及各同業公會會議，訂定《抑平物價暫行辦法》及《違反抑平物價暫行辦法罰則》公布施行；一面組織南京特別市物價評議委員會，以市長、首都警察總監、市黨部執行委員 1 人、市社會局長、財政局長、衛生局長、市社會運動指導委員會主任委員、首都警察總監署第二科科長、第三科科長、社會局第三科科長、市商會會長等 11 人為委員。市長為主任委員，警察廳長為副主任委員，社會局長兼書記長。日常必需品售價由市政府責成衛生局菜場管理所，並由市社會運動指導委員會、市商會整理委員會督飭各業同業公會於每月 25 日以前調查造冊送呈社會局，經社會局派員覆查後製表送候該會核議。該會每月在市府開會一次，商討評定各種日常必需食用物品價格，然後送由市府公布施行。

〔註50〕偽「南京特別市社會局」：南京市糧食採辦委員會組織規則會議記錄，南京市檔案館藏，1002－2－1358。

該會僅就市民日常必需食用物品，擇要評定，其餘各業經售之物品，名目繁多，難以彙列。故所有未經評定限價者，均飭令各業同業公會就各業範圍內，自行公議定價，列成詳細價目表，呈由市府核定後，印送各同業商店分別張貼，以昭劃一，便於稽查；商販如有超過評定限價者，一經查出或被告發證據確鑿者即予懲罰。

《南京特別市政府抑平物價暫行辦法》聲稱以「維護市民生計暨兼顧商人利益爲原則」，涉及物品暫以市民日食日用必需者爲範圍。規定舶來品以進貨原價連同運輸稅率等費作標準，酌加售價，但不得超過百分之五至百分之二十；非本市生產品以來源地之原價連同運輸稅率等費作標準，酌加售價，但不得超過百分之五至百分之二十；本市生產品以物資成本暨供求情形爲標準酌定售價。各項物價由市府逐月召集有關機關暨有關同業公會參照市價商討規定後予以公告。〔註51〕

其三，組織南京特別市取締私抬物價裁定委員會，對於私抬物價之商號攤販進行裁定處理。取締私抬物價裁定委員會於 1941 年 9 月成立，由市長兼任主任委員，聘請首都警察總監、首都地方法院院長、市政府秘書長、社會局局長、財政局局長、市社會運動指導委員會主任委員、首都警察總監署第三科科長、社會局第三科科長等充任委員，每月舉行常會一次。〔註52〕南京特別市政府與首都警察廳會同制訂《違反抑平物價暫行辦法罰則》，以後又陸續出臺了《南京特別市抑平物價辦法》和《南京特別市取締私抬物價市民檢舉辦法》。

市府會同首都警察總監署等機關，派員組織物價調查隊，對於高抬物價之各商店分別予以處罰。自汪僞中央儲備銀行成立後即發行中儲券，市政府規定自 1942 年 5 月 1 日起，一律以新法幣計算，而新舊法幣兌換過程中常有抬高物價事情發生。市府查報尙有少數商人未能遵照規定，又有以舊法幣暴跌而乘機高抬物價者，於是會同首都警察總監署等機關派員組織調查隊進行調查。調查發現升州路漢立興帽廠等商店 17 家，確有高抬物價情事，分別予以停業或傳案處罰等處分。具體處罰爲：升卅路 152 號漢立興帽廠，停業三天；建康路 216 號彩霞室紙廠，停業三天；中央商場大眾商店，停業三天；貢院街 134 號光華商店；停業一天；中央商城百貨大王，停業一天；中央商

〔註51〕僞「南京特別市秘書處」：市政公報（78 期），南京市檔案館藏，1002－1－1168。
〔註52〕僞「南京特別市秘書處」：市政公報（79 期），南京市檔案館藏，1002－1－1168。

城宏業帽店，停業一天；建康路 118 號周益興火腿莊，由警察總監署傳票處罰；中央商場土產野味，由警察總監署傳案處罰；貢院街 78 號五芳齋，由警察總監署傳案處罰；貢院街 37 號好好樓，由警察總監署傳案處罰；貢院街 43 號美麗百貨商店，由警察總監署傳案處罰；中華路三山街口協大祥綢布莊，由警察總監署傳案處罰；漢中路 9 號新昌五洋號，停業三天；漢中路棚戶 447 號永昌祥五洋號，停業三天；復興路 56 號同昌煤球號，停業一天；建康路 131 號大明商店；停業一天；升卅路 242 號裕大百貨商店，停業一天。〔註53〕

然而受處罰商戶多暗中抵制，對於處罰置之不理，市府不得不重令施爲。1942 年 11 月，市府訓令城鄉各區公所，稱：

> 查各該區附單等商店（攤販）前因違反取締私抬物價暫行條例，經本市取締私抬物價裁定委員會裁定，該商等應處罰金，業已送達裁定書並限文到 10 日內呈繳罰金，否則即行弔銷營業許可證。茲已逾限多日，尚未據繳送來，殊屬習頑已極。一面由本府追繳罰金，一面應由該區按各店地址限於文到 3 日派員會同該管警局前往弔繳原領營業許可證，並將附發佈告實貼該號門首，禁其營業，函請首都警察總監署飭屬協助。〔註54〕

時未繳罰金商號計有第一區 3 家、第二區 5 家、第三區 2 家、城區實驗區 1 家及安德門區 4 家。上文所提的處罰並沒有收到實際的果效。1943 年 1 月，未繳罰金商號攤販計有第二區 3 家、第三區 2 家、第四區 8 家、城區實驗區 1 家、第五區 2 家，涉及肉鋪、皮製品、煤炭、水果等行業，進而被裁定弔銷營業執照，予以停業處理。〔註55〕

鑒於各地物價繼續漲高，逾越常軌過甚，行政院擬定《安定物價臨時辦法》一份，要求加強物價的評定和查核力度。市政府奉行政院所頒《縣市物價評議委員會組織規程》，將評議會本身組織機構加強，由原本參加各機關派員駐會辦公，並將每月開會一次改爲每旬一次，評定各種主要日常需用物品，限價公佈。同時由市府會同首都警察總監署及其它有關機構繼續組織物價調查隊，嚴屬查察。1942 年 8 月，共檢舉私抬物價商號 494 家，其中勸告 401

〔註53〕僞「南京特別市秘書處」：市政公報（97 期），南京市檔案館藏，1002－1－1169。
〔註54〕僞「南京特別市秘書處」：市政公報（107 期），南京市檔案館藏，1002－1－1169。
〔註55〕僞「南京特別市秘書處」：市政公報（112 期），南京市檔案館藏，1002－1－1169。

家，警告 49 家，送警罰辦 44 家。總體來看，私抬物價是普遍的現象，檢查的力度雖然有所加強，但主要以勸告爲主。

表4－12：檢舉私□物價商號統計表（1940 年 8 月份）

8月份	勸告	警告	送警罰辦	總　計
第一旬	136家	14家	24家	174家
第二旬	181家	24家	2家	207家
第三旬	84家	11家	18家	113家
合　計	401家	49家	44家	494家

資料來源：僞「南京特別市秘書處」：市政公報（101 期），南京市檔案館藏，1002－1－1169。

物價評議委員會對於日常主要食用物品價格以旬爲限做出評定，所涉及物品種類保持基本穩定。以 1942 年 8 月下旬爲例，主要涉及食糧類 17 種，染料類 2 種，紙類 4 種，調味類 6 種，葷菜類 17 種，服用類 7 種，茶類 2 種，蔬菜類 18 種，共計 79 種。〔註56〕

雖經市府努力督查限價，米糧價格還是飛快上漲。1942 年 3 月，南京市米價日見高漲，社會局與糧食管理局爲抑平米價、安定民食，會派石宗直、孫震二員切實調查米市狀況，並覆查存米數量。據其報稱：

　　奉諭飭查現在米市價格及各行棧所存米穀是否登記、有無私囤情事具報候核等因，奉此遵查三月四日城中各米店黃熟米售價自 145 至 160 元，當經一一加以勸導，均立時自動減低至 140 元以下價格出售。復至中華門各行棧調查，黃熟米售價已在 150 元左右，經勸告後亦均自動減低價格出售。至各行棧所存米糧尚能照章報請登記及移動，僅有一二米店未經申請移動即將已登記之米在本店門市零售，當責令趕速補正手續，並警告嗣後應遵章辦理，毋得疏忽致干處罰。〔註57〕

爲此，3 月 5 日下午 3 時，社會局與糧食管理局會同召集米糧業同業公會全體理監事及各辦事處主任，在市府大禮堂開會討論規定米價等事項，會議

〔註56〕僞「南京特別市秘書處」：市政公報（102 期），南京市檔案館藏，1002－1－1169。
〔註57〕僞「南京特別市秘書處」：市政公報（97 期），南京市檔案館藏，1002－1－1169。

決定：特等洋黑熟米每石行盤 170 元，上等黑熟米每石行盤 160 元，中等黃熟米每石行盤 150 元，普通黃熟米每石行盤 136 元。上項規定於 3 月 6 日起切實施行，嚴令不得抬價；每石食米得加生活費 5 元出售，如需加價必須呈明核定，違者重處。

　　另外，爲控制市場秩序，市府著手取締無法轄管及非法之市場交易。捲煙五洋商人聯合同業，在新街口漢中路附近茶社，設有議價批發場所，相沿已久。市府不能進行有效管理，遂於取締，稱其「近來變本加厲，業外之人亦多聚集於此，五洋各貨競相買賣，任意抬價，無異於變相之賭博式交易場所。若不嚴加查辦，殊難平抑物價而安民生。弔銷該處茶社營業執照，予以封閉，拘負責人到案法辦，不法買賣之物充公」〔註58〕。1945 年 2 月，裁定委員會裁定違法商品交易多項，其重要者有三項：1、杭州新記公司職員楊家仁等假借職務之便利，結識協康字號希圖囤積，當經派員查獲屬實，決議查封協康字號，沒收存貨，並開除楊家仁等職務。2、來敬記行拒絕官署查驗，決議予以罰款。3、水爐業張義財等 40 家未使用核定新容器意圖抬價及無照營業，決議無照營業者查封，勒令停業，其意圖抬價者罰鍰交分。

　　對於各商家公開或私下的違規操作，市府不勝其煩，希圖通過掌控各業同業公會來有效管理各商家，同時督促各同業公會加強對於商戶的控制與影響。1942 年 10 月，綠牡丹廠經南京市商會呈請加價。該廠自本月 1 日起由 87 元漲爲 91 元，尚未多日又於 6 日漲爲 93 元，擬請變更限價，經提交物價評議委員會 19 次常會決定暫照 91 元評定限價，並由市政府向有恒麵粉交涉減低廠盤，要求其儘量供給。〔註59〕市府認爲，實施統制配給須有組織健全之同業公會，始能推行盡利，並限定商人營業種類不得兼跨兩同業公會，以免妨礙物資管理。爲使各業同業公會對於所屬各會員可以督導，遵行政令起見，市府督飭各業同業公會組織健全以期強化，並規定整頓各商品辦法四項：辦理各商號現有商品登記；劃一各商品售價；依法評價之主要商品需確遵售價出售；各商號如售品存量過多，一時難以脫售，應即呈報侯核。〔註60〕

〔註58〕僞「南京特別市秘書處」：南京特別市政府組織規則及市政概況（二），南京市檔案館藏，1002－1－15－2。

〔註59〕僞「南京特別市秘書處」：市政公報（106 期），南京市檔案館藏，1002－1－1169。

〔註60〕僞「南京特別市秘書處」：南京市政府工作報告，南京市檔案館藏，1002－1－425。

四、打擊囤積與賑濟墾荒

在物價難以抑制居高不下的情況下，市政府開始以打擊囤積居奇爲平抑物價的重點，這也是實施物資統制的需要。1942 年 7 月，爲制止囤積並調查京市存糧，制定了《南京特別市私囤米穀告密及提獎辦法》。爲防止競買囤藏及物資外流，又制定《南京特別市政府限制商號門售貨物數量暫行辦法》，規定每次限購火柴 2 小盒、肥皀一塊、蠟燭一枝。〔註61〕1943 年 5 月 3 日，汪僞國民政府公佈《囤積主要商品治罪暫行條例》，凡有囤積主要商品者均處以嚴屬處罰。主要涉及非主要商品同業公會會員不能以盈利爲目的囤積主要商品，也不能進行主要商品之買賣，與主要商品同業公會會員進行主要商品的交易也被禁止（小販和農產品生產者不在此列）；主要商品同業公會會員要按照規定如實呈報所存商品，嚴禁匿而不報；公務員如有違反前項規定者更要嚴懲不貸。

關於主要商品，實業部長梅思平呈請行政院增列商品目錄，稱：

> 竊查國民政府公佈平定物價暫行條例案內，關於主要商品類別品目經規定爲六類 21 種，茲自工商同業公會暫行條例公佈以來，依照上項條例自應由主管官署分別督促，迅即組織主要商品同業公會，俾資實施管制，惟是根據中央及地方各主管部局所訂職掌對於各項物資之主管權限，業經加以劃分，且自參戰以來物資統制政策較前日臻嚴密，原定主要商品品目自有增列必要，除糧食、調味、水產、畜產各項因隸屬糧食部主管，已由糧食部擬呈核定外，所有本部主管部分之主要商品品目擬定 18 項。〔註62〕

1943 年 4 月 19 日，行政院第 158 次會議通過「實業部主管主要商品品目表」，計有棉花、棉紗、棉製品（包括布皮及針織品）、化學工業品（包括原料西藥、顏料、染料及酒精）、毛纖維及毛製品、繭、絲及絲製品、工業油脂、蠟燭、肥皀、火柴、塊煤及煤球、捲煙及煙葉、橡膠（包括原料及製品）、五金（包括鐵銅白鐵及非鐵金屬之原料及製品）、玻璃（包括原料及製品）、電氣器具（包括原料及製品）、皮革（包括原料及製品）等 18 項。〔註63〕爲實

〔註61〕僞「南京特別市秘書處」：市政公報（109 期），南京市檔案館藏，1002－1－1169。

〔註62〕僞「南京特別市秘書處」：市政公報（120 期），南京市檔案館藏，1002－1－1170。

〔註63〕僞「南京特別市秘書處」：市政公報（120 期），南京市檔案館藏，1002－1－1170。

行嚴密檢查，市府訓練了一批經濟警察，6 月 1 日起即開始服務。經濟警察執行職務時身著制服，攜帶身份證，專職辦理所有調查本市商店存貨，商人與非商人之囤積物品，商店私抬物價及查閱商店賬冊，檢查商品等相關事宜。

此外，行政院還嚴令禁止公務人員兼營商業，以防投機囤積。據糧食管理委員會呈稱：

> 查公務人員兼營商業，足以利用地位投機，泄漏行政秘密，再蹈與民爭利之嫌，起彙緣請託之流弊，故本府早有公務員不得營商之禁令。本會管理糧食一年以來，每見青黃不接時期，糧價高漲，暗盤橫生。其所以致此之由，雖非一端，而其中公務人員憑藉勢力或假借團體名義投機囤積者，實大有人在。現時新穀已經登場，本會採辦業務刻正籌劃。……一面並准京市米商及公私團體各就實際需要數量聲請核准，分別購儲以維民食。誠恐公務人員乘機假借名義投機營利，妨害管理，為此具文呈請鈞院重申禁令。禁止公務人員兼營米業，囤積米穀。〔註64〕

據此行政院再次重申禁令，並明確禁止公務人員兼營米業。明令禁止與暗箱操作並存，事實上禁令能起到多大作用就不得而知了。

除打擊囤積之外，市府還籌辦了一系列賑濟事項，以緩解物資短缺形成的供需矛盾和物價高漲帶來的社會問題，並藉此樹立政府親善愛民的形象。

冬賑是南京市政府持續所辦的賑濟項目。汪偽政府成立後不久就經歷了第一次糧食危機，食米價格高昂數倍，於是在 1940 年底籌組首都冬賑委員會，由中央賑務委員會 3 人、內政部 1 人、行政院糧管委 1 人、財政部 1 人、南京市政府 3 人、社會部 1 人、首都警察廳 1 人、社運會南京市公會 1 人、南京市黨部 2 人、南京市商會整理委員會 2 人及南京紅萬字會 1 人等組成，由中央賑務委員會委員長岑德廣擔任委員長，南京市市長蔡培任副委員長。此次冬賑在南京城設立庇寒所 10 處，城鄉各區賑濟貧民 35369 戶，計 136937 口，發放賑米 6846.85 石。因災賑濟 413 戶，1733 口，發放賑米 74.93 石。〔註65〕此後每年均舉辦冬賑。1941 年底至 1942 年初，由中央賑務委員會指撥 35

〔註64〕偽「南京特別市社會局」：市府奉行政院公務人員不得兼營商業訓令，南京市檔案館藏，1002－2－1265。

〔註65〕偽「南京特別市秘書處」：南京特別市政府組織規則及市政概況（二），南京市檔案館藏，1002－1－15－2。

萬元，直接辦理普賑。共計賑濟貧民 31094 戶，126875 人。市府所辦主要事項簡列如下：其一，籌國幣十萬元，辦理庇寒所一處。覓定瞻園路義興巷內首都地方法院看守分所爲所址，於元月 7 日開始收容，以辦理三個月爲限，計收容貧民 443 人，一律給以草墊草蓋，並每日供給粥飯各一次，以免凍餒。除第二區區長仇良弼上報貧民 52 戶外，其它各區所送人數寥寥無幾，也有送請收容所者既非殘廢老弱，又非赤貧無依，但街頭乞丐流浪者尚多，殘廢老弱者亦不少；後經市府諭令指責，各區公所方才推薦更多的貧民入住。其二，發放棉衣褲。由市估衣業同業公會承辦男女舊棉衣褲二千套，除酌留 500 套作庇寒所需用，又撥交首都義賑會查放 200 套，其餘 1300 套交由城鄉區公所，負責督同坊保甲長查明核發，並造冊報府備查。其三，舉行隱貧考試。於 1942 年 2 月 1 日在夫子廟小學、白下路第一中學、珠江路小學等三處同時舉行，共計錄取 700 名，每名賑金 12 元，均酌給膏火，藉資卒歲。其四，遣送難民回籍。4 月 1 日，有山東難民男女老少 71 人，後又續到 5 人，由蕪湖過京擬返原籍，來府請求救濟遣送，每名酌給救濟費國幣 5 元，並送交首都救濟院暫爲收養，又商請聯絡官轉向華中鐵道公司接洽乘車辦法，但費用過巨，而難民又稱自願沿鐵道北返，即於 4 月 4 日派警護送渡江，點交江浦縣政府，逐站轉送前進。〔註66〕

為收容遊民，市府續辦地方救濟事項。前辦地方救濟事項有救濟院、殘老收容所、平民工廠等，均於 1940 年 9 月間奉令移入賑務委員會，由其接收繼續辦理。至於收容遊民一項，事變前係由警察廳在笆斗山設有乞丐收容所，現已停頓。嗣於 1940 年 9 月，首都救濟院在臥佛寺辦理遊民收容所一處，收容約一百二、三十人，內中煙毒癮民占大多數。該所於 1942 年春亦解散，所有收容所之遊民數十人，均被遣往龍潭鎮一帶墾荒。因市內遊民、乞丐又日漸增多，與市容及治安者有礙，經首都警察總監署提議，南京特別市政府、首都警察總監署，賑務委員會等討論決定籌設「遊民習藝所」，預定收容 1000 人。訓令市商會迅速召集各業公會理事長會商籌集該所經費，收容遊民乞丐予以教養，使其有謀生技能，以資救濟。〔註67〕

〔註66〕偽「南京特別市秘書處」：南京特別市政府組織規則及市政概況（二），南京市檔案館藏，1002－1－15－2。

〔註67〕偽「南京特別市秘書處」：市政公報（101 期），南京市檔案館藏，1002－1－1169。

　　爲便利市民生活，市府設立公典和小額貸款。「事變以後，各地元氣大傷，加以生活程度繼續增高，一般升斗小民終日辛勞，難求一飽，設遇意外支出或疾病，平時既少積餘，勢必訴之借貸，過去各地例有官典設立，利息受限制，不得過分苛求，現因兵火之餘均告無形消滅，於是一班牟利之徒，乘時蠢動，巧立名目，高利貸予平民受其剝削，民生日以困窮」〔註68〕。鑒於此，市府設有南京市公典一處，輕利貸質，嚴禁高利貸。1943年 4 月，爲救濟失業貧民經營小本生意以維生計，市府籌設小本貸款處，由南京市銀行經理兼任該處主任。貸款數額分甲（500 元）、乙（400 元）、丙（300 元）、丁（200 元）四種，以示救濟。〔註69〕此外，爲謀減輕一般市民負擔，市府於 5 月籌辦平民食堂完畢，呈請糧食部自 6 月起依官價按月撥發食米 50 石。〔註70〕

　　爲擴大糧食的來源，並緩解被納入日本的戰爭經濟體系造成的困境，南京市政府無論從現實考慮還是長遠打算，都決定努力推進墾荒與增產事宜。從其實際操作來看，還是以緩解糧食壓力的現實性因素的考慮爲主，這也與日本對華新政策的內容與要求相符。1942 年 11 月日本決定推行對華新政策，其中包括增進必要的生產，普及戰爭目的的教育，使其不遺餘力地在戰爭方面與日本合作，並設法重點開發和取得佔領地區內的重要物資，利用中國方面官民的責任心和創造精神，實現積極的對日合作等。〔註71〕

　　據重慶國民政府中央調查統計局羅潯在 1941 年 2 月全國糧食會議上所做的報告，南京一般農事機關其時尙處於荒蕪之中。「南京原有農事機關，如中央模範農場，全國經濟委員會蠶業試驗場、中央大學畜牧場、救濟院農場、湯山中央模範林場、遺族學校農場、中央農業試驗所、中央黨部農場、中大大勝關農場、中大農學院蠶桑試驗場、中山林園、曉莊政治學校農場、中大農學院本院、中大農學院蠶桑館、中大農學院牧場、中大農學院勸業農場等

〔註68〕僞「南京特別市社會局」：行政院設立公典暨救濟院及救濟鐵路失業員工提案，南京市檔案館藏，1002－2－1031。
〔註69〕僞「南京特別市秘書處」：市政公報（117 期），南京市檔案館藏，1002－1－1170。
〔註70〕僞「南京特別市秘書處」：市政公報（120 期），南京市檔案館藏，1002－1－1170。
〔註71〕〔日〕外務省：《日本外交年表和主要文書，1840～1945》（下卷），《文書》，東京 1969 年版，第 580～581 頁。轉引自石源華：《論日本對華新政策下的日汪關係》，《歷史研究》，1996 年第 2 期。

十餘處，現除中央大學農場及城內數處由偽教育部派員保管及保管者招小農播種以圖餘利外，餘均荒蕪無人過問」〔註72〕。

1941 年 3 月，南京市政府明確提出，為解決民食問題，鼓勵墾荒，多種雜糧，如山芋、玉蜀黍、各種豆類等。〔註73〕農礦部也發佈了食糧增產計劃，包括種子徵集配給辦法和墾地及墾植辦法。估計因民食短缺，鄉民捕捉青蛙的現象比較嚴重，市府特別向上新河、孝陵衛、安德門與燕子磯區公所諭發農礦部禁捕青蛙、保護以利食糧增產的訓令。〔註74〕

市府首先派員調查荒地，舉辦臨時清荒墾殖，飭由地政局及農事專員分別負責辦理。經統計城市五區共有公私荒地 318 號，面積 2347 畝 2 分，除其中 800 畝為前中央黨部勘定部址及 300 畝富貴山麓軍政部營地因日本部隊使用未能放墾外，截至 4 月底，經核准放墾者 297 號，面積 1196 畝 3 分，其餘仍在續放中。至關於鄉區荒山礦地雖經查報完竣，然均以地方情形特殊，山地不宜墾殖，以致大都未能放墾。市府於是加緊勸導，期以完成墾政。〔註75〕兩個月後，經市府調查，清荒墾殖面積有所擴大，城區部分 451 號，面積 2539 畝 5 分，鄉區荒地 252 號，面積 1028 畝 8 分。城區已核准放領 275 號，約 970 畝 8 分。其餘皆為地質惡劣，不宜墾殖或為日本軍民使用無法放領。綜計城區可放領土地實共 278 號，約 973 畝 5 分，放領數已占 99%。鄉區部分適值農忙，每以來往不便無法趕辦承領手續，而實際上已自行墾殖者甚多。經市府放領者計 224 號，約 939 畝 2 分，占鄉區荒地總面積 91%，未辦承領手續者聽其自種。此次放墾所有種籽均已經市府農村專員予以鑒別試驗發芽率，擇優分發播種。凡關農事技術上之指導事宜，如播種、中耕、施肥等均於相當時期指派技術人員巡迴各地指導，故生長旺盛，收穫預期較豐。市府於 6 月 1 日起復派技術人員分赴各地考覈種植情形，以其生長滋殖程度暫分優上中可劣五等，應列入優等者占 13%，上等 24%，中等 41%，可等及劣等占 22%，成效還算不錯。市府總結認為因招墾期迫促，前後計三個月，又因經濟原因未盡宣傳，「更以技術人員缺乏，幸上下努力，墾務成績尚佳，估計產量每畝可有一石五斗之收，約可共收 2865 石左右。假定市價每石 50 元，約

〔註72〕 重慶市檔案館：《敵偽之糧食管制》，《檔案史料與研究》，2001 年第 2 期。
〔註73〕 偽「南京特別市秘書處」：市政公報（68 期），南京市檔案館藏，1002－1－1168。
〔註74〕 偽「南京特別市秘書處」：市政公報（70 期），南京市檔案館藏，1002－1－1168。
〔註75〕 偽「南京特別市秘書處」：市政公報（71 期），南京市檔案館藏，1002－1－1168。

值國幣 14 萬元，以後因地質之成熟，技術之嫻習，其生產率可漸增。本市四郊之荒山不宜施種農墾，故大部保留，另備造林之用」〔註76〕。

在各地墾荒增產的推動下，1942 年 2 月，汪僞國民政府頒佈《督勵墾荒暫行條例》，鼓勵墾荒以增產糧食。至 1942 年 10 月，經市府調查統計城鄉各區荒山荒地面積合計 6231.895 畝，城區部分爲 1836.495 畝，鄉區部分 4395.4畝。與以往調查不同，此次調查將荒山也計算在內。且周圍基本都有農民居住，便於墾荒或造林。

表 4－13：南京特別市城鄉各區荒山荒地面積總表（1942 年 10 月）

區別	第一區	第二區	第三區	城區實驗自治區	第五區	鄉區實驗自治區	上新河區	安德門區	孝陵衛區	合計
荒山荒地面積	205.660 畝	54.045 畝	852.800 畝	461.190 畝	262.800 畝	3743.00 畝	343.000 畝	137.200 畝	172.200 畝	6231.895 畝
附近居民情形	不詳	貧民	政商農民	人稀務農	農、商	務農	農圃	小販務農	務農販柴	──

資料來源：僞「南京特別市秘書處」：市政公報（106 期），南京市檔案館藏，1002－1－1169。

爲配合墾荒的深入開展，並依照農礦部定章，市府決定籌備稻作講習會。講習會於 1941 年 6 月 2 日起成立，即日開始授課；所有聽訓人員由各區保送，城區五區分別選送初中程度職員 1 人或 2 人，農業忠實青年 1 人或 2 人，鄉區四區分別選送初中程度資源 3 人，農業忠實青年 3 人。社會局另飭令頭關、孝陵衛、滄波門、邁皋橋、七里洲、寶塔橋、笆斗山、姬家莊、仙鶴門、雙閘等初級小學，由該校校長本人或常識教員前往報到。按照農礦部食糧增產計劃，預備設立中央稻作示範區 30 區，在南京市爲上新河區、孝陵衛區與燕子磯區，故特別設立南京特別市稻作講習會傳播稻作知識。由社會局長兼講習會主任，定學員爲 30 名，包括各區公所之成員、鄉區各小學校長或教員、鄉區農會職員及農業忠實青年。每期學習 9 日，主要講授稻作概論、育種、

〔註76〕僞「南京特別市秘書處」：市政公報（76 期），南京市檔案館藏，1002－1－1168。

栽培、病害、蟲害、土壤及肥料、推廣米穀調製及儲藏、討論問題、精神講話等課程。〔註77〕

鑒於糧食供給形勢之嚴峻，南京市政府非常重視宣傳厲行墾荒與糧食增產。市長周學昌在《厲行新國民運動——推行新國民運動》的廣播演講中提到，要把南京市做成新國民運動的策源地和模範區，共同努力的具體目標之一即是「加強生產，多墾荒地，多種雜糧，多養六畜，多設工廠等」〔註78〕。在1942年上半年的廣播演講中就有兩次直接談及民食問題，一次是糧食管理局局長梅少樵演講的《新國民運動與民食》，一次是地政局長胡政演講的《新國民與墾荒》。

1943年6月，市府要求糧食局與教育局會辦《南京特別市糧食增產推進工作計劃草案》，響應行政院在《改進地方行政綱要》中特別提到的積穀備荒和厲行墾荒。9月，市府召開南京特別市食糧增產策進會議，市長周學昌、秘書長陸善熾、糧食局長劉渤等7人、行政院代表、糧食部代表、宣傳處、外事室、中央社、保甲委員會、農林室、地政局、市府經濟顧問、教育局及各區區長等參加會議，制訂京市食糧增產策進之步驟為：1、推動稻作採種及小麥增產。2、開發本京農村休閒荒廢土地。3、提倡人民勞動服務以利糧食增產。4、推廣農民教育讓利生產。5、提倡生產用具與勞力合作，以求提高工作效能而利增產。6、補充各鄉區耕牛以利耕種。7、督導農民切實防治蟲害以利增產。8、請糧食部撥給優良麥種換給京市農民以利增產（糧食部小麥增產計劃，農民得以土種二升調換優良種子三升）。9、獎勵市民畜牧，增加糧食副產品。〔註79〕在此之後，根據行政院的要求，南京市成立農業增產策進委員會，負責關於農業增產的相關方案、提議及審查、策進、聯絡以及調查統計事項。為此，市府連日派遣宣傳隊分赴各鄉區，印發勸墾歌及雜糧栽培法小叢書等。

在城鄉推廣墾荒的同時，市府在普通市民中大力推廣節約與勤儉的精神。市長周學昌在《參戰體制下都市人民之生活》的廣播演講中提出參戰體制下對於都市人民的生活有四個要求：

〔註77〕偽「南京特別市秘書處」：市政公報（72期），南京市檔案館藏，1002－1－1168。

〔註78〕偽「南京特別市秘書處」：南京特別市政府組織規則及市政概況（二），南京市檔案館藏，1002－1－15－2。

〔註79〕偽「南京特別市秘書處」：市政公報（128期），南京市檔案館藏，1002－1－1170。

　　第一個要求是能確立中心，就是復興中華、保衛東亞，大東亞
戰爭就是為了這一目的；第二個要求是勵行勤儉化、勞動化的生活
（支持戰爭）；第三個要求是品德的提高和精神的振作。發生忠恕、
仁愛、同舟共濟的精神。第四個要求有忍耐的態度和知足的精神。
〔註80〕

　　市府特別就飯菜館及營飯之旅館做出限定，認為二者「對於米飯數量消
耗至鉅，不但就食者多數已有公米配給，為雙重消耗，且當茲參戰之際，於
節約原旨尤相背悖，現本會特規定辦法六項如下：1、凡飯菜業規定每旬以中
國參戰大東亞戰爭之九日（即每日之九日，十九日及二十九日）為節約日期，
全日一律禁止供售米飯及酒類。2、各飯菜業在平日售賣米飯時間規定午膳自
上午 11 時至下午 2 時止，晚膳自下午 6 時至 8 時止，凡逾上項時間，應一律
禁止供售。3、在禁止供售米飯時日只准以雜糧及麵粉等類代替。4、各飯菜
業於規定節約日期內之米量應於配給公米數量內予以扣除。5、酒為米類釀
製，原係消耗品，應予限制。凡飯菜業在中午一律不得賣酒，晚膳時間飲酒
者每人至多以一斤為限。6、違反上項規定，私自供售者，初犯罰以停止營業
一日，再犯停止營業三日，犯三次以上者停業一星期，由糧食局暨有關機構
切實執行，上項辦法應就京市範圍先行實施」〔註81〕。這種限定充分體現了
糧食統制的本質：「節約」於民，供應戰爭所需。

〔註80〕偽「南京特別市秘書處」：市政公報（121 期），南京市檔案館藏，1002－1－
　　　　1170。

〔註81〕偽「南京特別市秘書處」：市政公報（120 期），南京市檔案館藏，1002－1－
　　　　1170。

第五章 控制與宣傳：對民眾生存空間的考察

第一節 宣傳處對公共娛樂場所的管制

一、娛樂場所及相關規則

1943 年 5 月，南京特別市宣傳處重新修正 1938 年 7 月頒行的《南京市管理公共娛樂場所及藝員規則》，編印發佈了《南京特別市管理公共娛樂場所及藝員登記規則》。原因是「查南京市管理公共娛樂場所及藝員規則係前督辦公署所擬定，其時因事變後地方粗定，爲促進繁榮方面計，故訂定該種規則時，均以寬大之處著眼，自國府還都後，市面已入正軌，原訂規則實有更新修訂之必要」〔註1〕。規則第二條稱：所謂娛樂場所，指各種戲院、電影院、清音鼓書、武術競技、歌舞、評話、彈詞及其它含有娛樂性質之場所。

汪僞國民政府成立後，南京特別市劃分爲 9 個區，人口自 1939 年後逐漸恢復增加，1941 年年底，大約有 62.9 萬人；1942 年年底，約 63.8 萬人；1943 年年底，約 68.9 萬人；1944 年年底，69.3 萬人；1945 年 8 月，約有 70 萬，不及戰前南京人口的 70%。〔註2〕生活在淪陷區，人們的生活很苦悶，總是要

〔註 1〕僞「南京特別市社會局」：南京市政府法規編審委員會會議記錄及法規調查表，南京市檔案館藏，1002－2－1365。

〔註 2〕經盛鴻：《南京淪陷八年史》，社會科學文獻出版社，2005 年版，第 486～487 頁。

尋求一些精神上的娛樂與釋放。電影院、遊藝場、劇院就成了人們消遣流連的場所，相較於工商業的冷落，反倒有一些畸形的繁榮。

南京市各公共娛樂場所，在南京淪陷之前歸屬首都警察廳直接管理。事變以後，南京地方秩序甫經安定，市政當局爲急謀恢復地方繁榮起見，關於公共娛樂場所的開設與復業，暫歸維新政府督辦南京市政公署社會處管理。汪僞政權成立後，將南京市各公共娛樂場所轉歸南京特別市社會局第二科管理。1943 年初，社會局撤銷改爲經濟局，南京特別市宣傳處於 1943 年 2 月 11 日呈請市政府，請求將戲劇審查及藝員登記管理等事項劃歸宣傳處。函稱：

> 竊查電影戲劇對於藝術宣傳聯繫密切，劇本審查與表演改良以及從業員之聯絡指導事宜，向由宣傳部特種宣傳司掌理，至各省市之戲劇審查，因省市宣傳處有承轉與聯絡關係，管理此項事業確較適當。職處茲以本市各公共娛樂場所、戲劇、評話、彈詞等之審查及藝員登記管理，深感有直接督導責任，故今後對於該項審查管理事宜擬請准由社會局移轉，職處接管俾可適應事權。〔註3〕

就在當月的 27 日，警察總監署也函請市政府，要求接收社會局的公共娛樂場所管理權，內稱：

> 現在政治已入正軌，設官分職，權限自應分明，尤以警察員有治安重責，對於各公共娛樂場所之管理取締，實有直接嚴切實施之必要，近查貴府社會局行將改爲經濟局，若仍繼續主管，顧名思義，或有不符，擬請將公共娛樂場所管理劃歸本署主辦，以一事權，倘遇有關市政事件，仍隨時商洽辦理。〔註4〕

但在此之前兩天，即 2 月 25 日，奉南京市市長周學昌諭令，原爲社會局第二科掌管娛樂場所事項已被移交宣傳處，包括清冊「社會戲劇門」新卷 40 宗，舊卷 117 宗。宣傳處派科長黃爾定、科員郭子洪接收辦理。〔註5〕自此，宣傳處在娛樂場所的管理上雖然大權獨攬，但限於職能分工以及公共娛樂場所的複雜性，仍需要與工務局、衛生局、警察總監署通力合作。

〔註3〕 僞「南京特別市宣傳處」：市社會局移交戲劇場所移交清冊暨管理各娛樂場所情況，南京市檔案館藏，1002－14－30。

〔註4〕 僞「南京特別市宣傳處」：市社會局移交戲劇場所移交清冊暨管理各娛樂場所情況，南京市檔案館藏，1002－14－30。

〔註5〕 僞「南京特別市宣傳處」：市社會局移交戲劇場所移交清冊暨管理各娛樂場所情況，南京市檔案館藏，1002－14－30。

南京特別市宣傳處的前身爲 1939 年 10 月 16 日成立的南京特別市宣傳委員會，由南京特別市政府秘書處、社會局、南京市警察廳以及漢奸組織大民會總本部，各推代表一至二人聯合組織，設總務組、編查組、訓導組，受南京特別市市長之監督指導，以宣傳和平，安定社會秩序，改善民眾思想，促進建設新中國新東亞爲宗旨，南京市教育局局長楊九鳴擔任主席，成員 19 人。此後，在維新政府行政院宣傳局的督導下，江蘇省宣傳委員會、上海特別市政府宣傳委員會、安徽省宣傳委員會相繼成立。〔註6〕汪僞政權成立後，依照宣傳機構調整辦法中各級宣傳委員會一律撤銷等規定，南京市政府於 1941 年 5 月 1 日根據宣傳部指令停止其工作，並將文卷移交宣傳處接管。〔註7〕1941 年 4 月 7 日，南京特別市宣傳處正式成立，並於 9 日開始辦公，華允琦任宣傳處處長，簡任二級。1942 年 1 月，薛豐接任，兩年後周雨人繼任處長，直至日軍戰敗。

宣傳處隸屬於南京特別市政府，附設於市政府內實行合署辦公制度，承市長之命掌理不直屬於宣傳部的全市宣傳事宜，併兼受宣傳部的指導與監督。下設總務、指導、事業三科，實爲指導、事業兩科。據 1943 年 2 月統計，有公務人員 16 人，工役 5 人。〔註8〕

宣傳處接手管理公共娛樂場所後，先行整理有關的規章制度，組織修訂《南京特別市管理公共娛樂場所及藝員登記規則》，於 1943 年 5 月編印發佈，並附錄有「南京特別市政府與首都警察總監署會訂取締書場簡則」。〔註9〕這一規則在 1944 年 6 月重新修正公佈，主要涉及登記費與罰金條文。規則要求：公共娛樂場所呈請登記，由南京特別市政府核准登記，發給許可證。呈請登記包含十項內容：1、經理姓名、年齡、籍貫、住址。2、場所名稱。3、所在地。4、遊藝種類。5、組織內容。6、資本總額。7、建築物概況，並附建築略圖。8、設備概況，須詳細塡明安全設備（如消防器具、

〔註6〕 僞「南京特別市宣傳處」：南京特別市宣傳委員會成立日期、章程，南京市檔案館藏，1002－14－141。

〔註7〕 僞「南京特別市宣傳處」：關於本處成立及接受事宜，南京市檔案館藏，1002－14－9。

〔註8〕 僞「南京特別市宣傳處」：市宣傳處辦事細則、機構調整辦法，南京市檔案館藏，1002－14－8。

〔註9〕 僞「南京特別市宣傳處」：本處管理各電影院事項，南京市檔案館藏，1002－14－95。

太平門、太平梯、冷熱氣管及一切機械裝備等）、衛生設備（如換氣器、電扇、火爐、男女廁所等）、其它（如售票處、販賣處、衣帽處、電影放映室、演員休息室、化妝室、戲裝及布景儲藏室等）。9、股東姓名及人數。10、職工姓名及人數。登記費根據表演遊藝的種類的多少來繳納，露天遊藝場所比較便宜，只需三元。關於戲院的基本設施，特別規定了戲院所設座位的寬度、座位間距離、通道等。此外，一般性的規定包括：公共娛樂場所經核准後，須於三日內將開演場數、時間、座位容量及票價茶資等呈報宣傳處備查；發生遊藝種類變更時應申請變更，藝員有增減時亦需隨時呈報宣傳處；凡登載廣告或散發傳單，不得虛張誇大及使用神怪淫穢詞句；在公共娛樂場所嚴禁兜攬顧客點戲，應保持肅靜注重秩序，不得有鼓掌催演、怪聲叫好、放射紙箭及流動叫賣等破壞秩序情事；無論暫時停業還是永遠歇業，均需於五日內呈報宣傳處。永遠歇業者須繳銷許可證，暫時停業者須呈報停業原因、預定復業時期及營業新辦法。至於停業期限，規定清唱茶社不超過三個月，其它不超過六個月。

對於遊藝與藝員有單列的規定，遊藝方面有：凡公共娛樂場所表演的戲劇遊藝應先二日將劇名節目送審，如表演新劇或排演連臺戲劇須於一周前呈送劇本審查，核准後方能開演；核准劇目不得私自改演或加演；宣傳處認爲必要時，須補具劇本或者說明書，如有實地審查的必要，須先行試演；戲劇遊藝內容不得表演違背政綱、傷害國體、妨害公安、有傷風化、有危險性、有悖人道、提倡迷信神說、其它不良事實的表演；宣傳處可隨時派遣審查員前往各娛樂場所審查；遊藝表演時間由宣傳處予以規定。此外，藝員需向宣傳處申請登記證，並隨時攜帶備查。登記內容包括姓名、性別、年齡、籍貫、住址，教育程度，家庭狀況，技術種類，包銀數目等，並依據包銀數目分三類繳納登記費。登記證一年換領一次。如住址或出演場所或呈請書內所填各項有所變更時應於一周內呈報宣傳處查核改注。嚴禁藝員在出演場所與顧客混坐及有猥褻行爲。

附則中對於書場的管理，除與以上規則基本相同外，特別提到，時事新聞或戰時消息尤爲絕對禁止評講，否則一經查出即取締營業執照。

規則修訂出臺後，宣傳處即呈報市政府本市電影院多未遵章登記，呈領營業許可證，有違管理規則。市政府5月12日下令各電影院辦理登記手續。9月，市政府又諭令：「關於各娛樂場所營業許可證，沿用日久，自應有更換

新證之必要。限十日內呈送，核辦新證。」〔註10〕登記費三十元。原來的證件大多爲 1938 或 1940 年辦理，由時任市長高冠吾簽發。因各娛樂場所逾限多日，未據呈送，10 月 2 日市府又發文催辦。各場所 10 月份方才辦理更換手續。新的公共娛樂場所登記書需宣傳處、工務局、首都警察總監署行政科、衛生局共同核准，然後由市府簽發。

二、宣傳處對於公共娛樂場所的管制

宣傳處主要從劇場、藝員、票價與演出四個方面對公共娛樂場所進行管理。對於這四個方面的考察不僅可以揭示宣傳處對公共娛樂場所的日常管理，也可以同時呈現當時南京公共娛樂場所的經營狀況。

（一）劇場

汪僞政權成立以後，就重點盯防和利用公共娛樂場所。早在 1941 年 7 月的「中日宣傳懇談會」上，日軍警備司令部安部少尉就稱：「城內之工作重點應置於城南夫子廟一帶，因該地爲人煙稠密之區，公共場所林立，如茶樓、飯館、劇場等均可利用爲宣傳地點，張貼標語、圖畫、散發傳單、小冊子等收效必甚宏大。」〔註11〕因此，加強公共娛樂場所的監管就勢在必行。

對公共娛樂場所管理審查的例行工作之一就是對於劇場基本設施的檢查。1943 年 3 月 13 日，警察總監署以各娛樂場所設備欠周需徹底整頓爲由，知照宣傳處，在中華大戲院召集各娛樂場所開座談會。4 月 1 日，宣傳處通令南京大戲院等 9 家遊藝場所負責人到市政府大禮堂談話，以示正式接管，並通令整頓。6 月 11 日，宣傳處致函工務局、衛生局與首都總監署行政科，稱將於「本月十四日下午三時在大禮堂召集各劇院負責人開談話會，屆時務請貴局科派員參加並希在開會以前派員分往各劇場視察，以便將應行改善各點提出討論」〔註12〕。工務局 7 月 1 日回函稱，各遊藝劇場之衛生及消防設備均欠妥善，應加以改善。附有「調查各劇院建築物暨消防設備情形報告表」，

〔註10〕偽「南京特別市宣傳處」：市政府宣傳處關於各娛樂場所換證的通知及安全戲茶社換新證的申請，南京市檔案館藏，1002－14－94。

〔註11〕偽「南京特別市宣傳處」：第 1～4 次中日宣傳懇談會，南京市檔案館藏，1002－14－46。

〔註12〕偽「南京特別市宣傳處」：市社會局移交戲劇場所移交清冊暨管理各娛樂場所情況，南京市檔案館藏，1002－14－30。

計有南京大戲院、明星戲院、飛龍閣劇院、天香閣戲廳、全安戲茶廳、中華戲茶廳、秦淮戲院與群樂戲茶廳等八家，內容涉及建築基本狀況、樓梯、座位、通道、太平門、消防設備、廁所等，描述了存在的缺陷和隱患，比較詳細。以天香閣為例：該院系三開間樓面，正門出入口；樓梯寬 4 尺，房屋尚佳，惟不合於戲院應用；座位共有 250 人，中間兩行，分為 24 排，走道寬 3 尺，太平門僅一處，通道寬 3 尺；太平龍頭無，太平水桶無，滅火器 4 個，滅火彈 2 個；男廁大便處無，小便池一個，無女廁；太平梯一座，寬 2 尺 10 寸，太平梯出入口道路寬 2 尺 10 寸；查該劇院建築尚佳，惟有下列各點有不合於建築章則：1、通太平梯出入口走道太狹。2、消防設備欠妥善。3、公共廁所缺少。隨後，宣傳處發文要求各劇院應於七月底前整理改善完竣，並予以呈報。但實際情形是，直至九月，各劇院方才呈覆宣傳處，宣稱整理完畢。〔註13〕自此，每屆夏令時節，娛樂場所的公共衛生檢查都例行展開。

在常規檢查之外，公共娛樂場所也會遭到審查員的突擊與暗中查訪。1943年 4 月 15 日，宣傳處通告各遊藝場所，戲劇審查員所持白色審查證作廢，開始使用藍色審查證。審查員來自市府各局處與保甲委員會，時有 26 人。〔註14〕9 月，宣傳處諭令民眾大舞臺設指定席 6 位於第一排正中，以便利宣傳處及警監署審查人員審查工作。〔註15〕

為配合當時的軍事管制，公共娛樂場所也會受到特別檢查。1944 年 5 月，因天氣炎熱，致任意將窗戶開啟，影響了燈火管制的規定，首都警備司令部通報「關於燈火管制注意事項」，禁止開窗洩漏燈光，以防誘導飛機偵察襲擊。6 月，市政府發佈「南京特別市娛樂場所、酒茶飲食店加強節約用電暫行辦法」，並附辦法草案一份，通令戲院業同業公會、各娛樂場所、中華電影公司南京分公司等，加強戰時節約用電。並組織節約電力巡查隊夜間巡查，對違規者予以停電處罰。〔註16〕

〔註13〕偽「南京特別市宣傳處」：市社會局移交戲劇場所移交清冊暨管理各娛樂場所情況，南京市檔案館藏，1002－14－30。

〔註14〕偽「南京特別市宣傳處」：關於填發戲劇審查證事項，南京市檔案館藏，1002－14－20。

〔註15〕偽「南京特別市宣傳處」：關於民眾大舞臺申請營業登記，南京市檔案館藏，1002－14－84。

〔註16〕偽「南京特別市宣傳處」：加強節約電流辦法，南京市檔案館藏，1002－14－34。

　　爲對娛樂場所進行全面控制，僞政府還謀劃成立了一系列僞社會群眾組織，以協助日僞當局拉攏控制各娛樂場所及藝員。1941 年 7 月，國民黨黨員、中國理教總會副主席、漢奸幫會組織「中國安青總會」的理事喬鴻年發起成立梨園協會。1942 年 12 月成立戲院業同業公會，理事長爲余繩坤。1943 年 6 月，成立南京特別市劇藝公會，理事長爲喬鴻年。會員約有 900 多人，下設總務科、組織科、福利科、交際科、研究科。〔註17〕自 1943 年年底起，業餘劇團如雨後春筍紛紛成立，1944 年一年之中，幾乎每月都有業餘劇團申請成立，1945 年 1 月到 8 月，計有 12 家劇藝社呈請成立。這些業餘劇社涉及不同劇種、不同職業、不同年齡，各具特色，蔚爲大觀。爲加強管理，1944 年 2 月 20 日，宣傳處處長周雨人等發起組織南京戲劇協會，「以適合戰時宣傳體制，健全業餘劇團組織，……謀南京各業餘劇團互相協助團結。」〔註18〕1945 年 1 月，宣傳處讚助成立星星劇團，以通俗文藝改進督導，從事劇藝宣傳工作，宣傳處科長謝祖逖爲發起人之一。〔註19〕

（二）藝員

　　根據《南京特別市管理公共娛樂場所及藝員登記規則》，藝員要進行登記，獲取登記證，方能在各娛樂場所演出。當時的藝員主要集中在評彈、戲劇、話劇、歌舞等表演領域，有國籍、學歷、技藝與年齡上的差異，不過人數最多的還是傳統的戲劇演員。

　　1943 年 6 月，宣傳處諭令：本市各舞廳經本府取締後，改組爲高等咖啡館，專營茶點，不准用舞女，不准賣舞票，只准雇用女侍，但不得伴舞、坐臺，並經通知將侍女名冊送府查考在案。新亞俱樂部 5 月 20 日即呈送該社女侍名冊一份。而國際聯歡社經理常玉清則辯解，咖啡館內無固定女侍，原來的舞女都已離開，只是家在南京的偶而偕其舞伴前來步舞，故名冊無法造報。宣傳處送次催辦無果，遂於 8 月 19 日派員前往該館督飭，當時該館女侍 20 名一一登記。之所以如此，乃與夫子廟國際咖啡館店主常玉清的身份有著很大的關聯。常玉清原是青幫組織「安清同盟會」的總頭目，1940

〔註17〕僞「南京特別市宣傳處」：關於劇藝公會召開定期理監事會議等問題，南京市檔案館藏，1002－14－91。

〔註18〕僞「南京特別市宣傳處」：各劇團登記、組織章程，南京市檔案館藏，1002－14－93。

〔註19〕僞「南京特別市宣傳處」：各劇團公演事項，南京市檔案館藏，1002－14－108。

年 5 月，在日偽當局的授意下，組織成立「中國安清總會」，任常務理事。同時被尊為南京地方社會名人與民意代表，與日本人關係密切，被偽政權委以各種頭銜，享有各種特權。〔註 20〕下列為新亞俱樂部女侍名冊，因情況基本相同，僅選擇 14 人中的 10 位。但從登記簿填寫情況來看，大多是敷衍了事。〔註 21〕

表 5-1：新亞俱樂部女侍名冊

姓　名	年齡	籍貫	來京歲月	來京前居處	家庭狀況	婚否	月收入
陸　瑛	21	上海	2 年	上海	父母、姐，（無職業）	否	300
沈佩瑛	20	無錫	1 年	上海	父母、兄弟 3、姐妹 2，（有職）	否	300
楊美玲	21	常熟	4 年	上海	父母、姐妹，（有職）	否	400
孫雪芳	21	上海	2 年	上海	母、弟 1、妹 1，（無職）	否	400
李　珍	16	杭州	1 年	同春坊	父母、妹 2，（有職）	否	400
素桂芬	17	鎮江	5 年	鎮江	父母、弟 1、姐妹 3，（有職）	否	400
周莉影	17	上海	8 年	上海	母、姐 2，（無職）	否	400
王佩瑛	18	天津	3 年	上海	母、姐妹 3，（無職）	否	300
王佩華	19	天津	3 年	上海	母、姐妹 3，（無職）	否	400
陳杏雲	18	蘇州	2 年	上海	父母、弟，（有職）	否	500 餘

資料來源：偽「南京特別市宣傳處」檔案：關於管理咖啡館、彈子廳事項的呈請報告，南京市檔案館藏，1002-14-87。此為新亞俱樂部女侍名冊，國際聯歡社與此類似，只是包銀數目人均 800 元左右。

從事戲劇表演的演員按行當分為小丑、花旦、武行、老生、小生、音韻等，受教育程度不高，大都是小學學歷，一般因所屬劇團的緣故都來自同一地區，具有較強的組織背景與地域色彩。1944 年 4 月，位於下關二板橋 214號的共樂大戲院藝員登記，經理為時良才。時有 20 人申請，下列一半予以說明。

〔註 20〕經盛鴻：《南京淪陷八年史》，社會科學文獻出版社，2005 年版，第 349~355頁。

〔註 21〕偽「南京特別市宣傳處」：關於管理咖啡館、彈子廳事項的呈請報告，南京市檔案館藏，1002-14-87。

表5－2：共樂大戲院藝員登記表

姓　名	性別	年齡	籍貫	家庭狀況	教育程度	技術種類	月包銀數目
劉哈哈	男	40	泰縣	尚可	高小	小丑	800
筱金樓	女	25	江都	尚可	小學	花旦	1000
筱玉霞	女	22	江都	尚可	小學	花旦	1000
李壽福	男	35	江都	尚可	小學	武行	300
左少坤	男	42	江都	尚可	小學	老生	1000
孫鴻文	男	24	江都	尚可	小學	音韻	300
黃筱波	男	37	江都	尚可	小學	小生	600
沈玉蓮	女	15	江都	尚可	小學	花旦	600
郭福安	男	45	江都	尚可	小學	武行	400
張根發	男	30	江都	尚可	小學	音韻	500

資料來源：偽「南京特別市宣傳處」檔案：共樂戲院和藝員登記申請書，南京市檔案館藏，1002－14－88。

　　1944 年 5 月，群樂劇場藝員登記 14 人，表演話劇。話劇在當時也甚為流行，陳存仁回憶稱，因為電影院時常無片可放，所以話劇演出的機會很多，成為話劇的一個全盛時期。〔註 22〕這是當時上海的情形，想來也可略窺南京的狀況。這些藝員受教育程度較高，家境呈現多種情況。下列為從中隨意選擇男女各 5 人以為記錄。

表5－3：群樂劇場話劇藝員登記

姓　名	性別	年齡	籍貫	家庭狀況	教育程度	技術種類	月包銀數目
張世信	男	24	北平	父母孤歿，務農	北平求實中學	話劇	儲券 2000
王　封	男	21	南通	兄經商	南通中學	話劇	儲券 1000
金　奇	男	19	天津	商	天津工商學院附中	話劇	儲券 1000
李　嵐	男	21	山東	母亡故、父政界	北京大同中學	話劇	儲券 1000

〔註22〕陳存仁：《抗戰時代生活史》，上海人民出版社，2001 年版，第 244～245 頁。

姓　　名	性別	年齡	籍貫	家庭狀況	教育程度	技術種類	月包銀數目
徐晨元	男	22	寧波	父母在家鄉	上海滬光高中	話劇	儲券 1000
文　蘭	女	17	廣東	商	中西女中	話劇	儲券 1000
谷　曄	女	20	無錫	父母歿、兄保險公司	無錫聖德高中	話劇	儲券 1000
嘉　玲	女	20	上海	商	育德中學	話劇	儲券 1500
趙雲倩	女	19	廣東	在滬爲商	崇德女中	話劇	儲券 600
黃惠平	女	18	廣東	父事商界	開封女中	話劇	儲券 600

資料來源：僞「南京特別市宣傳處」檔案：群樂茶社聘請新角與本處的來往文書，南京市檔案館藏，1002－14－96。

此外，登記申請中也有一些外國藝員。1944 年 6 月，新中國劇院（又稱大中國劇場）藝員登記，藝員均非國人，所表演的項目也是較爲少見的歌舞類。〔註 23〕

（三）票價

因爲日軍的瘋狂掠奪，加上奸商囤積居奇，導致生活物資短缺，物價飛漲。1943 年 1 月，南京市場米價已上漲爲每擔中儲券 780 元，12 月則漲到每擔 1000 元，1944 年 2 月每擔已經上漲至 2000 元。〔註 24〕物價上漲引致各娛樂場所不堪重負，於是申請加價現象經常出現。加價理由五花八門，如新角登臺、藝員客串、演員包銀增加、物價高漲、捐稅重重、入不敷出等等。

爲對加價行爲進行統一管理，1943 年宣傳處特別諭知各娛樂場加價時需報請核准後，方可實行。雖然如此，依然有一些劇院違規加價。10 月 17 日，據審查員報告，民眾大舞臺未經核准擅自加價，由 30 元改售 40 元，原本應照章取締，但念其初犯，予以申斥，並呈敘加價理由。〔註 25〕但此類現象屢禁不止。1944 年 3 月宣傳處再次諭令：票價茶資私訂不報，或雖呈報又改者，嚴懲不貸。〔註 26〕8 月，共樂大戲院私自加價，匿不呈報，處罰金一千元。以

〔註 23〕僞「南京特別市宣傳處」：各劇團公演事項，南京市檔案館藏，1002－14－104。
〔註 24〕經盛鴻：《南京淪陷八年史》，社會科學文獻出版社，2005 年版，第 637 頁。
〔註 25〕僞「南京特別市宣傳處」：關於奎光閣、飛龍閣劇場及民眾大舞臺營業登記的批覆及因違抗功令被罰款的諭知，南京市檔案館藏，1002－14－85。
〔註 26〕僞「南京特別市宣傳處」：關於劇藝公會召開定期理監事會議等問題，南京市檔案館藏，1002－14－91。

南京大戲院爲例：1944 年 4 月，一月內連續兩次申請加價，被緩批。5 月 17 日又呈稱因排演《黃天霸》布景材料昂貴，擬加收採景費。宣傳處認爲用採景費名義，實係變相加價，緩議不批。5 月 22 日又呈稱市面蕭條，米價陡漲（每石三千元），入不敷出，要求增加對號座票價。10 月 6 日，又稱物價突又暴漲數倍以上，各種開支增加，捐稅重重，要求加價。10 月 27 日，呈稱物價早已不保旬日之間，突又飛漲數倍以上，要求加價。12 月 28 日，呈稱物價飛騰，竟似閃電，日漲不已，要求重訂票價。〔註27〕1945 年 2 月，金門維揚劇場經理傅小俠呈請改增票彩價目，竟然提到各藝員典當衣飾，甚至是鍋瓢炊具，如再不加價，生活實難日求一飽。該劇場元旦日起票價改售 200 元，3 月改售 300 元，4 月底改售 500 元。〔註 28〕

由此可見，物價飛騰給劇院和藝員都帶來了巨大的壓力。除了一些大有來歷的劇社以外，大部分劇社都處境困難，藝員也陷入了生活困境之中。一些劇社常常因物價上漲、營業不振，爲節省開支便短暫歇業，邀請到新的劇團戲班再重新開張。1943 年奎光閣劇場因營業不振，於 5 月 18 日暫時停演，6 月 18 日因邀請到北京文明大鼓雜耍等遊藝戲劇又呈請恢復營業。7 月 29 日，再次呈請加演河北評劇。11 月 18 日邀請維揚童伶班，22 日又更換爲維揚東海劇團。〔註 29〕

（四）演出

對演出的管理是對公共娛樂場所管制的重頭戲，主要包括宣傳、劇目、公演等方面的管理，較爲繁瑣，茲分述如下。

對於娛樂場所的宣傳，宣傳處進行了嚴格的管制。娛樂場所的宣傳路徑很多，有的登報廣告，也有印製小的傳單說明書自由印發，不易稽查。1944 年 5 月，南京特別市政府公佈《管理娛樂場所傳單說明書暫行辦法草案》：1、傳單說明書的內容無論爲文字圖畫或照片，銅版均應於付印前二日送呈宣傳處審核，經核准後方得付印。2、印就的傳單說明書應送宣傳處覆核，如有不符，應予懲罰。3、宣傳處得令各娛樂場所於傳單說明書上加刊宣傳文字或圖

〔註27〕偽「南京特別市宣傳處」：南京大戲院申請調整票價及藝員呈請登記表，南京市檔案館藏，1002－14－89。
〔註28〕偽「南京特別市宣傳處」：金門劇場調整票價事項，南京市檔案館藏，1002－14－103。
〔註29〕偽「南京特別市宣傳處」：關於奎光閣、飛龍閣劇場及民眾大舞臺營業登記的批覆及因違抗功令被罰款的諭知，南京市檔案館藏，1002－14－85。

畫，以協助政府宣傳。〔註30〕1945年2月，南京特別市諭令南京大戲院等11家娛樂場所，於清潔運動周內將宣傳標語加印在說明書內。

對於娛樂場所的劇目，宣傳處更是上陞到意識形態層面進行嚴格管制。尤其是爲了防止革命及抗日歌曲歌詞的流佈，1943年8月國民政府行政院宣傳部布告：「查歌詞曲譜，最易深入民心。……會同將所有樂譜歌辭，從新檢查，如有違背國策者，概予禁止使用。」歌詞曲譜全禁者有《戰歌》等184首，禁詞者爲《中國新青年》等19首，禁譜者爲《青年進行曲》與《同舟共濟》。〔註31〕

公演也是這一時期公共娛樂場所的演出的重要形式，宣傳處對其管制亦很嚴格。公演形式五花八門，包括慶祝聖誕元旦、週年紀念、劇社首次公演、慶賀戰爭勝利等，目的也是多樣，包括補助孤兒院、貧寒學生、學校員工、圖書出版、聾啞學校、慈善機構等。宣傳處要求不管是哪類公演，均需呈報收支賬目，並附捐款收據備查。但仍有一些公演不合規定。1944年11月，首都電聲國劇研究社爲南京貧寒學生公演募捐，概因其社員多爲公務人員，故未予呈報宣傳處核准。宣傳處諭令禁演。該社方才具文呈請，並附公演劇目、演員名單及指導條兩枚。〔註32〕張友恒呈請宣傳處，首都票友定期舉行票友聯歡公演京劇，宣傳處准予備查，但是不准出售紅票（筆者按，所謂「紅票」，其實就是有價贈卷，多是些頭面人物自己掏腰包買下送人，爲自己喜愛的演員捧場）與門票。〔註33〕又有後生劇社公演話劇，收支賬目卻遲遲未見呈報。甚至有一些利用公演的事情發生。據新時代劇藝社籌備處於12月6日呈請准予成立公演並請檢閱劇本時稱：「此次公演，因感以前本市『合力』『後生』等劇團之演出失敗情形，故不願再假借任何名義而降低票價。公開售票如成績良好，決將除開銷外之款項，全數捐助各慈善事業（票價分100元、50元、榮譽券200元）。」〔註34〕據此表明有劇社假借公演名義促進票務銷售。1945

〔註30〕僞「南京特別市宣傳處」：南京特別市政府宣傳處關於娛樂場所管理規則已准開演娛樂場所一覽表，南京市檔案館藏，1002－14－98。

〔註31〕僞「南京特別市宣傳處」：關於青年團集訓、中國青年團改稱、禁止使用抗戰歌曲等，南京市檔案館藏，1002－14－39。

〔註32〕僞「南京特別市宣傳處」：各劇坊戲院關於公演事項，南京市檔案館藏，1002－14－82。

〔註33〕僞「南京特別市宣傳處」：各劇坊戲院關於公演事項，南京市檔案館藏，1002－14－82。

〔註34〕僞「南京特別市宣傳處」：各劇坊戲院關於公演事項，南京市檔案館藏，1002－14－82。

年 2 月 1 日，南京大戲院經理魏士英呈請演唱《盜魂鈴》，請求對號每張票價加資 100 元，交由安青總會充作救濟貧民多賑善款。宣傳處予以批准，要求呈核安青總會收據，但演出過後未見呈報。3 月 3 日，宣傳處諭知南京大戲院速即呈送收據，依然沒有反應。4 月 3 日，宣傳處諭限三日內呈送。10 日，收據方才呈送到處，並未說明什麼理由，而收據日期則爲 2 月 2 日，使人不禁生疑。〔註35〕無論基於何因，各劇社對於公演的熱情高漲，申請次數也比較多。僅 1944 年一年就約有 37 次公演申請，演出劇目以古裝戲劇爲主，話劇相對較少，例如《天羅地網》、《雷雨》、《秦淮月》等。〔註36〕

　　1943 年 11 月，因爲爭權奪利等原因，林柏生帶領青年團在上海等地發起「除三害」運動，三害即煙、賭、舞。禁煙禁賭自是不必評說，禁舞倒是有所成效。1944 年 1 月，常玉清爲其經營的歌劇場呈請「竊民在夫子廟貢院街所開設之國際聯歡社，原爲高尙咖啡室。自京市青少年團激於愛國熱忱，發起清毒運動，禁止跳舞，並經當局勸導，暫予改組，爲特遵令改組爲歌劇場，專營歌唱及彩排以維職工生計。」〔註37〕不過，從前文所提女侍登記一事來看，事實常常有所隱藏。

　　此外，宣傳處對於演出明暗結合的審查與各娛樂場所時不時地陽奉陰違交織一處，呈現出一種複雜的面相。1943 年 9 月 22 日，據審查員密報，民眾大舞臺 16 日呈報單中的「翠屏山」已批示禁演，但該臺漠視批示，仍將「翠屏山」演出。宣傳處認爲其蓄意違反規則，本應照章查辦，但念其初犯，予以警告。〔註38〕10 月 15 日，宣傳處處長手諭：通知奎光閣嗣後凡評劇戲目送審，應將臺詞附送，一併詳加審核，劇情臺詞如有猥褻淫蕩之處應即刪除。但該劇場繼續違規，23 日即下令處罰，稱：

　　　　據審查員報告，該劇場演員，臺詞鄙俗，有傷大雅，曾飭令更
　　正，但該劇場漠視功令，延不遵辦。又據報所演《黃氏女盤道》一
　　劇，內容迷信，神怪不經，嘗經派員取締，但該劇場又多方藉口，

〔註35〕僞「南京特別市宣傳處」：各劇坊戲院關於公演事項，南京市檔案館藏，1002
　　　－14－82。
〔註36〕僞「南京特別市宣傳處」：各劇坊戲院關於公演事項，南京市檔案館藏，1002
　　　－14－82。
〔註37〕僞「南京特別市宣傳處」：國際歌劇場藝員登記呈請書及改善劇場設備的函，
　　　南京市檔案館藏，1002－14－83。
〔註38〕僞「南京特別市宣傳處」：關於民眾大舞臺申請營業登記，南京市檔案館藏，
　　　1002－14－84。

抗不改演。覆查 20 日呈審《刁劉氏》一劇，除琴挑一段批示禁演外，

又經派員監演，對於琴挑一節，不服制止，任意表演。似此一再違

抗功令，照章應予停演處分，姑念商艱，從寬處罰金三百元。〔註39〕

10 月，民眾大舞臺呈報節目單中《戰宛城》一齣戲，「張嬪思春一段」批示禁演，但據審查員報告該舞臺不遵批示，演出此段，表情猥褻，有傷風化，被裁處罰金五十元。〔註40〕鑒於此種情況屢禁不止，1944 年 2 月宣傳處嚴詞諭令各娛樂場所：據報告各戲院有擅自開演未經呈報核准戲劇，又有本處嚴屬禁演戲劇，倘感再犯，定予停業，決不姑息。〔註41〕但是因種種掣肘，加之宣傳處對違規處罰力度頗輕，各劇院依然我行我素。〔註42〕據審查員呈報：南京大戲院 4 月 15～17 日，金門戲茶廳 16～17 日、飛龍閣劇場 16 日，擅自變更審准劇目，因南京大戲院有前科，所以被處罰 50 元。〔註43〕6 月，國際京劇場未經核准擅自開演禁戲《拾玉鐲》，宣傳處稱體念商艱，未予處議。不料報載該劇場意圖復演，宣傳處不得不諭令該戲停演。〔註44〕唯一所見停業的處罰是關於全安戲茶廳的。1944 年 5 月 27 日，宣傳處致函首都警察總監署行政科：「據報貢院街全安戲茶廳今日舉行歌後加冕典禮，其實為引誘茶客點戲，似此巧立名目，非法斂錢，有背戰時節約之旨，函請會同本處嚴屬取締。」〔註45〕又因其私自開辦歌選，開演未經審准戲劇，31 日被罰令停業三天。1944 年 12 月 12 日，科長謝祖遜呈報全安戲茶廳自本月十日至二十日舉行歌女大會串，於事前出售紅票，違反規定，飭令禁售並銷毀，罰金 2000 元，為所見罰金金額最高。〔註46〕

〔註39〕偽「南京特別市宣傳處」：關於奎光閣、飛龍閣劇場及民眾大舞臺營業登記的批覆及因違抗功令被罰款的諭知，南京市檔案館藏，1002－14－85。

〔註40〕偽「南京特別市宣傳處」：關於奎光閣、飛龍閣劇場及民眾大舞臺營業登記的批覆及因違抗功令被罰款的諭知，南京市檔案館藏，1002－14－85。

〔註41〕偽「南京特別市宣傳處」：關於劇藝公會召開定期理監事會議等問題，南京市檔案館藏，1002－14－91。

〔註42〕偽「南京特別市宣傳處」：關於劇藝公會召開定期理監事會議等問題，南京市檔案館藏，1002－14－91。

〔註43〕偽「南京特別市宣傳處」：南京大戲院申請調整票價及藝員呈請登記表，南京市檔案館藏，1002－14－89。

〔註44〕偽「南京特別市宣傳處」：本處關於批准國際京劇場營業登記加價申請書，南京市檔案館藏，1002－14－86。

〔註45〕偽「南京特別市宣傳處」：關於安全清音茶社調整節目票價及藝員登記等事項，南京市檔案館藏，1002－14－90。

〔註46〕偽「南京特別市宣傳處」：關於安全清音茶社調整節目票價及藝員登記等事項，南京市檔案館藏，1002－14－90。

三、評價

　　汪偽南京特別市宣傳處對於公共娛樂場所的管理和控制，是汪偽政府戰時文化宣傳政策的一部分。汪偽一直推行文化統制政策，1943 年 6 月 10 日又正式公佈了《戰時文化宣傳政策基本綱要》。「汪偽當局的目的，在於一方面要把整個文化、宣傳、新聞、出版、廣播等事業，綁在日本軍國主義的空前擴大了的戰爭機器之上，為實現『大東亞共榮圈』的侵略計劃效勞；另一方面，要死心塌地地在日本帝國主義文化主宰之下，在汪偽區域營造一種日本殖民文化與中國漢奸文化互相『融合』的所謂『世界文化』」〔註47〕。只有理解這一背景與定位，才能更好地理解宣傳處所推行的一系列規章措施。因此要配合宣傳大東亞戰爭、慶祝日軍的勝利，反對西方民主主義與自由思想，反對共產主義和抗日革命思想，培育和馴化民眾甘心充當奴才和順民。從偽政權自身的角度來看，也是為了加強社會控制，穩固社會秩序，維持政權生存的一般形象，使得政權在一定程度內正常運轉。

　　公共娛樂場所的存在與經營在某種程度上是社會正常運轉的一個標誌。保留公共娛樂場所，基本上代表著社會需求、穩定人心、財富與權力三方面之間的運作。淪陷區生活的壓抑與空虛製造了需要：尋找一種可以轉移、麻醉、釋放的生活方式。公共娛樂場所提供了這樣一個空間。這樣的場所部分恢復了原來生活的場景與秩序，彌補了街市冷落人口蕭條的景況，但其本身又是市內宣傳的重要場所，因此既要恢復，又要控制。從宣傳處與警察總監署爭奪公共娛樂場所的管理權即可見一斑。同時日偽政權自身並其所發掘出來的惡勢力擠壓了生活與秩序的空間，各公共娛樂場所的負責人多多少少可能都與日偽當局有所聯繫，如常玉清之流更不必說。

　　宣傳處接管公共娛樂場所以後，限於時代環境、自身人員與精力的不足，並不能真正大權獨攬，很多事情的開展都需要警察總監署的合作。因此縱觀宣傳處兩年多的工作，雖然基本建立了對於公共娛樂場所的管理控制體系，但是卻有些力不從心。各場所與宣傳處的周旋、選擇性遵從、陽奉陰違等情形都揭示了一場生存性的互動遊戲，一些事件甚至超出了常規。1945 年 1 月 23 日，宣傳處職員王榮勳受警監署王世澤約邀至南京戲院看戲，購票時賬房稱既然是宣傳處職員無需購票。演至中途，該戲院職員范某向其查票，王道

〔註47〕余子道等：《汪偽政權全史》（下卷），上海人民出版社，2006 年版，第936～937 頁。

明原委並出示職員證，不料范某將其證撕碎，並將其推出門外。王不堪其辱，向處長告狀。周雨人批示，召戲院負責人談話，令其具結保證書，並告誡本處職員不得任意出入戲院。科長謝祖遜負責辦理了此事。戲院協理趙沛霖具結悔過道歉保證，但范某卻否認撕毀職員證件。〔註48〕此事也就此了結，然而我們可以從中看到一些潛在的信息，是所掌握的材料難以說明的。

　　不過依然可以說，從制度建設到政策實施，從明處管理到暗中監控，宣傳處對於公共娛樂場所的管理控制是十分嚴密的。公共娛樂場所成爲一個歷史的多面體，記載了政府、社會、場所本身以及藝員的諸多方面。同時它又是一個矛盾體，上演著恢復與控制、虛假與真實，或許可以稱之爲亂世歡歌吧。

第二節　初級教育與防疫衛生

一、初級教育概況

　　自 1938 年開始，南京市就著手恢復重建各級教育體制與機構。到 1939 年，就中小學而言，已經恢復辦學的小學有 61 所，其中市立小學 40 所，私立小學 21 所；中學 17 所，市立中學 2 所，私立中學 15 所；私塾 160 所。

　　小學分爲模範小學、完全小學、初級小學、短期小學四類，據 1939 年統計，市立小學各級學生計有 16642 人，年級從幼稚園到六年級比較齊全。

表5－4：南京市立小學各級學生統計表（1939年度第一學期）

學校	年　級	學　期	男　生	女　生	合　計
小　學	幼稚園	上	31	22	53
		下			
	一年級	上	1780	1194	2974
		下	1219	903	2212
	二年級	上	1151	982	2133
		下	865	982	1521

〔註48〕僞「南京特別市宣傳處」：關於南京大戲院需求增加票價等問題報告及批覆，南京市檔案館藏，1002－14－112。

學校	年　級	學　期	男　生	女　生	合　計
小　學	三年級	上	1135	591	1726
		下	557	276	833
	四年級	上	759	511	1270
		下	374	190	564
	五年級	上	539	321	864
		下	242	175	417
	六年級	上	287	173	460
		下	129	72	201
短期小學	上午班	甲組	149	109	253
		乙組	234	168	402
		丙組	68	32	100
	下午班	甲組	114	86	200
		乙組	212	188	400
		丙組	91	62	153
總　　計			9936	6706	16642

資料來源：為「南京特別市秘書處」：南京市政府組織規則及市政概況（一），南京市
　　　　　檔案館藏，1002－1－15－1。

　　私立小學多為教會或慈善團體設立，共計 21 所，僅教會設立的就有 16
所，這與當時教會團體大多有人留守南京有關。有資料可查的學生人數總計
為 5212 人，與市立小學的人數規模差距很小。簡明概況如下：

表 5－5：南京市私立小學簡明概況表（1939 年度第一學期）

校　名	立　別	設立人姓名或團體名稱	級數	學生數	教職員數	月需經費約數
南京私立啟善小學	私人設立	哈國如	2	73	3	30
南京私立崇實小學	私人設立	馬鴻元	4	163	5	80
南京私立龍江小學	私人設立	陸伯衡	7	257	6	200
南京私立明德慈堂附設平民小學	私人設立	陳家偉	4	136	7	172

校　名	立　別	設立人姓名或團體名稱	級數	學生數	教職員數	月需經費約數
私立安徽小學	私人設立	李綗之				
衛斯理堂補習班	教會設立	美國美以美會	5	168	17	260
江文女子中學附屬小學（升州路）	教會設立	美國美以美會	20	967	40	未詳
益智第一小學	教會設立	美國長老會	6	285	12	200
益智第二小學	教會設立	美國長老會	6	306	8	160
金陵女子神學院附屬小學	教會設立	金陵女子神學院	5	120	6	未詳
江文女子中學附屬小學（大番路）	教會設立	美國美以美會	6	361	14	250
富民坊平民小學	教會設立	美國美以美會	3	124	4	60
若瑟初級小學	教會設立	張四維	1	43	1	30
類思小學	教會設立	張四維	13	725	17	480
明德女校附屬小學	教會設立	美國長老會	8	341	15	250
中華基督會小學	教會設立	吉愛梅	6	425	12	未詳
南京鼓樓基督小學補習學社	教會設立	鼓樓基督會堂	6	197	7	150
私立金陵小學	教會設立	金大教職員所組織	6	333	13	360
南京基督教來復會附設小學	教會設立	基督教來復會	5	88	8	100
白下路聖公會小學	教會設立					
下關聖公會小學	教會設立					

資料來源：偽「南京特別市秘書處」：南京市政府組織規則及市政概況（一），南京市
　　　　　檔案館藏，1002－1－15－1。

　　與小學相比，市立中學的規模就小了很多。僅有市立第一中學與第二
中學兩所。1939年2月新學期開始之際，為適應青年就學及容納各完全小
學畢業生上學，教育局於市立第一、第二兩中學各增設春季始業一班。8

月又在第一中學增設普通科一年級兩班，商科一年級一班，第二中學則將
原有女生轉學他校，把一年級（下）兩班合併一班，另增設一年級（上）
兩班。

表5－6：南京市立中學簡明概況表（1939 年度第一學期）

校名	校址	校長姓名	級數	學生數	教員數	職員數	每月經費數
南京市立第一中學	白下路	歐季撫	10	425	26	18	3600
南京市立第二中學	鼓　樓	楊九鳴	5	166	17	9	1928

資料來源：僞「南京特別市秘書處」：南京市政府組織規則及市政概況（一），南京市
　　　　　檔案館藏，1002－1－15－1。

　　就市立中學而言，1939 年上學期與 1938 年相比，學校數量雖然沒有增加，
但無論是年級數、學生數、教職員數還是經費數，都增加不少。入學接受教
育的需求明顯在不斷增加。

表5－7：南京市立中學本學期與上學期概況比較表
　　　　（1939 年度第一學期）

項　　別	上學期	本學期	比數		附 1938 年度第一學期
	1938 年度下	1939 年度上	增	減	
校數	2	2	0	－	2
級數	11	15	4	－	9
學生數	486	591	105	－	319
教職員數	63	70	7	－	51
經費數（元）	4221	5528	1307	－	3597

資料來源：僞「南京特別市秘書處」：南京市政府組織規則及市政概況（一），南京市
　　　　　檔案館藏，1002－1－15－1。

　　相比市立中學，私立中學設立者眾，有 15 所之多，但規模不一，參差不
齊，其中 11 所爲教會開設。其中已經呈准立案的有 3 所，正呈請立案的 1 所，
還有 7 所僅開設補習班。即便如此，學生數量也遠遠超過市立中學。

表5－8：南京市私立中學簡明概況（1939年度第一學期）

校　名	立　別	設立人姓名或團體名稱	級數	學生數	教職員數	月需經費約數
南京私立鍾英中學	私人設立	於筠秋	8	405	37	1626
私立南京安徽中學	私人設立	江洪傑	2	47	9	135
私立南京正始中學	私人設立	陳　群	1	24	15	未詳
南京私立建業中學	私人設立	薛誠德	2	22	9	未詳
明德女校	教會設立	陸嶍良	1	36	9	未詳
金陵女子大學服務部實驗科	教會設立	華群（魏特琳）	5	170	22	475
利濟中學	教會設立	張登堂	2	70	6	未詳
中華路基督會中學	教會設立	吉愛梅	3	154	12	295
彙文女子中學	教會設立	美以美會	1	58	40	未詳
衛斯理堂補習班	教會設立	美以美會	2	75	7	260
城中會堂進修補習班	教會設立	美以美會	4	89	15	150
私立金陵補習學校	教會設立	金陵大學教職員所組織	5	10	11	300
金陵耕讀學校	教會設立	——	2	39	11	220
金陵高級護士職業學校	教會設立	美國三公會	4	56	10	未詳
進德聖經女學院	教會設立	美國長老會	5	65	9	200

資料來源：僞「南京特別市秘書處」：南京市政府組織規則及市政概況（一），南京市
　　　　　檔案館藏，1002－1－15－1。

　　除此以外，大量的私塾應需而生，基本上都設在城區，數量高達160所，擁有學生6141人，顯然這種傳統的教育模式依然扮演了重要的角色。

表5－9：南京市各區私塾概況統計表
（截至1939年第二屆私塾塾師登記止）

區　別	塾數	塾師數			學生數			每塾平均數
		男	女	計	男	女	計	
第一區	42	41	3	44	1085	382	1467	34.9
第二區	76	71	5	76	2295	752	3047	40.1

區　別	塾數	塾師數			學生數			每塾平均數
		男	女	計	男	女	計	
第三區	20	20	—	20	543	194	737	36.9
第四區	9	8	1	9	300	100	400	44.4
第五區	1	1	—	1	46	6	52	52.0
安德門區	3	3	—	3	127	21	148	49.3
上新河區	9	8	1	9	266	24	290	32.2
總計或平均	160	152	10	162	4662	1479	6141	38.4

注：燕子磯及孝陵衛二區無私塾設立故未列入。資料來源：僞「南京特別市秘書處」：
　　南京市政府組織規則及市政概況（一），南京市檔案館藏，1002－1－15－1。

　　私塾的正常運轉所需經費來源於學生的學費，按塾師的名聲、私塾的優
差、學生的數量，每月學生所交入學費從 47.1 元到 3 元不等，每個學生每月
負擔在 0.4 元左右。市立中小學在 1941 年第二學期之前不收學費，主要經費
來自市府教育經費撥發分配，分攤到每個學生，市立中學學生一學期可以有
9.354 元，市立小學學生平均有 1.147 元。

表 5－10－1：南京市各區私塾月入學費統計表

區　別	塾數	月入學費（元）				
		總額	最高	最低	每塾平均數	每一學生平均擔負數
第一區	42	623.3	41.4	3.8	14.84	0.425
第二區	76	1324.0	47.1	3.0	17.42	0.435
第三區	20	318.6	34.7	4.6	15.93	0.432
第四區	9	153.8	21.6	10.8	17.09	0.385
第五區	1	23.0	23.0	23.0	23.00	0.442
安德門區	3	79.2	36.0	10.5	26.40	0.535
上新河區	9	111.1	19.0	7.1	12.34	0.383
總計或平均	160	2633.0	47.1	3.0	16.46	0.429

資料來源：僞「南京特別市秘書處」：南京市政府組織規則及市政概況（一），南京市
　　檔案館藏，1002－1－15－1。

表 5－10－2：南京市立中小學每一學生平均擔負經費統計表
（1939 年度第一學期）

學　校		每一學生平均擔負經費數（元）
中　學		9.354
小學	模範小學	1.763
	完全小學	1.021
	初級小學	1.040
	短期小學	0.870
	總平均	1.036

資料來源：偽「南京特別市秘書處」：南京市政府組織規則及市政概況（一），南京市
　　　　　檔案館藏，1002－1－15－1。

　　因當時詳細統計人口尚需時日，市府先就各區成人數字，與 1936 度南京
戶口統計報告學齡兒童占成人之百分數相比例，得學齡兒童近似數。以當時
56 萬人計，學齡兒童大約有 66497 人。然而就中小學及私塾的容納量來看，
遠遠不夠。城區平均失學率在 50％以上，鄉區更是高達 90％。就算是考慮到
各鄉區私塾多未登記的因素，失學比例也不會出現大幅度的波動。

表 5－11－1：南京市各區學齡兒童統計表

區　別	學齡兒童	學童對於人口數之百分比
第一區	14018	12.03
第二區	18162	12.22
第三區	8216	12.01
第四區	5437	13.08
第五區	4346	11.81
安德門區	5192	15.04
上新河區	6804	12.38
燕子磯區	2466	5.79
孝陵衛區	1856	9.31
總　計	66497	11.79

表 5－11－2：南京市就學兒童與失學兒童統計表

類　別	總　計	市立小學	私立小學	私　塾	失　學
學童數	66497	16642	5112	6141	38602
百分比	100	25.03	7.69	9.23	58.05

資料來源：僞「南京特別市秘書處」：南京市政府組織規則及市政概況（一），南京市
　　　　　檔案館藏，1002－1－15－1。

　　鑒於以上情況，1940 年汪僞政府成立後，南京市調整市立中小學校長，
以所在地之地名改定市立小學校名，擴充市立各中小學學級；增設鄉區小學 8
所。中學分爲四類：國立中學、市立中學、私立中學、私立特種學校。其中公
立中學 8 所，私立中學 16 所，共計 24 所。與上一年相比，公立學校增加 6 所，
私立學校增加 1 所。小學也增加了國立小學校 1 所，加上市立小學 57 所，私
立小學 20 所，共計 78 所。較之上一年，增加公立學校 18 所，私立小學減少 1
所，總計增加 17 所，年級數也大大增加。中小學生的總體數量增加了近一倍。

表 5－12－1：南京市中等學校統計表（1940 年度）

校　別	校數	級數	學生數	教職員數
總計	24	124	4902	632
國立中學校	5	31	1313	223
市立中學校	3	26	1294	129
私立中學校	13	64	2201	255
私立特種學校	3	3	94	25

表 5－12－2：南京市小學校統計表（1940 年度）

校　別	校　數	級　數	學生數	教職員數
總　計	78	659	34795	1179
國立附屬小學校	1	12	445	27
市立小學校	57	479	27723	915
私立小學校	20	168	6627	237

資料來源：僞「南京特別市秘書處」：南京市政府組織規則及市政概況（二），南京市
　　　　　檔案館藏，1002－1－15－2。

公立中學計有 8 所，分別是國立模範中學、國立模範女子中學、國立師
範學校、國立第一職業學校、國立第二職業學校、市立第一中學校、市立第
二中學校、市立女子中學校。八所中學共有學生 2607 人，教師 352 人。此外，
私塾數量略有下降，至 1940 年 12 月共有 145 所，塾師 145 人，學生 5163 人。
〔註49〕另據 1942 年 6 月的統計，私塾尚有 142 所，學生有 4625 人，基本保
持小幅有降的勢頭。

　　汪僞國民政府還都後南京人口激增，中小學生數量隨之增加。根據實
際需要，市府對於中小學教育設置進行改革。1940 年，先後在小學增設全
日制及二部制 145 級，在中學增設 7 級；爲調整各級學校編制，1941 年度
第一學期開始將中學春季始業班一律改爲秋季始業班，計市立第一中學增
設二級，第二中學與女子中學各增設三級，並將一中商科歸併至市立職業
中學；小學方面則在可能範圍內盡力取消半日二部制，其校舍不敷分配者，
添闢流動教室，如原來編制不合教育原理者或學生過多無法容納，而校舍
足敷增級之用者，可以考慮增級。截止 1941 年度第二學期，由初級小學改
爲完全小學者，計 3 校；不合教學原理，及由半日二部制改爲全日制而增
設者，計 13 級；學生過多而校舍足敷增級之用而增級者計 8 級。小學逐漸
發展爲三種模式，包括完全小學、初級小學和簡易小學，級別分爲幼稚班、
一上級、一下級、二上級、二下級、三上級、三下級、四上級、四下級、
五上級、五下級、六上級、六下級等 13 級。自 1941 年第二學期開始徵收
學費，各校設免費學額，最高爲百分之五十，特殊者全數免收。爲修繕校
舍，並帶徵建築費，小學每生 1 元，中學每生 2 元，不足之數由市庫承擔。
另外，市府爲加強對中小學教育的控制，在不斷增設公立學校的同時，削
減私立學校的數量。至 1942 年 6 月，公立小學已增至 63 所，私立小學卻
減少到 4 所。公立中學又增加 1 所，總計 9 所，私立中學卻減至 5 所。私
立小學學生僅占小學生總數的 4.7%，私立中學的學生所佔比例稍高，爲 29.9
%，比之原來已下降了數倍。〔註50〕

〔註49〕僞「南京特別市秘書處」：南京市政府組織規則及市政概況（二），南京市檔
　　　　案館藏，1002－1－15－2。

〔註50〕僞「南京特別市秘書處」：南京市政府組織規則及市政概況（二），南京市檔
　　　　案館藏，1002－1－15－2。

表 5－13－1：南京特別市小學校統計表（1942 年 6 月）

校別	學校數	學生數			每月經費額（元）	教職員人數			
		合計	男	女		合計	教員	職員	互兼
總計	67	34503	20824	13670	108951	916	775	135	6
國立小學	2	686	371	515	6132	41	31	4	6
市立小學	61	32187	19312	12875	97224	826	702	124	－
私立小學	4	1630	1141	489	5505	49	42	7	－

表 5－13－2：南京特別市中學校統計表（1942 年 6 月）

校別	學校數	學生數			每月經費額（元）	教職員人數			
		合計	男	女		合計	教員	職員	互兼
總計	14	4737	3558	1179	116282	480	237	157	86
國立中學	5	1353	787	566	67112	207	90	84	33
市立中學	4	1967	1490	477	25769	139	74	38	27
私立中學	5	1417	1281	136	23402	134	73	35	26

資料來源：僞「南京特別市秘書處」：南京市政府組織規則及市政概況（二），南京市
　　　　　檔案館藏，1002－1－15－2。

　　到了 1942 年底，中小學校各項數據又有變化。與上面兩個表格參照對比
來看，可以幫助我們更爲深入地瞭解當時的教育恢復與發展狀況。

表 5－14：南京特別市中小學校統計表（1942 年度）

校別	學校數	學生數			每月經費額	教職員人數			
		合計	男	女		合計	教員	職員	互兼
南京特別市小學校統計表（1942 年）									
總計	79	35219	21661	13558	172.414.30	1064	907	157	
國立	2	786	426	360	7.371.00	41	34	7	
市立	72	32576	19948	12592	149.038.60	952	812	140	
私立	5	1857	1251	606	16.038.60	71	61	10	

校別	學校數	學生數			每月經費額	教職員人數			
		合計	男	女		合計	教員	職員	互兼
南京特別市中學校統計表（1942年）									
總計	14	5471	3961	1504	148834.98	539	289	140	110
國立	5	1453	887	566	69391.00	207	90	84	33
市立	4	2340	1732	608	43924.68	185	111	32	42
私立	5	1678	1348	330	35519.30	147	88	24	35

資料來源：僞「南京特別市秘書處」：市政公報（116期），南京市檔案館藏，1002－1－1170。

　　就行政組織而言，市立各普通小學於校長之下，分總務、教務二部，部下分設若干股。總務由校長自兼，教務及各股事務均由教職員分任。至模範小學，則於總務、教務二部外，另增研究一部，專司教育理論之研究及解除教學上困難事項。

　　市立各小學多採用單式編制。模範小學爲研究教育上問題起見，則設有復式學校。短期小學均採用半日二部制。普通小學因收低級學生過多，教室不敷容納，亦有設立半日二部制者。各級小學（短期小學除外）所用的各科教材，均採用部頒各科教科書暫行本。補充教材由各校自行編選，呈經教育局審核後採用。短期小學所用教材，由各校聯合組織教材編選委員會編輯應用。成績考覈分平時，學月，學期三種，一般採用百分計算法計分。

　　學校採用訓練周方法訓練學生，每周以一德目爲訓練中心，每日有朝會。倡導學生自治，組織公安隊或巡察隊、衛生隊、圖書館、合作社、兒童月刊社及課外娛樂團體。對於優良學生之獎勵，多採用名譽獎、言語獎，不常用實物獎。對於頑劣兒童之懲戒，多用言語懲戒，名譽獎狀之褫奪，及其它處罰，以不刺激兒童感情有惡劣反應爲原則。學校注意與家庭聯絡，方法有三：一是與家長談話，由學校函約，分定期與臨時兩種；二是家庭訪問，學生家長有不能到校談話者即至其家訪問；三是懇親會，於學期或學年終了時舉行，並展覽學生在校之成績。

　　各小學關於教育問題之研究，以模範小學爲中心研究處所，預定於每一學期或每一學年研究一中心問題，以供給全市各小學參考實施。模範小

學成立後，附設幼稚園一級，招收四足歲至六足歲學生 50 名。其教學範圍分集會與課程兩種：集會以朝會爲主；課程分音樂和遊戲，故事和兒歌及工作。

市立中學行政組織與教導實施和小學略有不同。市立中學於各級級任導師外，另設常務導師一人，隸屬教導處。不僅佐助教導主任主持訓管事宜，又爲各級級任之連繫。各校均以「誠樸」二字爲校訓。學校培育之中心目標爲：修養品性，實行人格薰陶，灌輸知識以謀自立，技能鍛鍊，身軀養成，健全體魄，糾正思想，務使篤實眞誠，摒除惡習，力戒驕奢。學科開設有外國語、體育科、音樂科、美工科、自然科、史地科、算學科、國文科及修身科。

二、對於教師與學校的監管

恢復教育，師資最爲重要。爲加強對於中小學教師的監管，南京市政府從五個方面建立了教員的培養與管理體系。

其一，實施教員登記制度。爲救濟師資之缺乏，並取締不合格教員，方便對於教師的控制，自 1938 年起教育局首先舉行小學教員登記，每半年一次。參加登記人員必須參加考試，包括筆試和面試。就第二屆小學教員登記情況來看，登記人數 272 人，錄取 109 人，不合格 163 人，錄取率在 40%。第三屆 179 人登記，錄取 98 人，不合格 81 人，錄取率爲 55%。整體來看，對於小學教師資格的要求還是比較嚴格。

表 5－15－1：第二屆市立小學教員登記人數統計表
　　　　　　（1938 年度第二學期）

項別	必須參加筆試者			免於筆試參加口試者			合計
	男	女	計	男	女	計	
登記人數	104	31	135	95	42	137	272
正取	18	——	18	32	25	57	75
備取	6	4	10	16	8	24	34
不合格	80	27	107	47	9	56	163

表5－15－2：第三屆市立小學教員登記人數統計表
（1939年度第一學期）

項別	級任教員						短期小學						科任教員			合計
	完全小學			初級小學			正教員			助教員						
	男	女	計	男	女	計	男	女	計	男	女	計	男	女	計	
登記人數	46	18	64	40	38	78	5	5	10	5	6	11	8	8	16	179
正取	26	11	37	10	16	26	－	－	－	2	－	2	7	4	11	76
備取	4	2	6	6	4	10	1	3	4	－	1	1	－	1	1	22
不合格	16	5	21	24	18	42	4	2	6	3	5	8	1	3	4	81

資料來源：僞「南京特別市秘書處」：南京市政府組織規則及市政概況（一），南京市
檔案館藏，1002－1－15－1。

　　其二，設立教員培訓機構，對於現職教員、曾任教員及中學畢業生進行專業與思想培訓，打造一支合乎日僞要求的中小學師資隊伍。1939年1月，維新政府教育部設立臨時教員養成所，內分本、特兩科，先行訓練小學師資。南京市依照名額，由教育局考選曾任教員男性21人，女性4人，入第一屆特科受訓；又考選中學畢業生男性15人，女性11人，入一屆本科受訓。4月，特科學員畢業後，又保送二屆特科受訓教員，計現任11人，曾任2人。7月間保送現任及曾任男教員20人，女教員13人，入三屆特科受訓；選送男教員26人，女教員18人，入二屆本科受訓。嗣以養成所添設日語專修科，教育局保送現任男教員8人前往受訓。歷屆各科畢業學員，均先後派往市立各小學服務。本年暑假，教育部舉辦暑期講習會，召集各省市縣中小學校長、教員來京聽講。市教育局於七、八兩月，先後飭令市立小學教員陳昌穎等26人，中學教員張心蘭等4人，入該會第一部教育學教授法組講習。同時選送小學教員費育生等18人，中學教員熊同德等3人，入第二部音樂體育組講習。又於11月6日至8日，令市立各中小學體育教員許燕秋、詹道志、李楚賢等五十餘人，前往教育部教員養成所，見習維新操。

表5－16：南京市保送教育部教員養成所歷屆各科學員統計表

項　目		畢業期限	現在教員			曾任教員			中學畢業生			合計
			男	女	計	男	女	計	男	女	計	
本　科	第一屆	六月	－	－	－	－	－	－	15	11	26	26
	第二屆	一年							26	18	44	44
特　科	第一屆	三月	－	－	－	21	4	25	－	－	－	25
	第二屆	三月	11	－	11	2		2				13
	第三屆	六月	18	7	25	2	6	8	－	－	－	33
日語專修科	第一屆	一年	8		8							8

資料來源：偽「南京特別市秘書處」：南京市政府組織規則及市政概況（一），南京市檔案館藏，1002－1－15－1。

　　臨時教員養成所學員分發各小學服務以後，依然需要每月向教育局呈報服務概況表，以備核查。例如分配至珠江路小學的臨時教員養成所學員曹其孝、於楓、吳杏珍、金叔甫、秦淑華、蔡彬等6名，分別於1939年7月、1940年1月、1940年7月畢業，並分別在1940年2月和8月進入珠江路小學任教，都必須一直按月呈報服務概況，內容包括任教科目、服務概況、校長意見等。以吳杏珍為例：「女性，武進，特科第三屆畢業，1940年1月畢業，分配至珠江路小學。1940年2月到校，中級級任，教授公民訓練、國語、算術、常識。所提意見及建議：物價高漲不已，收入不足維持個人生活，何況家庭，望當局沒法增薪，以安生活。」〔註51〕

　　其三，實行教育工作人員連環保證方法。為進一步約束規範從教人員的思想行為，「謀全市教育工作人員恪遵國策、盡忠職守，並切實推行和運，統一思想起見」，1941年4月市政府頒行了《南京特別市教育工作人員連環保證辦法》。特別規定：1、凡本市私立各級學校、社教機關暨私立職業補習學校或傳習所以及私塾人員均須按照本辦法填具連環保證書呈送教育局查核，否則不得任用或設立。2、凡屬本市教育工作人員均應於本辦法公佈之日起兩星期內填具三人（本人除外）連環保證書一份。3、本市教育工作人員除依法填具連環保證書外，教育局督學視察巡視時對於各該人員之思想文字仍須嚴密

〔註51〕偽「南京特別市秘書處」：偽市府各局人事任免，南京市檔案館藏，1002－1－1163。

考察。4、凡保證人對被保證人之思想言行應負全責。倘有越軌及反動情事隱匿不報者，一經發覺定予連坐處分；據實檢舉者按其情節獎賞；如中途發生懷疑但無佐證得用書面或口頭退保。〔註52〕

其四，為進一步健全教育行政機構，設置各種委員會，以細化教育行政與管理。1940 年，為保障並提高教工人員待遇以使其安心服務，特組織教育經費委員會，以保障教育經費獨立。緣於各級學校及社教機關員工待遇較為微薄，又值物價高漲，每月所得實不敷維持生計，長此以往必將影響工作效能，爰就教育局補助費節餘項下，按照原有薪金，一律發給生活補助費 10 元，並另發米貼 10 元，使其安心服務。1941 年因生活費用高漲，引起小學教員不安，市府奉行政院令配給平米。1942 年又以教工人員 1940 年度薪給標準，依照中央公務員加成辦法，普加八成，並按月配給 80 元平米一石。9 月，糧食管理委員會提出停止配給京市小學教員平米，市政府上呈行政院秘書處表示反對，緣為小學教員待遇清苦，非特不能謀一家之溫飽，且不足維持個人之生活，而物價激增，較上年又過一倍，有此平米已難以支持；且京市教員薪資不比其它各省市為優，僅恃此平米配給，聊以慰藉；如果教師生活不安，則難免導致優良者他顧，不才者充數。〔註53〕

為整頓各級學校師資，教育局組織師資審查委員會在選聘教員時注重對於畢業資格、服務經驗、品行修養、思想觀念等方面謹慎審核。同時為保障優良師資，每學期終了頒發獎金予以鼓勵。對於代用教員則於 1941 年度第二學期開始舉辦小學教師講習會，三個月一期，敦聘專家授課，計第一期訓練共 175 人，第二期訓練計 144 人。此外，嚴格選聘日語教師，大力推廣日語教育。根據教育部所頒小學規程，凡市立小學高級班一律加授日語課程。教育局為慎選師資，於 1939 年 3 月 7 日兩次函召對於日語素有研究及富有小學教育經驗人士，舉行考試，共錄取 14 人，分別介紹各校聘用。1940 年舉行日語教師課外研究會，並於 12 月 20 日舉辦中小學學生日語演習比賽（演說，會說，歌唱）。1941 年為增進日語教師教學起見，特組織日語研究會，請富有經驗之日籍教師為顧問，每兩星期開討論會一次，並由日籍教師輪流赴各校，指導教學。同時，南京市開設日語學校 4 所，其中南京日語學校為公辦，其餘 3 所為私立學校。

〔註52〕 僞「南京特別市秘書處」：市政公報（70 期），南京市檔案館藏，1002－1－1168。
〔註53〕 僞「南京特別市秘書處」：市政公報（103 期），南京市檔案館藏，1002－1－1169。

表 5－17：南京市日語學校概況表

校　別	立　別	校　長	級　數	學生數	教職員數
南京日語學校	公　立	前田市松	10	440	7
南京日語專門學校	私　立	小野瀨大勝	3	150	3
善鄰日語學院	私　立	的場常藏	1	10	5
實用日語社	私　立	石伴鶴	1	4	1

資料來源：偽「南京特別市秘書處」：南京市政府組織規則及市政概況（二），南京市
　　　　檔案館藏，1002－1－15－2。

其五，隨著教育體制的完善，市府對於學校的管理和督導也進一步加強。教育局採用指導制督導本市各級學校，視察記載簿含學校、校長、教師三項，考覈教職員服務成績。因爲私立中小學日益增多，教育局認爲應當加強督導，以與市立各校趨於一致。除派員調查各中小學實況外，關於訓教設施情形，各科所授教材，以及採用國定課本等項，均隨時詳加指示，務使合於規定。由教育部組織編纂各級學校各科國定教本，初高級小學各科使用國定課本，初高級中學各科國定課本未發行前，自編講義或前維新政府教育部所編課本可酌定使用。自 1940 年下半年起，恢復中小學童子軍訓練案。爲適應新國民運動的要求和需要，特別補充中小學訓導目標，除遵照教育部規定外，將新國民運動要點一併列入；並由各校師生共同另行組織新國民運動促進分會，釐定推行辦法，呈請教育局核定。教育局負責督飭各級學校教職員、學生推行新國民運動，要求各校新運促進分會並全體師生舉行簽誓，辦理經過須按月呈報，由學務、管理兩股查核指導，列爲各校館長考績之一，對學生列爲操行成績之一種。另外，教育局需經常召開教育人員座談會，瞭解教師和學生的教學、生活與思想動態，督導教師通過參加講習會、閱讀教育書報、聽學術講演進行研究進修。

爲考查學生學業實況，除抽調作業簿籍外，教育局特別選聘富有教學經驗教師多人，擬定測驗題，分中南北區，同時舉行會考，以期提高各學生知識水平。此外還常常舉辦中小學聯合成績展覽會。1941 年度高中畢業生 17 名，初中畢業生 494 名，小學高級畢業生 1161 名，初級小學畢業生 2064 名。除學業督導檢查外，當局還通過舉辦小學生集訓、以各種名目開展的大中小學生演講比賽、節日慶祝會、運動會等方式將「和平運動」思想散播傳遞。當局

規定每月八日，即保衛東亞紀念日，集合全市中學生作精神及體格之檢閱；日軍佔領南洋，舉辦市立中小學聯合慶祝友邦佔領南洋大會，據報「列隊遊行，蜿蜒數里，情緒熱烈」〔註54〕；慶祝國府還都二週年紀念會也拉來中小學生，進行所謂的童軍檢閱、中小學國民操大會操、中小學生踢毽比賽等。此外也借補助清寒優秀學生來籠絡人心，名額雖然有限，但確實在生活困難中起到了不小的作用。補助金分爲兩種：一是清寒優秀學生升學獎金，規定中學部分膳宿生每名80元，走讀生每名40元；小學部分每名一律15元，計清寒優秀中學生審查合格者共34名，小學生530名，共發獎金10005元。二是清寒學生膳食津貼金，暫定30名爲限額，計專科學校10名，高中10名，初中10名，每名每月10元。〔註55〕

　　日軍十分關注中小學教育，希圖控制並施加影響。以1938年10月到12月日本特務機關對於南京市中小學的管理聯絡爲例，可以眞實地反映日本插手控制教育的做法與意圖。汪僞政府成立後，日汪之間交接處理事務的程序相對正式化，日本對於教育也由直接控制爲主轉向通過僞府間接控制爲主，方式更爲隱秘化。1938年10月2日及12日，特務機關函送亞細亞寫眞畫報12種，12及21日特務機關及日本總領事館又贈送亞細亞寫眞畫報，分別轉發中小學展覽。20日，教育局接特務機關通知以大西機關長捐贈本市中小學學生文具多種，另外以日本自然科研究所所長理學博士新城新藏暨同仁會南京醫院院長、醫學博士岡崎祉容兩氏捐贈小學理科掛圖共15全套，以及綜合手工教材兩全集。11月9日，特務機關轉送教育部編訂之國語修身算術各科小學教材，經教育局按各校學生人數分配。22日，特務機關通告軍特部防疫班於23日起捐派醫師到各中小學爲學生種痘。28日，特務機關通告日本公論社婦女代表來京觀光，經教育局函邀第一小學等校女教員陳菊儂、吳偉、張瑤芝、劉祿貞四人擔任招待。12月24日，駐京日本總領事館函送第30期亞細亞寫眞畫報5種，轉發各中小學。25日，特務機關通知教育局擬訂關於1939年度學校教育與社會教育計劃綱要。〔註56〕

〔註54〕僞「南京特別市秘書處」：南京市政府組織規則及市政概況（二），南京市檔案館藏，1002－1－15－2。

〔註55〕僞「南京特別市秘書處」：南京市政府組織規則及市政概況（二），南京市檔案館藏，1002－1－15－2。

〔註56〕僞「南京特別市秘書處」：南京市政府呈報工作報告及行政院覆示，南京市檔案館藏，1002－1－423。

三、霍亂防治

南京淪陷後，城市居住環境遭到嚴重破壞。廢水排放設施損壞，清潔飲用水失去來源，人民四散流離，垃圾糞便無人管理。加上大量人員死亡，雖然後來經過掩埋處理，但時間拖得比較長，衛生設施嚴重不足，衛生防疫工作不及時，導致一些疫情的發生。直至 1939 年這種情況還未得到大的改善。這一年掩埋路倒及貧病無力殮埋屍體，計男性 152 具，女性 45 具，孩屍 526 具，總計為 723 具，露棺 101 具，屍骨 6774 具，修墳 3901 個，在前陣亡將士第二墓地上籌建大規模之無主孤魂墓一座，內埋屍骨 3574 具。〔註57〕

因首都為形象觀瞻之所在，又是日偽重要機關的居住地，隨著秩序恢復人口大量湧入，所以衛生防疫工作顯得尤為重要。為此，南京市規定每月 11 日為全市大掃除期，努力加緊清除工作；並以夏秋兩季環境衛生為重點，先後舉辦夏季及秋季清潔運動。以夏季清潔運動為例，5 月 11 日至 16 日為宣傳周，5 月 17 日至 23 日為實行周，5 月 21 日至 27 日為檢查周。〔註58〕

1940 年，據同仁會（同仁會防疫處長是日本人梅田博士，同時兼任南京市衛生局衛生顧問）傳染病暨鼓樓醫院報告，共計發現痘瘡 2 人，副傷寒 44 人，傷寒 58 人，死亡 3 人；赤痢 203 人，死亡 20 人；斑疹傷寒 2 人，白喉 31 人，死亡 1 人；猩紅熱 1 人，腦膜炎 2 人，霍亂 3 人，死亡 3 人；合計患者 346 人，死亡 27 人。〔註59〕

霍亂是當時極易流行的一種傳染病。該病是由霍亂弧菌所致的烈性腸道傳染病，病情嚴重時若治療不及時常易死亡。霍亂主要借水傳播，污染的食品和手以及蒼蠅等對傳播疾病也起一定作用。為防治霍亂與傷寒，「中支防疫班」自 1938 年即開始對南京市民強制注射防疫針，後經市府加大宣傳，又將防疫注射與購米相結合，到 1940 年注射防疫針的人群已大大增加。同時也加強了對於牲畜的檢驗與檢疫。

〔註57〕偽「南京特別市秘書處」：南京市政府組織規則及市政概況（二），南京市檔案館藏，1002－1－15－2。

〔註58〕偽「南京特別市秘書處」：南京市政府組織規則及市政概況（一），南京市檔案館藏，1002－1－15－1。

〔註59〕偽「南京特別市秘書處」：南京市政府組織規則及市政概況（二），南京市檔案館藏，1002－1－15－2。

表5－18－1：防疫注射及種痘統計表

類　別	注射防疫針			布種牛痘		
	合　計	男　性	女　性	合　計	男　性	女　性
總　計	494505	326900	167605	401220	275902	125858

表5－18－2：檢驗牲畜數量統計表

月別	合計	豬	牛	羊	馬	驢	騾
總計	47481	37522	7153	1645	170	953	38

資料來源：偽「南京特別市秘書處」：南京市政府組織規則及市政概況（二），南京市
　　　　　檔案館藏，1002－1－15－2。

　　霍亂防疫注射本是好事，但是日偽在執行時粗暴蠻橫，加上居民對於日
偽存在恐懼心理，防疫成了控制身體與心理的政治事件。早在1938年8月，
因中支防疫班爲市民注射疫針已有20天，鑒於「人數減少，該班醫師遂率員
上街執行，而民眾曲解善意，相率規避，不得不強製辦理。」照料注射的第
二區公所職員楊振先因此被人毆傷，其中打人者中有三人稱：「昨日扯我打
針，今日要你性命。」〔註60〕

　　1940年9月份，正值夏秋交替之際，南京市發生霍亂，主要發生地點多
屬棚戶區。市政府飭令衛生局選編《霍亂宣傳簡明綱要》分發各區，責成各
區保甲長挨戶口頭宣傳。《霍亂宣傳綱要》共計12條，內容包括：1、蒼蠅是
霍亂的根源要趕快撲滅。2、霍亂甚於毒蛇猛獸，一時三刻可以叫人死亡。3、
房內垃圾應趕快清除，勿使蒼蠅叢集。4、勿吃生冷瓜果及食品。5、欲免霍
亂快打預防針。6、霍亂發生地切勿隨意前往，因爲霍亂傳染很快。7、欲免
霍亂不可隨處傾倒污水。8、霍亂最易傳染，好人勿與病人接近。9、霍亂危
險是很可怕的，我們要和防土匪一樣。10、霍亂發生應立即報告衛生局，予
以隔離以免傳染。11、霍亂發生地應嚴行消毒。12、霍亂病人應趕快延醫診治，
不可請理髮師打針。〔註61〕在《霍亂宣傳簡明綱要》中除了提醒居民注意衛

〔註60〕偽「南京特別市秘書處」：各區公所及警察廳呈報被凶徒毆傷職員、堯化門自
　　　　治會會長李春淦被刺死、市民受匪徒搶劫及本署指令，南京市檔案館藏，1002
　　　　－1－591。
〔註61〕偽「南京特別市秘書處」：市政公報（55期），南京市檔案館藏，1002－1－1167。

生，澄清對於霍亂的錯誤認識以外，還進一步塑造了民眾對於霍亂的認知，例如第九條將霍亂的危險性與土匪相類比，第十二條將醫生與理髮師比較，不僅反映出民眾認知中的混亂與荒誕，同時也說明霍亂防治不僅僅是身體上的防治，也是心理上的防治，這也是特殊的政治與社會背景在防疫一事中的微縮與投射。

防疫成爲市府規範人們日常生活習慣與秩序的重要理由與推動力量。1941 年 7 月，市府將原來夏季、秋季清潔運動升級，組建首都夏令衛生運動委員會，以辦理及指導首都夏令公共衛生事業爲宗旨，每 2 周舉行一次委員會議，每周舉行一次常務會議，自 5 月 15 日開始至 9 月 15 日開展首都夏令衛生運動。〔註 62〕同一時期，上海地方發生眞性霍亂流行，市政府爲預防霍亂舉辦第二次霍亂預防注射，並飭令衛生稽查嚴格取締各冷飲冷食店出售刨冰。〔註 63〕

1942 年市府繼續舉行霍亂預防注射，並舉辦中小學生體格總檢查。衛生局延長種痘時間，進行霍亂、傷寒預防注射，經注射者於市民證上加蓋戳記，以便識別。市民證上未有戳記者一經發現即行強制注射。同時加強滅蠅消毒，並予獎勵；通令各公私立醫院診所如有發現法令傳染病立即報告衛生局；此外還制訂了處理糞便、公共清潔整理辦法與宣傳清潔綱要，調整擴充清潔隊，捕捉野犬。

各場所衛生開始被重視，市府要求衛生局加強管理。凡市內公共娛樂、飲食、旅宿、理髮、水爐、殯儀館等須先向衛生局申請，經派員調查合格後發衛生許可證，這是其申請登記註冊的必須要素。至於各菜場菜蔬消毒事宜則由衛生局下屬菜場管理所代辦。衛生局爲此舉行了爲期兩個月的全市公共衛生大檢查。經衛生稽查各業衛生 2583 件，取締 236 項。〔註 64〕

1942 年上半年衛生局屬各診所共報告傳染病 688 例，法定傳染病患者及死亡人數總計 259 人，其中傷寒 82 人，白喉 84 人，赤痢 71 人。〔註 65〕入秋以後，各地霍亂蔓延，蘇州、蕪湖一帶更是猖獗，傳染迅速，死亡人數相繼

〔註 62〕僞「南京特別市秘書處」：市政公報（75 期），南京市檔案館藏，1002－1－1168。
〔註 63〕僞「南京特別市秘書處」：市政公報（76 期），南京市檔案館藏，1002－1－1168。
〔註 64〕僞「南京特別市秘書處」：南京市政府組織規則及市政概況（二），南京市檔案館藏，1002－1－15－2。
〔註 65〕僞「南京特別市秘書處」：南京市政府組織規則及市政概況（二），南京市檔案館藏，1002－1－15－2。

增加。市府飭令各區公所嚴格查報防堵，但事實上並沒有得到重視。「殊料自
狀元，境內、捕廳、柳葉街、通濟門外等處陸續發現以來，雖經衛生局會同
各機關立加處置並經報章登載，但各該管區公所迄未報告，充耳不聞。飭令
嚴遵衛生守望制度，如敢故違即讓保甲連坐方法處罰不貸」〔註66〕。隨後陸
軍部駐通濟門外直轄第14旅士兵連日發現霍亂，送往市府收容醫治者先後計
54名。因此，「為預防蔓及京市，保護市民安全起見，除由本府飭屬加緊防疫
注射外，特再會同有關各方另組首都檢疫班，及首都消毒班，並設立臨時隔
離所一處，以資防範」〔註67〕。1943年5月，霍亂預防注射在中華門外京蕪
車站實施，所有車站、車埠、各城關都列在重點防控之內，對進入南京的關
口加強控制與監管。

　　此外，日偽為樹立衛生行政的良好形象，嘗試舉辦一些活動與義診。1942
年4月，衛生局會同中央醫院、教育局，委託民眾教育館辦理嬰兒健康比賽，
參加者踴躍，計五百餘名。1943年4月，中日厚生協會委託同仁會編成巡邏
診療班6班，自15日起對貧病市民及公務員免費治療，計發免費診療申請書
50本給各城鄉區公所。〔註68〕自然這只是一種姿態而已。貧病依然是加在淪
陷區平民身上的一道沉重的枷鎖。

第三節　意識形態與日常宣傳

一、和平理論、大亞洲主義與東亞聯盟論

　　著名學者齊澤克（Slavoj Zizek）認為，意識形態作為一種信念，一組觀
念、信仰、概念等，其內在概念被用來使人們確信其「真理」，但實際上服務
於某種隱含的特定權力利益。對於汪偽政權意識形態的討論，也必須聚焦其
所宣揚的主義、理論、理念，並透視其背後隱藏的利益追求及其本質。汪精
衛本人的思想動態是其中非常重要的組成部分，需要放在中日戰爭與日汪合

〔註66〕偽「南京特別市秘書處」：市政公報（105期），南京市檔案館藏，1002－1－
　　　　1169。
〔註67〕偽「南京特別市秘書處」：市政公報（107期），南京市檔案館藏，1002－1－
　　　　1169。
〔註68〕偽「南京特別市秘書處」：市政公報（118期），南京市檔案館藏，1002－1－
　　　　1170。

作的背景下來考察。因此，將汪精衛本人的思想、汪僞政府的目標與理念及日本的宣傳與策略串聯起來，就可以清晰地勾勒出汪僞政權的意識形態。

汪精衛在《國民政府還都的重大使命》中，解釋說：「和平運動拿什麼做目標呢？就是實現和平，實施憲政。這兩個大方針，是和平運動最大的目標，也就是國民政府還都最大的使命。」歸結起來也就是所謂的「和平、反共、建國」。圍繞這些目標，汪僞政權主要拋出了和平理論、大亞洲主義，歪解孫中山先生的三民主義，附和並宣揚日本提出的東亞聯盟論，形成一套自吹自擂的理論體系，建造並指導僞政權的運轉。

汪精衛自 1925 年孫中山逝世至 1938 年底發表《豔電》這段時間，政治思想複雜而多變。盧溝橋事變爆發後，在日益嚴峻的抗戰形勢下，汪精衛提出了悲觀的抗日論、隱秘的反共論和積極的「和平」論。其中他的悲觀的抗日論所引發的民族失敗主義，成爲他後來叛國投日的思想根源；而他的隱秘的反共論和積極的「和平」論，則發展了他過去所堅持的反共親日思想，並構成了他後來所鼓吹的「和平反共建國」思想的理論基礎。〔註69〕

1939 年 8 月汪僞國民黨第六次全國代表大會宣言特別提出：「今日以前，吾人認非抗戰無以建國，集其精力，艱難奮鬥，無時不準備犧牲一己，以爲國家民族；今日以後，吾人認非和平反共無以建國，其事業之艱巨，一己所受之勞苦與所冒之危險，較之抗戰更爲嚴重。」〔註70〕結合汪精衛之前的和平才能救國的論調，汪僞的和平理論正式浮出水面。

這一理論主要涵蓋三個方面。其一，對於抗戰失去信心，認定抗戰不能救國，反而會亡國。周佛海評論國民黨過去的功罪和未來的責任時，指出「戰與和都是手段，國家的生存與獨立，乃是目的。戰可以達到這個目的，就戰；和可以達到這個目的，就和。這個極普通的道理，誰都應該懂得。過去非戰不可，當然要不顧一切地戰；今後非和不可，當然也要不顧一切的和！爲什麼今後不能再戰而要講和？因爲如果再戰，就要走上上面所說的第一條路，就是死路。」認定抗戰必勝論是鏡花水月的幻想，應當認清目前的戰爭形勢是中日兩國處於膠著狀態，應當立即停戰講和，不然不管日本如何，中國肯

〔註69〕謝曉鵬：《汪精衛政治思想的演變及特點》，《鄭州大學學報》（哲學社會科學版），2005 年第 1 期。

〔註70〕黃美眞、張雲編：《汪精衛國民政府成立》，上海人民出版社，1984 年版，第331 頁。

定是要亡國了。「如果和平條件不足以亡國，偏不接受和平；抗戰到底足以亡國，（最大的限度，日本也陪著崩潰，但是中國總不免於亡。）偏要抗戰到底，國民黨難道可以說不負亡國的責任嗎？所以我說過去抗戰是國民黨的功，今後如果再不主張和平，便是國民黨犯下了死罪了」〔註71〕。汪精衛也持此種論調，在《舉一個例》中強調自己「看透了，並且斷定了：中日兩國，明明白白，戰爭則兩傷，和平則共存；兩國對於和平只要相與努力，必能奠定東亞百年長治久安之局；不然，只有兩敗俱傷，同歸於盡」〔註72〕。顯而易見，周、汪對於抗戰前途充滿悲觀，卻依然披戴爲黨爲國的外衣，否定抗戰的意義，是寧爲瓦全、不論玉碎的妥協求生的心態。這種心態承繼了「低調俱樂部」的認知，伴隨抗戰的初期進程，形成一個以汪精衛爲首的和平運動派，在逃往河內之後便借著應和近衛三原則堂而皇之登上政治舞臺了。

其二，認定近衛三原則爲和平原則，爲日本既定國策，必定排除侵略主義，倡導中日合作。汪精衛在《豔電》中贊同近衛所提出的善鄰友好、共同防共、經濟提攜三原則，認定雖然需要細節上的商定，但確爲和平之原則。並願意本著對於日本冤仇宜解不宜結的根本意義，轉敵爲友，按照三原則來恢復中日和平和東亞和平。而且中日有著共同的目標：「廓清百年以來流毒於東亞的殖民主義」和「拒絕二十年以來在世界猖獗者尤其在東亞猖獗者的共產主義」，這是中日共存共榮的基礎。〔註73〕因此，汪在《致海內外諸同志電》中稱：「日本此次對於和平條件，則以道義觀念代功利思想，對於中國不惟無勝敗之成見，且具有同憂患共安樂之誠意。」〔註74〕而事實上，汪精衛從重慶到上海，已經從國民黨和國民政府的一種有力的聲音淪落爲一個小集團的聲音，而且影響力和號召力都大爲減弱。此時的汪派在與日本打交道時，顯然是處於不同地位的不對等實體，僅僅是雙方在操作和運用有限的政治資本而已。

〔註71〕 黃美眞、張雲編：《汪精衛國民政府成立》，上海人民出版社，1984年版，第318頁。

〔註72〕 南京大學馬列主義教研室：《汪精衛賣國集團投敵批判資料選編》，《南京大學學報》編輯部，1981年版，第305頁。

〔註73〕 黃美眞、張雲編：《汪精衛國民政府成立》，上海人民出版社，1984年版，第225頁。

〔註74〕 黃美眞、張雲編：《汪精衛國民政府成立》，上海人民出版社，1984年版，第343頁。

其三，認定日本是改造東亞的領袖，中日應彼此分擔東亞和平和建設的重任。汪精衛在《中國與東亞》一文中，宣揚「日本在東亞是先進國，改造東亞，日本有領導之權利和義務，此中國人所能知者。中國在東亞，爲地大人眾歷史悠久之國，改造東亞，中國有分擔責任之義務。」〔註75〕在《豔電書後》中認爲如今的和平運動，「中國必須與日本攜手，才能內則完成中華民國之建設，外則同負保障東亞之責任」。〔註76〕因此，日本只有援助中國完成建國事業，方能使之分擔東亞復興的責任。對於所謂的和平運動前景，無論是日本還是汪僞，大概都是心知肚明的，但是雙方互有利用的價值。在表面互唱高調，汪僞竭力與日本保持一致的掩飾下，雙方就利益轉讓和分割達成妥協。這種基於實力和身份的不對等而進行的利益轉讓和分割也必然是不對等的。其結果是汪僞自任國家的代表將國家和人民的利益予以出讓，來換取日本帝國主義對其在淪陷區的扶植。這也決定了汪僞政權只能是日本帝國主義的附庸，沒有獨立性可言，又何談分擔責任。

其四，認定反共是中日雙方的共同目標。這既是近衛三原則之一，也是汪僞著力強調的重點。汪精衛在《我對於中日關係之根本觀念及前進目標》一文中，認爲挑動中日戰爭是中共的陰謀，而蔣卻爲共產黨所利用，走上一條死路。在僞國民黨六大上宣佈「反共爲和平建國之必要工作」，認定共產主義與三民主義不相容，且共產黨是以滅亡國家和民族爲目的的外國間諜集團，決定「以反共爲基本國策」。〔註77〕此後對於反共便不遺餘力。

汪精衛在 1940 年 9 月的《和平運動殉難同志追悼大會獻辭》中闡釋和平運動的意義，「是中日協力，共保東亞，所謂善鄰友好，是成立一個共保東亞的軸心，所謂共同防共，使防止共產主義之荼毒東亞，所謂經濟提攜，是防止經濟帝國主義之侵蝕東亞」〔註78〕。即所謂的反共防帝、建設東亞。

汪僞拋出的另外一個引人注目的理論就是大亞洲主義。這一理論被汪僞

〔註75〕黃美眞、張雲編：《汪精衛國民政府成立》，上海人民出版社，1984 年版，第198 頁。

〔註76〕黃美眞、張雲編：《汪精衛國民政府成立》，上海人民出版社，1984 年版，第223 頁。

〔註77〕黃美眞、張雲編：《汪精衛國民政府成立》，上海人民出版社，1984 年版，第337～339 頁。

〔註78〕南京大學馬列主義教研室：《汪精衛賣國集團投敵批判資料選編》，《南京大學學報》編輯部，1981 年版，第 334 頁。

頗有用心地追溯至孫中山，又與日本的大亞洲主義相嫁接，並融入東亞聯盟論，爲日本侵華張目，也爲汪僞等人的行徑遮醜。

1939 年 11 月汪精衛對日本軍宣傳主任幕僚會議列席官發表《三民主義之理論與實踐》的演講，在談到怎樣實行三民主義時，論及孫中山先生在 1917 年和 1924 年兩次談到亞洲主義的問題。其一是 1917 年孫中山著文《中國存亡問題》，認爲中國只能和美日結爲友邦，中日以亞洲主義開發太平洋以西，美國以門羅主義開發太平洋以東，三國協力可謀世界之和平。其二是 1924 年 11 月孫中山北上繞道日本神戶，發表了《大亞洲主義》的演講，強調在東西方（歐亞）對立的背景下，應立足東方文化，中日親善攜手，並聯合亞洲其它民族，實現亞洲的民族獨立和國家統一，以大亞洲主義對抗歐洲的殖民主義。在政治分裂列強環伺的民國初期的背景中來理解孫中山的評論，應該沒有難題。然而汪精衛不顧環境的變化，卻拿來解釋抗日戰爭背景下的「和平運動」，尋找合乎傳統的理論依據。並進而解釋三民主義爲：

第一要打破百年來歐美殖民主義的壓迫，這就是民族主義；第二要有強有力的政治機構來改造政治成爲一個現代國家，這就是民權主義；第三要有健全的經濟制度來發達民力，充實國力，以抵抗歐美殖民主義的經濟侵略，這就是民生主義。〔註79〕

汪進一步附會，將近衛三原則即善鄰友好、共同防共、經濟提攜都認定爲大亞洲主義的理想，也是三民主義的根本精神，推論中日和平運動的基本原則與三民主義的根本精神是一致的。然而事實上中國此時的頭號敵人正是日本，而非歐美。

因此，汪在《共同前進》一文中強調在共同的理想與目標下，雖然中國的國家民族有了獨立生存自由平等，才能和日本分擔東亞安定與和平的責任，「然而中國必須注意到一個根本問題，即是中國必須時時刻刻自覺爲東亞之一員，中國的安定與和平，必須於東亞的安定與和平求之。因此中國必須在外交上，在國防上，與日本採取同一方針，在經濟上，與日本根據平等互惠的原則，實行有無相通，短長互補，這樣，東亞的安定與和平才可獲得，而中國的安定與和平也隨之獲得。所以中國的建國事業，與東亞復興事業，是要一致的，如果分離，中國的建國事業不會成功，如果背道而馳，更只有

〔註79〕黃美眞、張雲編：《汪精衛國民政府成立》，上海人民出版社，1984 年版，第217 頁。

自投於失敗之途」〔註80〕。一言以蔽之，中國脫離日本就沒有任何前途。《民族主義與大亞洲主義》又再次重申大亞洲主義是從孫中山承繼而來，民族主義與大亞洲主義非但不矛盾，而且連貫融合至一體。「中國若不能得到獨立自由，則無分擔東亞之資格，東亞若不解放，則中國之獨立自由終於不能得到保障，這是每一個中國人所應當銘心刻骨的」〔註81〕。1940 年 8 月，汪僞創辦《大亞洲主義》月刊，創刊號不僅印刷了孫中山的遺像，而且重刊孫中山的《大亞洲主義》一文，從孫中山那裏尋求理論支持與合法性的資源。

其實，日本國內在 20 世紀初就流行大亞洲主義思想。在日本迅速膨脹的實力和野心的刺激下，這種思想以種族對立爲前提，鼓吹亞洲是亞洲人的亞洲，未來世界發展的趨勢是黃白種人之爭，日本要在這場爭奪中實現在亞洲首先是東亞的霸權。日本是黃種人中最強的國家，是東亞的領袖，要扶助聯合中國，然後聯合整個亞洲，抵抗西洋勢力對亞洲的侵略。此外，保全中國，不被列強染指，維持太平洋均勢，以保證日本在與列強爭奪太平洋地區的利益時，能夠處於有利地位。日本大亞洲主義的實質就是大日本主義，不是求和平的主義，是侵略的主義，不是民族自決主義，是吞併弱小民族的帝國主義，不是亞細亞的民主主義，是日本的軍國主義。〔註82〕汪僞的大亞洲主義雖然打著孫中山的旗號，卻是爲日本的大亞洲主義服務，並隨著日本侵略理論的發展而發展，暴露了汪僞漢奸政權的本質。

汪僞政權成立後，日本國內方興未艾的東亞聯盟論在侵華日軍的推動下，開始影響並左右汪僞的意識形態和宣傳機器，成爲汪僞漢奸理論的重要組成部分。

東亞聯盟論是石原莞爾提出並進行系統闡述的侵略理論。最早出現在1933 年 3 月僞滿洲國協和會制定的《滿洲國協和會會務綱要》之中。其後石原莞爾發表《東亞聯盟建設綱領》，詳細闡釋了東亞聯盟的概念、範圍、條件、指導原理等，使之成爲一種系統的理論。1939 年起，日本組織東亞聯盟協會，並由侵華日軍指導在淪陷區相繼成立了東亞聯盟組織。該理論以東西方文化

〔註80〕南京大學馬列主義教研室：《汪精衛賣國集團投敵批判資料選編》，《南京大學學報》編輯部，1981 年版，第 324 頁。

〔註81〕南京大學馬列主義教研室：《汪精衛賣國集團投敵批判資料選編》，《南京大學學報》編輯部，1981 年版，第 340 頁。

〔註82〕史桂芳：《「同文同種」的騙局──日僞東亞聯盟運動的興亡》，社會科學文獻出版社，2002 年版，第 22～25 頁。

即王道文化與霸道文化的對立爲基礎，認爲東亞各國應爲實現王道主義聯盟並進行戰爭。結成東亞聯盟的基本條件是：國防共同、經濟一體化、政治獨立。這與近衛建立東亞新秩序的講話內容是一致的。其範圍以日、「滿」、華爲主，目標是日本取得東亞的統治權，繼續發動更大規模的戰爭，最後稱霸世界。〔註83〕東亞聯盟論爲日本提出建設大東亞新秩序、大東亞共榮圈，並推動大東亞戰爭提供了理論支持，伴隨著日本軍國主義的擴張而不斷膨脹。

　　1941年2月在南京成立了「東亞聯盟中國總會」，由汪任會長，並發行機關雜誌《東亞聯盟》月刊。早在1940年8月，林柏生就在《大亞洲主義》創刊號上發文論述了對於大亞洲主義與東亞聯盟論的看法，提到他曾與倡導東亞聯盟的日本人前後兩次接觸，對於東亞聯盟甚爲贊同，並表示應將東亞聯盟於大亞洲主義匯合貫通融爲一體，因此「必須使東亞聯盟的主張，無所外於三民主義，而大亞洲主義的運動，亦無所外於東亞聯盟的主張。這樣才能夠匯合貫通，融爲一體。如今日本方面已有東亞聯盟協會之組織，中國方面除了各地先後有同樣的組織外，更進而有大亞洲主義月刊的創立了」。並提出三點設計：「第一，以建設東亞新秩序爲目標。第二，以大亞洲主義爲理論的基礎。第三，以東亞聯盟爲實現大亞洲主義達到建設東亞新秩序的具體方案。」〔註84〕1941年12月汪精衛發表廣播《東亞戰爭之意義與我們的任務》，提到東亞戰爭使「日本自近衛聲明以來，所提倡的建設東亞新秩序，中國自從和平運動以來，所遵守而申明的大亞洲主義，已經由理論時代，而進入於實行時代了」〔註85〕。在《新國民運動綱要》中又特別提到：「從今以後，把愛中國愛東亞的心，打成一片，東亞諸國，互相親愛，團結起來，保衛東亞，這是民族主義的著重點。」〔註86〕強調東亞解放是中國完全得到自由解放的前提。在《國民政府還都二週年紀念辭》中，老調重彈，諸如還都的意義在於按照孫中山的大亞洲主義建立鞏固中日邦交，協力建設共存共榮的東亞新秩序；中日滿東亞軸心已經樹立，要努力保衛東亞，驅除英美，大亞洲主義即

〔註83〕史桂芳：《「同文同種」的騙局——日僞東亞聯盟運動的興亡》，社會科學文獻出版社，2002年版，第57～63頁。

〔註84〕林柏生：《對於大亞洲主義與東亞聯盟論的一點意見》，《大亞洲主義》，第1卷第1期。

〔註85〕南京大學馬列主義教研室：《汪精衛賣國集團投敵批判資料選編》，《南京大學學報》編輯部，1981年版，第372頁。

〔註86〕南京大學馬列主義教研室：《汪精衛賣國集團投敵批判資料選編》，《南京大學學報》編輯部，1981年版，第376頁。

將隨著大東亞戰爭的勝利而實現；救中國和保衛東亞是一件事，中國的自由獨立必須在東亞解放中來求。〔註87〕1942 年 7 月，將《大亞洲主義》與《東亞聯盟》合併，組建《大亞洲主義與東亞聯盟》。由此也可以看出，汪僞著力融合大亞洲主義和東亞聯盟論的用心。林柏生在《發刊詞》中強調：

> 在和平運動的進行上，這兩個刊物同樣都盡過相當的努力。尤其在指出中國前途與東亞命運之不可分，喚起全國同胞愛東亞，愛中國，愛日本的心理，彼此著力最深，這種方向的正確，也完全一樣。從這裏面我們可以進一步看出大亞洲主義與東亞聯盟這兩個名詞所代表的意義，有著怎樣密切的關係。〔註88〕

1943 年 10 月，汪僞和日本簽訂同盟條約，開篇即是期望兩國「緊密協力而建設以道義爲基礎之大東亞」。11 月，東條英機糾集汪精衛、僞滿的張景惠、泰國的汪瓦塔雅根、菲律賓的羅慕洛、印度的鮑斯在東京召開大東亞會議，發表了《大東亞共同宣言》。以反英美爲旗號，鼓吹大東亞戰爭，強調互相合作、保衛東亞，以道義爲基礎建設共存共榮之秩序。〔註89〕

就汪僞而言，東亞聯盟運動是推動其和平運動的重要武器。並提出「文化的溝通」，得到日方的認可，雙方即以「政治獨立、軍事同盟、經濟合作、文化溝通」四大綱領相標榜。汪僞對於日方的東亞聯盟論積極迎合，但也有自己的想法和著力點，主要表現爲：一，汪僞期待借助東亞聯盟運動，獲取更多的政治自主權，加強僞政權，以維持和平運動之名。二，汪僞有意將大亞洲主義與東亞聯盟論相糅和，調整宣傳政策與日本保持一致，充分暴露了其心態和處境。〔註90〕

汪僞尾隨日本對英美宣戰後，隨之調整宣傳政策，出臺了《戰時文化宣傳政策基本綱要》。基本方針爲：「在動員文化宣傳之總力，擔負大東亞戰爭中文化戰思想戰之任務，與友邦日本及東亞各國盡其至善至大之協力，期一

〔註87〕南京大學馬列主義教研室：《汪精衛賣國集團投敵批判資料選編》，《南京大學學報》編輯部，1981 年版，第 378～380 頁。

〔註88〕林柏生：《發刊詞》，《大亞洲主義與東亞聯盟》，第 1 卷第 1 期。

〔註89〕南京大學馬列主義教研室：《汪精衛賣國集團投敵批判資料選編》，《南京大學學報》編輯部，1981 年版，第 292 頁。

〔註90〕關於東亞聯盟理論的研究可參見余子道等：《汪僞政權全史》（下卷），上海人民出版社，2006 年版，第 1047～1066 頁；史桂芳：《「同文同種」的騙局——日僞東亞聯盟運動的興亡》，社會科學文獻出版社，2002 年版；裴京漢：《汪僞政權與「大亞洲主義」》，《民國檔案》，1998 年第 3 期。

面促進大東亞戰爭之完遂，一面力謀中國文化之重建與發展，及東亞文化之
融合與創造，進而貢獻於新秩序之世界文化。」共有七個宣傳要點，其中前
三項頗能說明問題，茲列舉如下：第一，「認定大東亞戰爭之完遂，爲一切東
亞理想實現之前提，國家集團主義爲東亞新秩序建設之準則，中國文化爲東
亞文化之一環，應把握中日文化之實體，發揚東亞文化，鞏固東亞軸心，完
成戰爭之使命」。包括三民主義及其要點大亞洲主義，中日共存共榮，東亞聯
盟四大綱領，對英美宣戰、合力完成大東亞戰爭等。第二，「清算英美侵略主
義之罪惡，掃除英美個人自由主義之毒素思想。消滅依賴英美之卑劣心理，
提高國民打倒英美侵略主義之敵愾情緒」。第三，「防止共產主義之擾亂，掃
除階級鬥爭之毒素思想，發揚中國固有之民族倫理觀念」。〔註91〕

　　由此可見，汪精衛投敵初期的和平理論、三民主義、大亞洲主義都逐漸
成爲日本侵略理論的注腳。汪僞政權雖然標榜承繼孫中山先生的三民主義，
但事實上完全受制於日本的侵華理論及政策，需要根據日本方面策略的變化
隨時作出調整，充分暴露了汪僞政權的性質與地位。

二、日常宣傳

　　在汪僞意識形態的指導與影響下，南京市政府的日常宣傳主要圍繞三個
方面進行。

　　其一，將孫中山先生作爲自我標榜的標籤，推動中山崇拜，以此宣揚自
身的正統性與合法性。1941 年 5 月 29 日，陳公博等提請尊稱手創中華民國之
中國國民黨總理孫先生爲中華民國國父，並擬具《尊崇中華民國國父致敬辦
法草案》，在中央政治委員會第 49 次會議獲得通過，並公佈實施《尊崇中華
民國國父致敬辦法》。內容包括：1、尊稱孫中山先生爲國父。2、各級政府、
各合法政黨及人民團體機關均應於禮堂或集會場所正中，於國旗交叉下永遠
懸掛中華民國國父遺像並附掛國父遺囑。3、正式集會開會時應向國父遺像行
最敬禮三鞠躬並恭讀國父遺囑。4、集會演講時於第一次稱及國父時應起立或
立正致敬。5、關於公牘教科書籍，報紙刊物及一切文字於稱述總理或孫先生
時均應改成國父。〔註92〕

〔註91〕 中國國民黨中央委員會黨史委員會編印：《中華民國重要史料初編——對日抗
　　　　戰時期》，第六編傀儡組織（三），第 941～944 頁。

〔註92〕 僞「南京特別市秘書處」：市政公報（73 期），南京市檔案館藏，1002－1－1168。

南京市政府於此貫徹得十分出色。就是舉行造林運動也以孫中山為旗號，稱為闡揚國父之偉大物質建設精神，建造「和平林」。1942 年 7 月，南京市政府決定於新街口廣場中心豎立國父銅像，供中外人士瞻仰，也意圖顯明自己作為追隨者的身份。該銅像原為日本人梅屋莊吉於 1929 年 10 月所贈，一直奉立於中央軍官學校內。市長周學昌以新街口為全市交通中心，中外觀瞻所繫之處，諭令工務局局長朱浩元負責整理新街口廣場，並將國父銅像移奉至廣場中心，「以便中日人士瞻仰而增進共同建設大東亞之觀念」〔註93〕。該工程自 7 月開工，9 月完成，費計 22 萬餘元。自孫中山先生的銅像移奉至此後，市民瞻仰雖眾，但多不明禮節。「茲為振刷國民精神，喚起市民對國父景仰尊崇起見，由新國民運動委員會頒佈《國父銅像致敬辦法》，由中國青年模範團員，南京特別市青少年團團員，各區義勇警察輪流值班指導，分紀念日、星期假日、平時分別擔當」〔註94〕。1943 年 10 月 10 日起開始推行《國父銅像致敬辦法》，致敬禮儀要求：1、國民行經國父銅像正面均應停步鞠躬致敬（戴帽者行脫帽禮，穿國民禮服男裝者行舉手禮）。2、軍警及青少年團團員穿制服行經國父銅像正面均應停步行舉手禮致敬。3、隊伍經過時應由領隊人發出「正步向右（左）看」口令致敬，乘車者在車上致敬，不必下車。手中持物不能脫帽或舉手禮者一律鞠躬致敬。〔註95〕

其二，大力宣傳並推動新國民運動的開展。1942 年元旦汪兆銘發表《新國民運動綱要》，要求開展新國民運動。南京市政府推行新國民運動宣傳的方式有以下幾種：約請本市各機關長官舉行新國民運動廣播；派員赴各區公所召開區坊保鄉鎮長座談會，闡述新國民運動的意義，轉向市民切實宣傳；組織宣傳隊，分赴城鄉各區，舉行歌詠及演講；分發《新國民運動綱要》小冊；張貼新國民運動的標語；放映新國民運動的幻燈片等。以廣播為例，每周二 21 時 15 分至 30 分借助中央廣播電臺廣播。1942 年上半年共計廣播 32 次，直接宣傳新國民運動的就有 18 次。

〔註93〕偽「南京特別市秘書處」：市政公報（99 期），南京市檔案館藏，1002－1－1169。
〔註94〕偽「南京特別市秘書處」：市政公報（130 期），南京市檔案館藏，1002－1－1170。
〔註95〕偽「南京特別市秘書處」：市政公報（130 期），南京市檔案館藏，1002－1－1170。

表 5－19：半年來廣播概況表（1942 年）

日期	講題	演講者
1 月 13 日	對於新國民運動的認識	本府宣傳處
1 月 27 日	爲什麼要推行新國民運動	本府宣傳處
2 月 3 日	本府一月份市政設施概況	本府宣傳處
2 月 10 日	推行新國民運動與市民應有責任	本府宣傳處
2 月 15 日	新中國與新國民	首都警察總監 蘇成德
2 月 17 日	新國民運動與市政建設	本府秘書長 陸善熾
2 月 18 日	新國民運動與三民主義	市黨部主任委員 王德言
2 月 19 日	新國民運動與社會訓練	本府社會局長 盛開偉
2 月 20 日	新國民運動與現代教育	本府教育局長 楊正宇
2 月 21 日	新國民運動與科學管理	本府財政局長 譚友仲
2 月 25 日	新國民運動與公共衛生	本府衛生局長 王錫良
2 月 26 日	新國民的新理念	本府宣傳處長 薛豐
3 月 3 日	本府二月份市政設施概況	本府宣傳處
3 月 10 日	新國民運動與造林	本府農林專員 葛鴻琛
3 月 12 日	提倡造林運動	本府宣傳處
3 月 17 日	新國民運動與民食	本府糧食管理局局長 梅少樵
3 月 24 日	新國民與墾荒	本府地政局長 胡政
3 月 31 日	國府還都二週年	本府宣傳處長 薛豐
4 月 7 日	本府三月份市政設施概況	本府宣傳處
4 月 14 日	怎樣預防霍亂	本府宣傳處
4 月 21 日	新國民運動與復興建設	本府工務局長 朱浩元
4 月 28 日	新國民運動與民眾訓練	市社運會主任委員 呂斆
5 月 5 日	本府四月份市政設施概況	本府宣傳處
5 月 12 日	爲完成肅清美國東亞勢力告南京市民	本府宣傳處
5 月 26 日	訓練民眾與推進和平運動	市社運會副主任委員 顧惠公
6 月 2 日	本府五月份市政設施概況	本府宣傳處

日期	講題	演講者
6月9日	歡迎滿洲國答社使節來京	本府宣傳處
6月16日	新國民運動與夏令衛生	本府衛生局長 褚通爵
6月16日	不要錯過舊幣的交換機會	本府宣傳處
6月19日	為換發居民證及頒發旅行事告首都居民	警察總監 蘇成德
6月23日	新國民運動與地方自治	本府實驗區長（城區）趙其凡
6月30日	本府六月份市政設施概況	本府宣傳處

資料來源：偽「南京特別市秘書處」：南京市政府組織規則及市政概況（二），南京市
　　　　　檔案館藏，1002－1－15－2。

　　南京市市長周學昌在 1942 年發表《厲行新國民運動——推行新國民運動特別廣播演講詞》，談到推行新國民運動的原因是「為了培養一種新的精神，樹立一種新的作風，來擔負更大的責任，完成我們的使命」；其中「奉行國父大亞洲主義，復興中國，解放東亞，是我們一貫的使命，與友邦同甘共苦，協力大東亞戰爭是當前時代加於我們的更大的責任」。對於南京市的市民而言，「都要在主席偉大精神感召下，身體力行，切實遵奉新國民運動綱要裏邊的每一句話，把南京市做成新國民運動的策源地，把南京市做成新國民運動的模範區，以求毋負主席苦心孤詣的精神，保持中外觀瞻所繫的首都光榮」。〔註96〕進而要求共同努力於塑造公而忘私的創造精神，節約的精神和努力生產的精神。

　　此外，市府編印新國民運動叢書 7 種，內容係彙集黨國要人關於新國民運動的言論，或有關和運文獻等著作；出版汪精衛新國民運動言論集（上下冊），新國民運動與大東亞戰爭，新國民歌集等。為廣泛推行新國民運動，又舉行各種座談會；由農工商、新聞、文化、青年、婦女等各團體代表舉行各種慶祝大會；舉行畫片公演等。1942 年 3 月 1 日起，在新國民運動行動規律宣傳周放映「節約消費意義之畫片」。

　　1943 年 6 月，市長周學昌發表《參戰體制下都市人民之生活》的演講，對於參戰體制下的南京居民生活提出了四點要求：一是能確立中心，就是復

〔註96〕偽「南京特別市秘書處」：南京市政府組織規則及市政概況（二），南京市檔
　　　　案館藏，1002－1－15－2。

興中華、保衛東亞，大東亞戰爭就是爲了這一目的；二是勵行勤儉化、勞動化的生活，以支持戰爭；三是品德的提高和精神的振作。能夠擺脫生活和品德的墮落，發生忠恕、仁愛、同舟共濟的精神；四是有忍耐的態度和知足的精神。〔註 97〕從這篇演講中可以明確地得出新國民運動下的生活就是爲侵略戰爭服務的結論。

其三，就政治性與戰爭性事件舉辦慶祝或紀念大會。1941 年 8 月 1 日，南京市召集市民慶祝大會，慶賀德意等八國承認國民政府。11 月 30 日，爲中日簽約及「中日滿三國共同宣言」週年紀念舉辦學藝大會，共有 36 個節目，參加者分別爲夫子廟小學、五臺山小學、模範小學、女子中學、市立一中、市立二中、南京青年會、日本高等女學校、南京第一日本國民學校、遠東劇團等 10 個單位。內容包括三類：首先是演講，題目有「我對於中日簽約週年紀念的感想」，「一個光榮的簽約」，「中日滿合作」，「我對於中日簽約週年紀念的期望」，「中日簽約及中日滿共同宣言週年紀念感言」，「我所希望於今後的兩件事」等；其次是歌曲，有和平建國歌、保衛東亞、和平救國歌、東亞民族萬歲等；最後是劇目，有木蘭從軍、民眾的救星與無線電等。〔註 98〕

1942 年 2 月，因日軍佔領南洋市府舉行首都民眾慶祝大會，策劃了萬眾簽名；自 2 月 18 日起連續舉行盛大慶祝兩周，宣傳處全部職員出動協助在城內熱鬧地點懸掛大幅布標，張貼大批標語；並組織歌詠遊行隊，及軍樂行進隊，巡迴散發小型標語傳單；派宣傳隊分赴城鄉各區演講，舉行南洋問題演講會，敦請華僑名流演講；主辦音樂歌詠大會，及會同教育部舉辦大東亞解放演說競賽。又於 3 月 3 日下午 2 時借中日文化協會和平堂，舉行軍樂演奏會，並大東亞解放杯球賽及學生演講競賽頒獎典禮。自 2 月 1 日起，市府連日會同中華電影公司，南京特務機關等在國民大會堂、夫子廟、朝天宮及下關等處，放映大東亞戰爭電影 6 場。據稱「觀眾極爲擁擠，約計連日人數，不下數萬人」〔註 99〕。5 月慶祝日軍佔領科勒吉多爾，以「此次勝利，美在東

〔註 97〕僞「南京特別市秘書處」：市政公報（121 期），南京市檔案館藏，1002－1－1170。

〔註 98〕僞「南京特別市財政局」：各局處通知、會議記錄、植樹運動、雙十節及財政局職員名冊，南京市檔案館藏，1002－4－22。

〔註 99〕僞「南京特別市秘書處」：南京市政府組織規則及市政概況（二），南京市檔案館藏，1002－1－15－2。

亞勢力，完全肅清，大東亞解放前途，益見光明」〔註100〕，於 5 月 11、13
兩日舉行歌詠遊行，派員率領市府樂隊、中央宣傳團、市立各中學學生等二
百餘人，整隊遊行，「全市沿途高唱『大東亞解放歌』及『東亞民族進行曲』
等歌曲，熱鬧地點民眾聚觀，極感興奮，並於 12 日晚進行廣播演講」〔註101〕。
此外，「爲發揮大東亞解放意義，注重藝術宣傳，經計劃於 2 月 7 日登報徵求，
關於富有大東亞解放意義之『歌曲』、『小說』，至 5 月 28 日揭曉，選取沈寒
所作歌曲『東亞民族解放進行曲』一支，洪鶯所著之『島上』及戈金所著『解
放之前』小說兩篇，均先後在《新動向旬刊》43 至 46 期連載」〔註102〕。

　　1943 年 10 汪僞與日本簽訂《同盟條約》。這一條約被汪日吹捧爲中國近
百年來獨一無二的平等條約。1944 年 10 月舉行中日同盟週年紀念，市府聯合
宣傳部及新國民運動促進委員會，於 30 日上午 10 時借中國青年館舉行首都
民眾慶祝大會，有政府官員、日本軍政界人員、民眾代表及各校學生出席，
參加民眾共約三千餘人。〔註103〕另外也借助一些運動和紀念大會宣傳反英反
美，推廣大亞洲主義與東亞聯盟論。1942 年 8 月 29 日舉行鴉片戰爭百年紀念
暨反英興亞大會；在禁煙節舉行禁煙運動宣傳，印發大批「告同胞書」，說明
鴉片流毒中國是英帝國主義侵略東亞之罪惡，以喚起反英之意識。

　　除此以外，南京市政府還著力組織慶祝「國慶」與「國府還都」。這兩個
記號是汪僞一直強調並著力宣傳的重點之一，因關涉其刻意修飾的政權之合
法性與正統性。1941 年 10 月，市府舉辦多種活動慶祝國慶紀念，要求社會局
通告各遊藝場所半價售賣以示慶祝；函請中央廣播電臺於國慶紀念日廣播特
別節目；通告全市各商店居民國慶日一律懸燈結綵，同示慶祝；由社會運動
指導委員會、宣傳部、教育部、南京市政府、市黨部、首都警察廳、憲兵司
令部、市工會整理委員會、市商會整理委員會、市農會、市教育會籌備委員
會、安清總會、地方公會、市青年團、中國理教會等組成規模龐大的大會主
席團，指導慶祝活動的開展；舉行民眾大遊行，自鼓樓廣場、經保泰街、成

〔註100〕僞「南京特別市秘書處」：南京市政府組織規則及市政概況（二），南京市檔
　　　　案館藏，1002－1－15－2。
〔註101〕僞「南京特別市秘書處」：南京市政府組織規則及市政概況（二），南京市檔
　　　　案館藏，1002－1－15－2。
〔註102〕僞「南京特別市秘書處」：南京市政府組織規則及市政概況（二），南京市檔
　　　　案館藏，1002－1－15－2。
〔註103〕僞「南京特別市秘書處」：南京特別市政府工作報告，南京市檔案館藏，1002
　　　　－1－424。

賢街、珠江路、中山路、中山東路、太平路、朱雀路至夫子廟散隊。〔註104〕
1944 年爲慶祝國慶，特舉辦首都青少年體力鍛鍊大會，所有中學校學生一律
參加；除依傳統令各遊藝場半價招待觀眾，自動慶祝一日外，並借青年館公
演話劇《浮生六記》五天。〔註105〕

　　慶祝「國府還都」的紀念比之有過之而無不及。1942 年慶祝「國府還都」
二週年紀念，自 3 月 25 日至 31 日止，市府舉行一周之大規模慶祝。市府宣
傳處會同市黨部、東亞聯盟南京分會等各機關，組織宣傳隊25組，輪流分赴
城鄉各區演講，貼標語，散傳單，對民眾宣講國府還都之重大意義；並派員
赴各區指導民眾，舉行區慶祝大會，並於 29 日 20 時，在中日文化協會和平
堂主辦音樂歌詠大會，前往參觀民眾爲數不少；3 月 31 日舉行首都學生國民
體操大會操，下午在清涼山舉行風箏宣傳競賽，參加競賽的風箏有 76 個，大
都帶有和平反共暨大東亞戰爭勝利之標記。〔註106〕1945 年爲擴大首都各界慶
祝「還都紀念」，除在中日文化協會舉行遊藝會外，市府飭令各商號廉價一周，
「藉以激發商民對國府還都慶祝之情緒」〔註107〕。

　　一系列的活動使慶祝國慶與「國府還都」成爲一種運動，從發動民眾、
組織民眾、到運動民眾，使「和平運動」的理念不斷發生影響。這些節日和
慶祝紀念活動既營造了一種情緒釋放的氛圍，也形成了心理的規範與約束，
是一場場恢復與控制的上演。民眾在極端的生存困境中，生活上得實惠或許
更爲現實並具吸引力，所以除了強制手段以外，一些給民眾生活帶來實惠的
措施也的確營造了這些活動所呈現的「繁榮」。

〔註104〕僞「南京特別市財政局」：各局處通知、會議記錄、植樹運動、雙十節、財政
　　　　局職員名冊及各公糶售米處派監視人員名單，南京市檔案館藏，1002－4－22。
〔註105〕僞「南京特別市秘書處」：南京特別市政府工作報告，南京市檔案館藏，1002
　　　　－1－424。
〔註106〕僞「南京特別市秘書處」：南京市政府組織規則及市政概況（二），南京市檔
　　　　案館藏，1002－1－15－2。
〔註107〕僞「南京特別市秘書處」：南京市政府工作報告，南京市檔案館藏，1002－1
　　　　－425。

結　論

　　汪僞時期的南京市政府歷經三任市長，存續了五年，在汪僞政權中處於
極爲重要的地位。因此考察南京市政府，就不得不將其放置於汪僞政權與日
汪關係的大背景之下。然而與中央政權相比，南京市政府相對具有比較大的
靈活性，也具備許多可以深入觀察的細節，使我們在深化對於僞政權認知的
同時，也在其組織體制、人員構成與市政運作中得以構建南京市政府的主貌。

　　與汪僞中央政權一致，南京市政府在 1940 年 6 月改組後，即著手在組織
制度上全面恢復「民國」體制。爲此專門設立南京市法規編審委員會整理編
纂各種單行法規，並對原有法規進行修正及增訂，建構了南京市政府各級組
織與管理的制度基礎。並藉此調整了政府結構與區政組織，推動市府各局處
及各區公所的日常行政工作順利開展。不過需要注意的是，恢復民國體制並
沒有恢復相應的指導思想——三民主義。所謂舊皮袋裝新酒，這種體制背後
是汪僞的意識形態在指導操縱，即和平理論、大亞洲主義與東亞聯盟論。而
扭曲了的三民主義只是外在的標籤而已。這就形成了一種新的嫁接，產生了
畫虎反類犬的效果。從其制度體制上來看是大門面，但從其實際內容與行政
行爲來看又是小院落，這與中央政權基本類似。

　　從市政府內部來看，受汪僞政權本身及人員流動的限制，南京雖然是汪
僞國民政府的首都，但從人員構成來看依然是地方性政府，具有濃厚的地域
色彩，這與原南京國民政府時期大大不同。唯一相似的是專家政府的模式被
保留下來，這在市府高級官員的組成中有明顯的體現。而區公所職員的選擇
一般以本地具有一定地位與名望的人爲主，易於爲民眾所接受並有所認同。
保甲人員則來源廣泛，涉及三教九流。雖然上下差異很大，但是一個最基本

的特徵就是人員穩定性不足，流動性大、變動多、去職者眾。這個伴隨市政
府始終的問題至少說明以下兩點：一、南京市政府限於其戰時傀儡政權的性
質，不能提供穩定有序的發展途徑，其宣揚的思想文化不能得到普遍和深入
的認同。二、社會秩序的波動及物價的影響是許多職員離職他往的重要原因。
因此，即使市政府加強了對於職員的考勤、甄審、考覈與訓練，依然不能有
效的改變這一現象。從某種程度上來說政府內部秩序的混亂削弱了外部控制
的力量，嚴重影響到政府行政的效能。

從外部來說，市政府對於社會的常規管制是卓有成效的。通過保甲組織、
戶籍員制度與市民證的填發加強了對於基層社會的監督和控制。尤其是戶籍
員制度強化了保甲組織，將戶口的靜態與動態對接起來，並且在保甲組織之
中既扮演任務執行者的角色，也扮演監管的角色，對於日偽在基層建立穩固
的政治與經濟秩序提供了組織上的保證。特別是異動人口每旬的報告充分體
現了保甲制與戶籍員制度的監管力度與強度。

即使是在應對糧食危機中，南京市政府雖然堅持物資統制和戰爭動員，
但也不得不自始至終都要面對嚴重的漲價風潮與糧食危機這一惡果。市政府
通過平糶、糧食配給、平抑物價、打擊囤積與賑濟墾荒等措施試圖緩解糧食
危機及其所帶來的種種社會問題，取得了一定的成效，但不過是隔靴搔癢，
不能解決根本問題。

從意識形態與思想控制來看，南京市政府在特定時間（節日）、特定場所
（娛樂場所）、特定領域（初級教育）、特定事件（防疫衛生）等方面的宣傳
與控制都較有成效。市政府借助有效的時間和空間不斷向民眾灌輸中日合
作、大東亞戰爭觀與新國民運動等思想意識，營造「和平運動」與「東亞聯
盟」的大環境與氛圍。

日本在南京市政府設有聯絡官室，設首席聯絡官一名，以監督並掌控市
政府的作為與動向。南京市的治安由日本憲兵隊與首都警察總監署負責，與
南京市政府無關。因此涉及治安事項，市政府都必須和日方並警察總監署溝
通以提供協助。其中非常重要的一點就是市民證的問題。市民證原由市政府
下屬各區核發，滋生混亂，後改由市府會同日本憲兵隊及首都警察總監署辦
理，由各警局核發。可見日本對於南京市政府並非放手不管，在某些特殊問
題上則採用直接干預的方式，比如糧食收購、物資統制等，也會利用特務機
關直接採取行動。出於以華治華的策略，以及太平洋戰爭爆發後日本對華新

政策的推行，日本方面在非特殊領域注意以間接的方式加以引導，避免採用直接強迫的方式。因此，在這種背景下，南京市政府在日本許可的範圍內嘗試有所作爲，例如採取緩解糧食危機的外圍措施、改善區政和保甲、推行新國民運動等，都顯示出南京市政府恢復重建社會秩序的努力。

　　然而，正是在組織、制度、人員、宣傳等各方面恢復社會管理秩序的同時，南京市政府又試圖予以限定和控制，從而產生了種種的問題。市府不僅要迎合日本的要求，符合汪僞國民政府的規範，又要在一定程度上滿足民眾的基本需求，正是在這種張力之中，顯露了南京市政府的眞實生存境況。

　　與之前的南京市自治委員會、維新政府時期的南京市政府相比，汪僞時期的南京市政府在組織、制度、規模與影響力等方面都超出許多。但是這三個政權的本質完全一致，都是日本扶植並控制的傀儡政權。其命運是與日本捆綁在一起的，必定隨著日本侵略戰爭的敗亡而消逝。即便從當時南京市的經濟社會狀況來看，南京市政府也逐漸走到崩潰的邊緣：物價不可遏制的飛漲、被納入日本戰爭經濟體系而導致的經濟枯竭、民眾長期處於嚴厲控制與基本需求不能滿足的矛盾之中。這一切都指向了同一個結局。

參考文獻

一、南京市檔案館藏檔案

1. 1002－1，偽南京市政府秘書處，1938～1945
2. 1002－2，偽南京市社會局，1938～1943
3. 1002－3，偽社會運動指導委員會，1939～1948
4. 1002－4，偽南京市財政局，1930～1945
5. 1002－5，偽南京市工務局，1938～1945
6. 1002－6，偽南京市衛生局，1938～1948
7. 1002－7，偽南京市教育局，1938～1945
8. 1002－8，偽南京市經濟局，1943～1945
9. 1002－9，偽南京市物資配給委員會，1944～1945
10. 1002－11，偽南京市糧食局，1941～1944
11. 1002－12，偽南京市地政局，1937～1945
12. 1002－14，偽南京市宣傳處
13. 1002－15，偽南京市農林室，1941～1944
14. 1002－16，偽南京市購辦委員會，1938～1942
15. 1002－20，偽首都冬賑委員會
16. 1007－1，偽保甲委員會，1937～1945

二、史料集

1. 中國第二歷史檔案館編：《國民黨政府政治制度檔案史料選編》，安徽教育出版社，1994 年。

2. 中國第二歷史檔案館編：《汪僞中央政治委員會暨最高國防會議會議錄》，廣西師範大學出版社，2002 年。

3. 中國第二歷史檔案館編：《汪僞政府行政院會議錄（影印本）》，檔案出版社，1992 年。

4. 中央檔案館，中國第二歷史檔案館，吉林省社會科學院合編：《日汪的清鄉》，中華書局，1995 年。

5. 中央檔案館、中國第二歷史檔案館、吉林省社會科學院合編：《汪僞政權》，中華書局，2004 年。

6. 南京市檔案館編：《審判汪僞漢奸筆錄》（下），鳳凰出版社，2004 年。

7. 上海市檔案館編：《日本帝國主義侵略上海罪行史料彙編》，上海人民出版社，1997 年。

8. 秦孝儀：《中華民國重要史料初編——對日戰爭時期》，台北中國國民黨中央委員會黨史委員會，民國 70 年。

9. 余子道等編：《汪精衛國民政府「清鄉」運動》，上海人民出版社，1985 年。

10. 南京大學馬列主義教研室：《汪精衛賣國集團投敵批判資料選編》，《南京大學學報》編輯部，1981 年。

11. 蔡德金、李惠賢編：《汪精衛僞國民政府紀事》，中國社會科學出版社，1982 年。

12. 黃美眞、張雲編：《汪精衛集團投敵》，上海人民出版社，1984 年。

13. 黃美眞，張雲編：《汪精衛國民政府成立》，上海人民出版社，1984 年。

14. 日本防衛廳戰史室編：《日本軍國主義侵華資料長編》（上），四川人民出版社，1987 年。

15. 中國人民政治協商會議江蘇省委員會文史資料委員會編：《汪僞政權內幕》，《江蘇文史資料》編輯部，1989 年。

16. 秦孝儀：《中華民國重要史料初編——對日戰爭時期》，台北中國國民黨中央委員會黨史委員會，民國 70 年。

三、著作類

1. 張憲文教授主編：《南京大屠殺史料集》，鳳凰出版傳媒集團、江蘇人民出版社。

2. 孔慶泰：《國民黨政府政治制度史》，安徽教育出版社，1998 年。

3. 黃美眞編：《僞廷幽影錄：對汪僞政權的回憶紀實》，中國文史出版社，1991 年。

4. 孟端星：《日、汪「和平運動」透視點滴》，華齡出版社，2006 年。

5. 復旦大學歷史系中國現代史研究室編：《汪精衛漢奸政權的興亡：汪偽政權史研究論集》，復旦大學出版社，1987 年。

6. 蔡德金：《歷史怪胎：汪精衛國民政府》，廣西師範大學出版社，1993 年。

7. 蔡德金、王升：《汪精衛生平紀事》，中國文史出版社，1993 年。

8. 文斐編：《我所知道的汪偽政權》，中國文史出版社，2005 年。

9. 文斐編：《我所知道的漢奸汪精衛和陳璧君》，中國文史出版社，2005 年。

10. 李　峻：《日偽統治上海實態研究 1937～1945》，中央編譯出版社，2005 年。

11. 潘　敏：《江蘇日偽基層政權研究：1937～1945》，上海人民出版社，2006 年。

12. 雷國山：《日本侵華決策史研究：1937～1945》，學林出版社，2006 年。

13. 張生等：《日偽關係研究：以華東地區爲中心》，南京出版社，2003 年。

14. 余子道等：《汪偽政權全史》，上海人民出版社，2006 年。

15. 史桂芳：《「同文同種」的騙局——日偽東亞聯盟運動的興亡》，社會科學文獻出版社，2002 年。

16. 經盛鴻：《南京淪陷八年史》，社會科學文獻出版社，2005 年。

17. 經盛鴻：《武士刀下的南京——日偽統治下的南京殖民社會研究》，南京師範大學出版社，2008 年。

18. 王雲駿：《民國南京城市管理》，江蘇古籍出版社，2001 年。

19. 羅　玲：《近代南京城市建設研究》南京大學出版社，1999 年。

20. 沈　予：《日本大陸政策史：1868～1945》，社會科學文獻出版社，2005 年。

21. 陳鵬仁譯：《汪精衛降日秘檔》，聯經出版事業公，1999 年。

22. 〔日〕西義顯著：《日華「和平工作」秘史》，江蘇古籍出版社，1992 年。

23. 〔日〕今井武夫：《今井武夫回憶錄》，上海譯文出版社，1978，第 341～344 頁。

24. 〔日〕晴氣慶胤：《滬西「七十六號」特工內幕》，上海譯文出版社，1985 年，第 126 頁。

25. 〔日〕犬養健：《誘降汪精衛秘錄》，江蘇古籍出版社，1987 年。

26. 〔日〕重光葵：《日本侵華內幕》，解放軍出版社，1987 年。

27. 〔日〕依田憙家：《日本帝國主義的本質及其對中國的侵略》，中國國際廣播出版社，1993 年。

28. 〔日〕江口圭一：《日本帝國主義史研究：以侵華戰爭爲中心》，世界知識出版社，2002 年。

29. 南京市地方志編纂委員會：《糧食志》，中國城市出版社，1993 年。

30. 南京市地方志編纂委員會：《南京建置志》，海天出版社，1994 年。

31. 南京市地方志編纂委員會：《南京價格志》，海天出版社，1996 年。

32. 南京市地方志編纂委員會：《南京人口志》，學林出版，2001 年。

33. 傅榮校：《南京國民政府前期（1928～1937 年）行政機制與行政能力研究》，浙江大學博士論文，2004，第 88～89 頁。

34. 王俊雄：《國民政府時期南京首都計劃之研究》，國立成功大學建築研究所博士論文，民國 91 年。

四、期刊與文章

1. 大亞洲主義月刊，大亞洲主義月刊社，民國二十九～三十一年。

2. 大亞洲主義與東亞聯盟，大亞洲主義與東亞聯盟月刊社，民國三十一～三十三年。

3. 中大周刊，第 113 期。

4. 謝曉鵬：《汪精衛政治思想的演變及特點》，《鄭州大學學報》（哲學社會科學版），2005 年第 1 期。

5. 裴京漢：《汪僞政權與「大亞洲主義」》，《民國檔案》，1998 年第 3 期。

6. 李　零：《漢奸發生學》，《讀書》，1995 年第 10 期。

7. 高宗武：《日本眞相》，《書屋》，2007 年第 7 期。

8. 鄭建鋒：《抗戰時期浙江僞政權組織考察》，《紹興文理學院學報》，2004 年，第 24 卷第 3 期。

9. 潘　敏：《江蘇日僞縣知事縣長群體分析》，《史學月刊》，2006 年第 7 期。

10. 楊天石：《打入日僞內部的國民黨地下工作者》，《抗日戰爭研究》，1999 年第 1 期。

11. 王克文：《歐美學者對抗戰時期中國淪陷區的研究》，《歷史研究》，2000 年第 5 期。

12. 許育銘：《日本有關汪精衛及汪僞政權之研究狀況》，《抗日戰爭研究》，1999 年第 1 期。

13. 高丹子：《南京僞維新政府及其大民會》，《民國檔案》，2000 年第 2 期。

14. 徐自強：《汪僞時期南京的保甲制度》，《鍾山風雨》，2003 年第 4 期。

15. 潘敏、陳謙平：《論日僞對江蘇地區基層社會的政治統治》，《江海學刊》，2004 年第 1 期。

16. 潘　敏：《江蘇日僞縣知事縣長群體分析》，《史學月刊》，2006 年第 7 期。

17. 伍小濤：《動員與控制：汪僞政權農會研究——以原汪僞政權南京特別市爲例》，《農業考古》2007 年第 6 期。

18. 崔　巍：《1943～1944 年南京淪陷區三禁運動評析》，《學海》，2000 年第 3 期。

19. 黃新華：《日僞在南京地區的毒品政策初探》，《南京師範大學學報（社會科學版）》，2001 年第 6 期。

20. 張根福：《「米統會」與汪僞糧食統制》，《浙江師範大學學報（社會科學版）》，2002 年第 6 期。

21. 潘　敏：《略論日軍在蘇浙皖地區的軍糧徵購》，《民國檔案》，2004 年第 3 期。

22. 谷德潤、張福運：《略論日僞對南京的物資統制》，《中國礦業大學學報（社會科學版）》，2005 年第 2 期。

23. 張福運、谷德潤：《商人、商團與商業投機——日僞統治時期的南京爲個案》，《中國礦業大學學報（社會科學版）》，2005 年第 3 期。

24. 經盛鴻：《不屈的南京民眾——淪陷時期南京市民的自發抗日鬥爭》，《南京社會科學》，2005 年第 8 期。

25. 周競風：《略論汪僞對淪陷區青少年的組織化控制》，《貴州社會科學》，2006 年第 6 期。張福運：《結構、制度與社會環境：淪陷區經濟史研究的新視角——以日僞時期的南京金融業爲例》，《江西財經大學學報》，2007 年第 1 期。

26. 馬俊亞：《難民申請書中的日軍暴行與日據前期的南京社會經濟（1937～1941）》，《抗日戰爭研究》，2007 年第 1 期。

27. 經盛鴻：《日僞對南京文藝界的控制與利用》，《民國檔案》2004 年第 2 期。

28.《日僞時期南京新聞傳媒述評》，《抗日戰爭研究》，2005 年第 3 期。

29. 沈　嵐：《抗戰時期國民政府爭奪淪陷區教育權的鬥爭——以南京及周邊地區爲研究中心》，《民國檔案》，2005 年第 2 期。

30. 夏　軍：《日僞統治下的日語教育》，《民國檔案》，2005 年第 2 期。

31. 曹必宏：《汪僞奴化教育政策述論》，《民國檔案》2005 年第 2 期。

32. 謝潔菱、周蔣滸：《抗戰期間日僞在淪陷區的奴化和僞化教育——以南京地區作個案分析》，《巢湖學院學報》，2005 年第 5 期。

33. 黃　駿：《汪僞統治時期的師資述評：以江蘇省爲中心》，《民國檔案》2006 年第 4 期。

34. 陳海儒：《汪僞政權對行政人員的培訓》，《繼續教育研究》，2006 年第 6 期。

35. 石源華：《論日本對華新政策下的日汪關係》，《歷史研究》，1996 年第 2 期。

36. 陳海儒：《汪僞政權對行政人員的培訓》，《繼續教育研究》，2006 年第 6 期。

附　錄

附錄一：南京特別市安德門區各坊保甲長清冊（1942 年）

坊鄉鎮別	保別	甲別	職別	姓名	年齡	籍貫	職別
第一坊	1		坊長	胡學禮	39	南京	商
第一坊	1		保長	劉春芳	34	南京	商
第一坊	1	1	甲長	謝雲生	28	淮安	商
第一坊	1	2	甲長	林振興	39	淮安	商
第一坊	1	3	甲長	張廷濟	29	泗陽	商
第一坊	1	4	甲長	姜玉堂	49	銅山	工
第一坊	1	5	甲長	徐長髮	26	淮安	商
第一坊	1	6	甲長	張學才	35	淮安	工
第一坊	1	7	甲長	李必才	31	高郵	工
第一坊	1	8	甲長	呂廷貴	37	高郵	工
第一坊	1	9	甲長	楊鼎富	43	高郵	工
第一坊	1	10	甲長	米來寶	46	山陽	工
第一坊	1	11	甲長	周洪興	24	淮安	工
第一坊	1	12	甲長	荀祿之	45	淮安	小販
第一坊	1	13	甲長	余開福	56	淮安	商
第一坊	2	1	保長	譚玉明	28	南京	政

坊鄉鎮別	保別	甲別	職別	姓名	年齡	籍貫	職別
第一坊	2	2	甲長	楊寶富	28	寶應	商
第一坊	2	3	甲長	邵明才	29	宿遷	工
第一坊	2	4	甲長	朱旭貴	39	宿遷	商
第一坊	2	5	甲長	魏玉有	52	宿遷	工
第一坊	2	6	甲長	耿懷仁	24	宿遷	商
第一坊	2	7	甲長	石守義	39	泗州	商
第一坊	2	8	甲長	吳春保	32	南京	工
第一坊	2	9	甲長	馬文炳	41	淮安	工
第一坊	2	10	甲長	黃金銀	39	淮安	工
第一坊	2	11	甲長	管步殿	50	山陽	工
第一坊	2	12	甲長	謝德富	41	山陽	工
第一坊	3		保長	楊志祥	27	南京	粉坊
第一坊	3	1	甲長	陳春泉	33	南京	蘆席
第一坊	3	2	甲長	黃志霖	21	南京	米業
第一坊	3	3	甲長	蕭長髮	28	淮安	碼頭
第一坊	3	4	甲長	五錫培	29	淮安	碼頭
第一坊	3	5	甲長	徐必富	27	淮安	碼頭
第一坊	3	6	甲長	蕭其恭	55	合肥	竹貨
第一坊	3	7	甲長	時思松	47	南京	茶食
第一坊	3	8	甲長	王德秀	57	鄂	鞭炮
第一坊	3	9	甲長	汪嘉福	20	本京	雜貨
第一坊	3	10	甲長	王善卿	43	本京	肉店
第一坊	3	11	甲長	孫以有	52	安徽	竹店
第一坊	3	12	甲長	華萬有	61	本京	雜貨
第一坊	3	13	甲長	洪學禮	40	本京	米業
第一坊	3	14	甲長	查介壽	41	本京	茶爐
第一坊	3	15	甲長	宋敏齋	43	本京	線店
第一坊	3	16	甲長	彭厚之	43	鄂黃皮	理髮

坊鄉鎮別	保別	甲別	職別	姓名	年齡	籍貫	職別
第一坊	3	17	甲長	沈明凡	50	宿遷	米業
第一坊	3	18	甲長	劉漢欽	36	皖巢	糖坊
第一坊	3	19	甲長	楊子雲	43	本京	商
第一坊	3	20	甲長	潘大貴	41	本京	糖坊
第一坊	3	21	甲長	陳世高	59	本京	雜貨
第一坊	3	22	甲長	劉光義	20	本京	浴堂
第一坊	4		保長	張叔平	30	本京	商
第一坊	4	1	甲長	孫祥瑞	23	本京	商
第一坊	4	2	甲長	熊得光	36	本京	商
第一坊	4	3	甲長	濮筱卿	45	本京	商
第一坊	4	4	甲長	張叔平	28	本京	商
第一坊	4	5	甲長	火成興	55	本京	驢行
第一坊	4	6	甲長	王德明	38	本京	商
第一坊	4	7	甲長	馬忠餘	49	南京	商
第一坊	4	8	甲長	喬富生	34	南京	做鞋
第一坊	4	9	甲長	杜振邦	33	南京	茶社
第一坊	4	10	甲長	彭金林	54	南京	理髮
第一坊	5		保長	趙培珠	49	南京	茶社
第一坊	5	1	甲長	周復生	52	南京	醫
第一坊	5	2	甲長	馬明貴	39	南京	成衣
第一坊	5	3	甲長	劉貴榮	37	宿遷	船行
第一坊	5	4	甲長	張德順	50	南京	商
第一坊	5	5	甲長	徐有福	32	南京	商
第一坊	5	6	甲長	陶文彬	33	南京	理髮
第一坊	5	7	甲長	楊崇德	36	皖	工
第一坊	5	8	甲長	張耀根	59	南京	商
第一坊	5	9	甲長	丁有福	39	南京	茶社
第一坊	5	10	甲長	馬瀛洲	57	南京	魚行

坊鄉鎮別	保別	甲別	職別	姓名	年齡	籍貫	職別
第一坊	6		保長	宋煥章	64	南京	茶社
第一坊	6	1	甲長	王德寶	37	南京	商
第一坊	6	2	甲長	葉發青	51	銅山	商
第一坊	6	3	甲長	曹福春	53	宿遷	魚業
第一坊	6	4	甲長	胡光俊	56	宿遷	農
第一坊	6	5	甲長	王廷恩	28	海州	工
第一坊	6	6	甲長	唐學明	40	河北定遠	工
第一坊	6	7	甲長	陳德義	40	魯	商
第一坊	6	8	甲長	趙懷立	58	泗陽	農
第一坊	6	9	甲長	姚繼亮	40	皖	商
第一坊	7		保長	龔秀生	30	泗州	商
第一坊	7	1	甲長	竇其應	48	南京	竹業
第一坊	7	2	甲長	陳加德	37	南京	工
第一坊	7	3	甲長	葛華秀	46	南京	水爐
第一坊	7	4	甲長	湯忠海	40	南京	工
第一坊	7	5	甲長	孫能炳	46	南京	工
第一坊	7	6	甲長	孫鴻祥	30	南京	商
第一坊	7	7	甲長	錢如才	26	南京	工
第一坊	7	8	甲長	曹金華	50	南京	商
第一坊	7	9	甲長	沈懷禮	55	徐州	商
第一坊	7	10	甲長	張俊臣	48	南京	商
第一坊	7	11	甲長	吳金華	38	南京	商
第一坊	7	12	甲長	吳錦全	35	南京	工
第一坊	7	13	甲長	曾光宇	31	南京	農
第一坊	7	14	甲長	湯再川	50	合肥	成衣
第一坊	7	15	甲長	孫長鈜	36	南京	銅匠
第一坊	7	16	甲長	劉開文	54	安慶	瓦匠

坊鄉鎮別	保別	甲別	職別	姓名	年齡	籍貫	職別
第一坊	7	17	甲長	齊元鎮	50	安慶	工
第一坊	7	18	甲長	中心田	57	徐州	商
第一坊	7	19	甲長	劉文加	60	安慶	瓦匠
第一坊	7	20	甲長	高海清	45	安慶	工
第一坊	8		保長	吳德明	41	南京	工
第一坊	8	1	甲長	聶錫文	50	南京	篾工
第一坊	8	2	甲長	周殿倫	50	宿遷	工
第一坊	8	3	甲長	陸梓祥	50	南京	米
第一坊	8	4	甲長	湛其成	47	南京	小販
第一坊	8	5	甲長	郭元壽	45	南京	篾工
第一坊	8	6	甲長	戴芝德	63	南京	小販
第一坊	8	7	甲長	夏善隆	25	當塗	本工
第一坊	8	8	甲長	王善業	45	合肥	織布
第一坊	8	9	甲長	印正凱	54	南京	工
第一坊	9		保長	夏鴻奎	42	南京	商
第一坊	9	1	甲長	王占芳	45	合肥	工
第一坊	9	2	甲長	朱少祺	37	本京	工
第一坊	9	3	甲長	宣知凱	41	和州	木工
第一坊	9	4	甲長	周國祥	27	本京	商
第一坊	9	5	甲長	陳有山	50	本京	商
第一坊	9	6	甲長	張安文	28	和州	工
第一坊	9	7	甲長	夏鴻奎	41	本京	商
第一坊	9	8	甲長	王啓林	44	本京	商
第一坊	9	9	甲長	王得保	32	本京	商
第一坊	10		保長	楊錦堂	32	淮安	商
第一坊	10	1	甲長	高大椿	44	淮安	商
第一坊	10	2	甲長	寶禮廷	48	合肥	商
第一坊	10	3	甲長	葉良玉	30	南京	商

坊鄉鎮別	保別	甲別	職別	姓名	年齡	籍貫	職別
第一坊	10	4	甲長	張有棣	30	南京	商
第一坊	10	5	甲長	張茂才	28	安徽	商
第一坊	10	6	甲長	王啓懷	28	寶應	商
第一坊	10	7	甲長	陳家貴	48	寶應	商
第一坊	10	8	甲長	劉宗榮	32	六合	商
第一坊	10	9	甲長	史洪順	48	合肥	商
第一坊	10	10	甲長	張萬朝	33	南京	商
第一坊	11		保長	翟本福	67	南京	商
第一坊	11	1	甲長	姚金海	49	南京	銅匠
第一坊	11	2	甲長	王章甫	42	合肥	織布
第一坊	11	3	甲長	郭傳榮	50	南京	農
第一坊	11	4	甲長	劉德龍	36	南京	農
第一坊	11	5	甲長	王慶海	14？	南京	農
第一坊	11	6	甲長	曹有海	71	南京	農
第一坊	11	7	甲長	程茂林	60	湖北	剃頭
第一坊	11	8	甲長	陳家生	41	南京	商
第一坊	11	9	甲長	張順芳	40	南京	商
第一坊	11	10	甲長	張德海	60	南京	廚行
第一坊	12		保長	閻宗山	41	本京	商
第一坊	12	1	甲長	宋啓厚	69	安徽	工
第一坊	12	3	甲長	韓傳慶	54	江寧縣？	商
第一坊	12	4	甲長	紀長發	34	本京	工
第一坊	12	5	甲長	崔廷和	50	本京	商
第一坊	12	6	甲長	蕭長金	62	本京	工
第一坊	12	7	甲長	胡培德	52	本京	工
第一坊	12	8	甲長	傅義堂	56	本京	工
第一坊	12	9	甲長	李玉興	26	本京	商

坊鄉鎮別	保別	甲別	職別	姓名	年齡	籍貫	職別
第一坊	12	10	甲長	羅少卿	56	淮安	工
第二坊			坊長	李國寶	44	南京	政
第二坊	1		保長	張德修	40	海州	柴行
第二坊	1	1	甲長	陳鳳雲	60	海州	柴行
第二坊	1	2	甲長	時長富	33	海州	柴行
第二坊	1	3	甲長	李亮	41	海州	柴販
第二坊	1	4	甲長	閻興業	58	宿遷	商
第二坊	1	5	甲長	王少堂	51	宿遷	柴販
第二坊	1	6	甲長	劉從忠	50	泗州	柴販
第二坊	1	7	甲長	趙玉東	42	海州	舊貨
第二坊	1	8	甲長	李金奎	42	海州	舊貨
第二坊	1	9	甲長	仲繼明	56	沐陽	小販
第二坊	1	10	甲長	王德勝	36	海州	柴販
第二坊	1	11	甲長	董如堂	48	鹽城	柴販
第二坊	2		保長	楊廣才	39	淮安	商
第二坊	2	1	甲長	石建章	52	南京	商
第二坊	2	2	甲長	甘時濱	32	南京	麻
第二坊	2	3	甲長	周炘元	35	南京	酒
第二坊	2	4	甲長	張昌盛	27	？	洋貨
第二坊	2	5	甲長	武文斌	32	倉山	洋貨
第二坊	2	6	甲長	何蓉洲	26	南京	洋貨
第二坊	2	7	甲長	朱德明	52	沐陽	雜貨
第二坊	2	8	甲長	徐福洪	45	山陽	盆桶
第二坊	2	9	甲長	劉存富	18	南京	糧食
第二坊	2	10	甲長	劉長榮	57	南京	花
第二坊	3		保長	王鈞生	35	南京	北貨
第二坊	3	1	甲長	李家驥	44	南京	花
第二坊	3	2	甲長	何春源	42	南京	工

坊鄉鎮別	保別	甲別	職別	姓名	年齡	籍貫	職別
第二坊	3	3	甲長	孫長貴	32	鎮江	木業
第二坊	3	4	甲長	張錫柱	42	南京	菜地
第二坊	3	5	甲長	張家鑫	39	南京	工
第二坊	3	6	甲長	陳開壽	39	南京	商
第二坊	3	7	甲長	井占春	40	宿遷	工
第二坊	3	8	甲長	張有福	36	南京	北貨
第二坊	4		保長	裴迪周	48	南京	商
第二坊	4	1	甲長	呂維龍	21	湖北廣濟	理髮
第二坊	4	2	甲長	夏榮賢	32	南京	北貨
第二坊	4	3	甲長	楊盛有	57	南京	陶瓷
第二坊	4	4	甲長	劉江如	47	南京	香業
第二坊	4	5	甲長	藍有福	28	南京	？坊
第二坊	4	6	甲長	方兆祥	52	六合	茶館
第二坊	4	7	甲長	陳永和	45	安徽無為	蛋行
第二坊	4	8	甲長	李世？	29	南京	菜行
第二坊	4	9	甲長	傅經田	34	南京	蛋行
第二坊	4	10	甲長	石慶生	28	南京	蛋行
第二坊	4	11	甲長	徐？貴	39	南京	鐵匠
第二坊	5		保長	王學芝	37	山陽	菜行
第二坊	5	1	甲長	解正旺	50	句容	池工
第二坊	5	2	甲長	貴芝華	27	合肥	碼頭
第二坊	5	3	甲長	湯安邦	33	淮安	小販
第二坊	5	4	甲長	韓兆元	45	山陽	小販
第二坊	5	5	甲長	徐步雲	34	山陽	小販
第二坊	5	6	甲長	馬超九	36	山陽	挑籮
第二坊	5	7	甲長	徐長榮	29	山陽	小販

坊鄉鎮別	保別	甲別	職別	姓名	年齡	籍貫	職別
第二坊	5	8	甲長	戴海山	36	宿遷	木匠
第二坊	5	9	甲長	楊松林	30	山陽	小販
第二坊	5	10	甲長	郭漢清	35	山陽	小販
第二坊	5	11	甲長	朱道義	59	泗陽	茶
第二坊	5	12	甲長	陳務本	54	山陽	小販
第二坊	6		保長	楊九思	58	阜寧	茶社
第二坊	6	1	甲長	陳永富	53	阜寧	工
第二坊	6	2	甲長	陳登科	55	阜寧	工
第二坊	6	3	甲長	魯加喜	62	阜寧	工
第二坊	6	4	甲長	唐啓富	58	阜寧	工
第二坊	6	5	甲長	尙松芝	48	南京	工
第二坊	6	6	甲長	王文生	59	鹽城	工
第二坊	7		保長	袁遵洲	37	南京	
第二坊	7	1	甲長	王廣福	25	南京	農
第二坊	7	2	甲長	李少山	34	南京	農
第二坊	7	3	甲長	魯子涵	50	南京	農
第二坊	7	4	甲長	包源興	28	南京	農
第二坊	7	5	甲長	陳源興	28	南京	農
第二坊	7	6	甲長	王有富	27	南京	農
第二坊	7	7	甲長	王扣臣	32	南京	農
第二坊	7	8	甲長	沈楨祥	46	南京	農
第二坊	7	9	甲長	王年安	39	？	農
第二坊	7	10	甲長	魏正榮	39	泗州	小販
第二坊	8		保長	席貴有	48	海州	小販
第二坊	8	1	甲長	馬又良	49	宿遷	農
第二坊	8	2	甲長	徐寶源	27	淮安	工
第二坊	8	3	甲長	車展華	56	南京	工
第二坊	8	4	甲長	錢子燮	31	南京	工

坊鄉鎮別	保別	甲別	職別	姓名	年齡	籍貫	職別
第二坊	8	5	甲長	錢昌明	41	南京	商
第二坊	8	6	甲長	威辛武	43	南京	工
第二坊	8	7	甲長	王學彬	44	南京	工
第二坊	8	8	甲長	王重山	54	南京	農
第二坊	8	9	甲長	胡長桂	45	宿遷	農
第二坊	9		保長	王金富	26	南京	農
第二坊	9	1	甲長	孫遠發	56	南京	農
第二坊	9	2	甲長	孫遠壽	44	南京	農
第二坊	9	3	甲長	謝春霖	22	南京	農
第二坊	9	4	甲長	劉義明	27	南京	農
第二坊	9	5	甲長	盛廣沂	52	南京	農
第二坊	9	6	甲長	王德龍	58	南京	農
第二坊	9	7	甲長	江德義	50	泗陽	農
第二坊	9	8	甲長	張錫銅	30	壽州	農
第二坊	9	9	甲長	張福鑫	40	南京	農
第二坊	9	10	甲長	邢福鑫	40	南京	農
第二坊	10		保長	趙玉順	47	南京	菜行
第二坊	10	1	甲長	陸先發	55	南京	鴨行
第二坊	10	2	甲長	陳福有	24	南京	理髮
第二坊	10	3	甲長	周祺桃	46	宿遷	小販
第二坊	10	4	甲長	臧公盛	52	宿遷	小販
第二坊	10	5	甲長	魯福德	49	宿遷	小販
第二坊	10	6	甲長	王長發	22	宿遷	小販
第二坊	10	7	甲長	魯守富	53	綏寧	魚販
第二坊	10	8	甲長	吳殿熬	35	宿遷	木匠
第二坊	10	9	甲長	何井雲	40	宿遷	小販
第二坊	10	10	甲長	劉金殿	41	宿遷	碼頭
第二坊	10	11	甲長	俞平才	24	淮安	碼頭

坊鄉鎮別	保別	甲別	職別	姓名	年齡	籍貫	職別
第二坊	10	12	甲長	顧金明	52	淮安	碼頭
第二坊	10	13	甲長	應至寶	48	宿遷	小販
第二坊	10	14	甲長	劉錦魯	45	淮安	小販
第二坊	10	15	甲長	陳田有	50	泗陽	皮匠
第二坊	10	16	甲長	方大康	32	南京	魚行
第二坊	10	17	甲長	戴長泉	41	安徽含山	小販
第二坊	11		保長	郭春田	39	宿遷	魚販
第二坊	11	1	甲長	張金標	34	宿遷	小販
第二坊	11	2	甲長	沈宗玉	40	宿遷	小販
第二坊	11	3	甲長	王樹有	54	宿遷	小販
第二坊	11	4	甲長	王榮標	51	宿遷	小販
第二坊	11	5	甲長	王紹貴	27	宿遷	小販
第二坊	11	6	甲長	王紹斌	51	宿遷	小販
第二坊	11	7	甲長	毛佔有	22	宿遷	小販
第二坊	11	8	甲長	張星春	22	宿遷	小販
第二坊	11	9	甲長	李光福		宿遷	小販
第二坊	12		保長	張金山	64	宿遷	小販
第二坊	12	1	甲長	王家友	40	徐州	菜地
第二坊	12	2	甲長	趙玉坤	67	泗陽	魚
第二坊	12	3	甲長	葛俊有	60	宿遷	小販
第二坊	12	4	甲長	陳福生	19	南京	小販
第二坊	12	5	甲長	丁啓?	63	宿遷	小販
第二坊	12	6	甲長	唐樹成	35	宿遷	菜行
第二坊	12	7	甲長	王金富	63	宿遷	小販
第二坊	12	8	甲長	王貴山	51	宿遷	小販
第二坊	12	9	甲長	丁國棟	51	宿遷	雜貨
第二坊	12	10	甲長	樊儀興	48	宿遷	茶館

坊鄉鎮別	保別	甲別	職別	姓名	年齡	籍貫	職別
第二坊	12	11	甲長	李保盛	52	宿遷	小販
第二坊	12	12	甲長	張春生	66	山陽	竹棚
第二坊	12	13	甲長	陸成進	66	宿遷	稍行
第二坊	13		保長	何新富	41	和州	茶館
第二坊	13	1	甲長	程茂全	33	南京	成衣
第二坊	13	2	甲長	許傳信	51	含山	成衣
第二坊	13	3	甲長	任功臣	35	南京	商
第二坊	13	4	甲長	李大臣	35	南京	稍行
第二坊	13	5	甲長	張貴山	36	和州	稍行
第二坊	13	6	甲長	周大信	40	南京	工
第二坊	13	7	甲長	陳廣江	40	南京	工
第二坊	13	8	甲長	薛王豪	48	南京	工
第二坊	13	9	甲長	趙而農	51	南京	商
第二坊	13	10	甲長	顧玉蘭	60	寶應	工
第二坊	13	11	甲長	李長明	50	寶應	商
第二坊	14		保長	馬立洲	39	寶應	商
第二坊	14	1	甲長	吳有意	41	寶應	飯店
第二坊	14	2	甲長	王福興	44	寶應	商
第二坊	14	3	甲長	陸家興	46	寶應	竹貨
第二坊	14	4	甲長	孫傳銀	61	合肥	小販
第二坊	14	5	甲長	馮慶雲	22	南京	木
第二坊	14	6	甲長	劉邦富	39	南京	茶點
第二坊	14	7	甲長	周少堂	31	山陽	工
第二坊	14	8	甲長	陸家富	46	南京	竹貨
第二坊	14	9	甲長	袁武才	25	泗陽	鐵匠
第二坊	14	10	甲長	葛昌勳	30	南京	米
第二坊	14	11	甲長	吳天保	29	南京	油貨
第二坊	14	12	甲長	葉兆貴	29	南京	竹業

坊鄉鎮別	保別	甲別	職別	姓名	年齡	籍貫	職別
第二坊	14	13	甲長	張祥發	42	南京	茶飯
第二坊	14	14	甲長	江天壽	41	南京	茶飯
第二坊	14	15	甲長	朱培森	35	南京	豆腐
第二坊	14	16	甲長	鮮北祥	37	寶應	荣行
第二坊	14	17	甲長	夏維金	42	南京	小販
第二坊	14	18	甲長	唐文喜	30	南京	竹業
第二坊	15		保長	王志中	41	南京	柴行
第二坊	15	1	甲長	周玉文	49	鹽城	柴行
第二坊	15	2	甲長	王正才	60	阜寧	柴販
第二坊	15	3	甲長	王銀春	42	和州	柴販
第二坊	15	4	甲長	宋？壁	54	阜寧	柴販
第二坊	15	5	甲長	李成奎	72	海州	柴販
第二坊	15	6	甲長	周笏臣	37	海州	柴販
第二坊	15	7	甲長	韓福全	38	宿遷	柴販
第二坊	15	8	甲長	單金樑	26	清江	北貨
第二坊	15	9	甲長	李源盛	37	鹽城	茶社
第二坊	15	10	甲長	孟慶富	62	南京	柴行
第二坊	15	11	甲長	謝立山	62	鹽城	柴行
第二坊	16		保長	蔣舜坤	33	海州	米工
第二坊	16	1	甲長	管兆金	33	南京	豆腐
第二坊	16	2	甲長	周夢爕	22	南京	稍行
第二坊	16	3	甲長	劉明發	33	碼？	稍行
第二坊	16	4	甲長	余長棟	33	南京	斛行
第二坊	16	5	甲長	葛禮全	39	南京	小販
第二坊	16	6	甲長	張銀生	27	和縣	小販
第二坊	16	7	甲長	洪章志	29	和縣	理髮
第二坊	16	8	甲長	唐福麟	41	南京	小販
第二坊	16	9	甲長	劉桂元	31	淮安	漁業

坊鄉鎮別	保別	甲別	職別	姓名	年齡	籍貫	職別
第二坊	16	10	甲長	周啓明	40	南京	工
第二坊	16	11	甲長	張金山	52	宿遷	工
第二坊	17		保長	李久南	35	宿遷	小販
第二坊	17	1	甲長	郭濟堂	36	宿遷	小販
第二坊	17	2	甲長	王瑞成	41	淮安	小販
第二坊	17	3	甲長	何壽山	25	淮安	工
第二坊	17	4	甲長	談正富	24	淮安	拉車
第二坊	17	5	甲長	周昌盛	45	和州	工
第二坊	17	6	甲長	袁成銀	55	宿遷	拉車
第二坊	17	7	甲長	鄭　三	58	宿遷	小販
第二坊	17	8	甲長	明松山	55	宿遷	小販
第二坊	17	9	甲長	趙有德	47	宿遷	小販
第二坊	17	10	甲長	梁文舉	38	宿遷	小販
第二坊	17	11	甲長	周和祥	66	和州	小販
第二坊	17	12	甲長	丁玉全	59	宿遷	小販
第二坊	17	13	甲長	顧長金	34	宿遷	船工
第二坊	18		保長	杜永田	74	宿遷	醫生
第二坊	18	1	甲長	烏有厚	56	山東	木匠
第二坊	18	2	甲長	聶玉芝	31	徐州	商
第二坊	18	3	甲長	沈慶有	33	宿遷	商
第二坊	18	4	甲長	黃文勝	65	宿遷	商
第二坊	18	5	甲長	唐秀林	58	宿遷	商
第二坊	18	6	甲長	馬興武	47	宿遷	商
第二坊	18	7	甲長	劉興田	52	泗陽	商
第二坊	18	8	甲長	魯富貴	30	宿遷	商
第二坊	18	9	甲長	王寶金	40	宿遷	商
第二坊	19		保長	萬金和	46	南京	工
第二坊	19	1	甲長	吳上濱	39	南京	竹貨

坊鄉鎮別	保別	甲別	職別	姓名	年齡	籍貫	職別
第二坊	19	2	甲長	蘇葉有	35	和縣	竹貨
第二坊	19	3	甲長	陳登科	45	南京	小販
第二坊	19	4	甲長	孫步高	45	南京	瓦匠
第二坊	19	5	甲長	李朝雲	31	南京	小販
第二坊	19	6	甲長	周國水	37	和縣	竹業
第二坊	19	7	甲長	侯增壽	47	南京	米
第二坊	19	8	甲長	夏中衡	33	南京	工
第二坊	19	9	甲長	陸慶華	34	和縣	米
第二坊	19	10	甲長	李長發	37	南京	工
第二坊	19	11	甲長	尤廣聚	46	南京	茶役
第二坊	19	12	甲長	許成榮	32	和縣	浴室
第二坊	19	13	甲長	孫壽松	49	南京	篾匠
第二坊	19	14	甲長	賈家海	61	和縣	小販
第二坊	19	15	甲長	王聚沅	50	六合	屠行
第二坊	19	16	甲長	梁義堂	54	南京	商
第二坊	19	17	甲長	李爲福	59	和縣	車
第二坊	19	18	甲長	韓學義	39	六合	?行
第二坊	19	19	甲長	淩長懷	47	南京	瓦匠
第三坊			坊長	蔣有喜	52	南京	商
第三坊	1		保長	劉啓淼	37	南京	商
第三坊	1	1	甲長	邱爕塵	43	江寧	魚行
第三坊	1	2	甲長	梁守餘	41	江寧	碼頭
第三坊	1	3	甲長	夏榮富	41	江寧	皮匠
第三坊	1	4	甲長	胡金生	48	江寧	農
第三坊	1	5	甲長	羅文柴	26	江寧	工
第三坊	1	6	甲長	吳北金	26	阜寧	碼頭
第三坊	1	7	甲長	史一貫	46	山陽	漁業
第三坊	2		保長	宋鳳山	40	山東	商

坊鄉鎮別	保別	甲別	職別	姓名	年齡	籍貫	職別
第三坊	2	1	甲長	王洪舉	61	合肥	工
第三坊	2	2	甲長	王元富	39	阜寧	工
第三坊	2	3	甲長	劉金生	30	江寧	農
第三坊	2	4	甲長	李正文	28	泗陽	漁業
第三坊	2	5	甲長	李寶慶	29	阜寧	漁業
第三坊	2	6	甲長	張紹祥	50	安徽	農
第三坊	2	7	甲長	吳蘭芬	48	江寧	農
第三坊	3		保長	孫兆華	38	江寧	農
第三坊	3	1	甲長	王立泉	30	江寧	農
第三坊	3	2	甲長	趙德森	24	淮安	農
第三坊	3	3	甲長	李玉龍	30	江寧	農
第三坊	3	4	甲長	張德洪	25	江寧	農
第三坊	3	5	甲長	周寶鑫	39	江寧	農
第三坊	3	6	甲長	王義才	28	江寧	農
第三坊	3	7	甲長	周興章	50	？	農
第三坊	3	8	甲長	袁兆有	39	江寧	農
第三坊	4		保長	趙銳生	28	江寧	商
第三坊	4	1	甲長	朱家麟	36	河北	商
第三坊	4	2	甲長	范德才	47	江寧	？
第三坊	4	3	甲長	宋維保	55	淮陰	工
第三坊	4	4	甲長	孫有貴	22	鹽城	漁業
第三坊	4	5	甲長	吳長發	48	淮安	生意
第三坊	4	6	甲長	顧松林	39	江寧	農
第三坊	4	7	甲長	解正有	44	江寧	漁業
第三坊	5		保長	邱燮職	32	阜寧	漁業
第三坊	5	1	甲長	羊奉泉	27	阜寧	漁業
第三坊	5	2	甲長	周炳榮	41	阜寧	漁業
第三坊	5	3	甲長	張桂元	72	阜寧	商

坊鄉鎮別	保別	甲別	職別	姓名	年齡	籍貫	職別
第三坊	5	4	甲長	顧長富	49	鹽城	農
第三坊	5	5	甲長	范長林	28	江寧	木匠
第三坊	5	6	甲長	陳運鴻	47	宿遷	農
第三坊	5	7	甲長	劉柴春	46	江寧	農
第三坊	6		保長	楊步清	41	江寧	農
第三坊	6	1	甲長	王孟志	21	清江	商
第三坊	6	2	甲長	朱元慶	40	清江	生意
第三坊	6	3	甲長	仲延富	25	寶應	漁業
第三坊	6	4	甲長	王明義	25	寶應	農
第三坊	6	5	甲長	羊福爲	47	阜寧	工
第三坊	6	6	甲長	羊太和	21	阜寧	拉車
第三坊	6	7	甲長	?兆金	37	漣水	柴業
第三坊	6	8	甲長	陳起發	39	淮陰	生意

資料來源：僞「南京市社會局」：安德門區公所員役花名冊薪餉獎金及各坊鄉鎮保甲
　　　名冊，南京市檔案館藏，1002－2－48。

附錄二：南京市地方各團體人數一覽表（1941 年 3 月）

1、社會運動指導委員會南京市分會一覽表

職　別	姓　名	備　注
主任委員	張克昌	
副主任委員	吳顯仁	
當然委員	盛開偉	現任社會局長
當然委員	徐公美	現任教育局長
委員	丁伯常	
委員	李先治	
委員	王承典	前任社會局長
委員	孫育才	

職　別	姓　名	備　注
委員	顧惠公	
委員	蔣信昭	
委員	程德源	
委員	陸友白	

2、南京市商會整理委員會

職別	姓　名	籍貫	年齡	略　歷
主任委員	葛亮疇	山東	41	興業銀行經理
常務委員	程朗波	南京	49	中國合作社南京支行理事
常務委員兼任主任秘書	蕭一城	江西	37	中央商場總經理
常務委員	陳華柏	廣東	40	農商銀行經理
常務委員	金宏義	南京	37	大華旅社經理
委員	岳子章	河北	41	太平洋餐廳總經理
委員	馮魯瞻	江陰	54	華倫布莊經理
委員	陳家禮	南京	45	農興米廠經理
委員	柳鎔卿	吳縣	67	天福綢布莊經理
委員	王炎生	南京	44	奉和生藥號店東
委員	端木申卿	句容	42	同泰街油號經理
委員	王鳴梧	南京	44	永吉祥火鍋店經理
委員	胡鏞山	南京	64	美大線號經理
委員	朱菊山	鎮江	53	永大福記轉運公司經理
委員	湯邵衡	江都	39	仁記錢莊經理

3、南京市文化教育婦女自由職業團體一覽表（會址略）

團體名稱	性質	負責人	經過與組織概況	人數
中醫公會	自由職業	李教三	1941.1 月申請登記核准	會員 304
警高同學會	文化	姜達夫	1940.7 月申請登記核准	75

團體名稱	性質	負責人	經過與組織概況	人數
內政部縣政訓練所畢業同學會	文化	張魯山	1940.7 月申請登記核准	147
南京教育協會	文化	潘叔蕃	1940.8 月申請登記核准	172
江蘇省立第四師範畢業同學會	文化	潘叔蕃	1940.8 月申請登記核准	61
南京大學南京校友會	文化	江亢虎	1940.9 月申請登記核准	17
東方大學旅京校友會	文化	江海駒	1940.9 月申請登記核准	13
大廈大學	文化	傅式說	1941.1 月申請登記核准	82
南京市友光戲劇研究社	文化	王亞東	1941.1 月申請登記核准	籌備員 30 人
上海法學院旅京校友會	文化	伍澄宇	1940.7 申請許可核准籌備成立	35
正風文學院	文化	江亢虎	1940.7 月申請 8 月成立	36
上海法政學院旅京校友會	文化	汪曼雲	1940.7 申請許可核准 9 月成立	45
中央警官學院訓練班畢業同學會	文化	朱文彬	1940.11 申請許可核准 9 月成立	126
北平師範大學校友會	文化	王敏中	1940.10 申請許可核准 12 月成立	40
國立暨南大學校友會	文化	趙正平	1940.11 申請許可核准 12 月成立	36
二十九年首都高考同學會	文化	金辛秋	1940.12 申請許可核准 1941.1 成立	72
首都模範戲劇研究社	文化	李子峰	1940.8 申請許可核准 41.2 月成立	306
融融國劇研究社	文化	周慶夫	1940.10 申請許可核准 12 月籌備	籌備員 30 人
中國公學研究社	文化	曾翰芳	1940.12 申請許可核准 1941.1 籌備	86
中華劇藝社	文化	鮑　逸	1940.7 申請許可核准	籌備員 30 人
南高東大中大畢業同學會	文化	徐良裘	1940.10 申請許可核准	籌備員 30 人

團體名稱	性質	負責人	經過與組織概況	人數
北京大學旅京校友會	文化	呂平登	1940.12 申請許可核准	籌備員 40 人
持志學院校友會	文化	顧繼武	1940.12 申請許可核准	籌備員 30 人
江寧縣立師範學習旅京校友會	文化	萬　鈞	1941.2 月申請許可核准	籌備員 30 人
市教育會籌備委員會	文化	楊正宇	1940.1 月籌備	籌備員 11 人
首都新聞記者俱樂部	自由職業	許錫慶	1940.1 成立	籌備員 30 人
中國合作學會	合作事業研究	朱　樸	屬社會合作司	304
中國新聞學會	新聞事業研究	褚保衡	屬宣傳部	236
中國教育建設協會	思想善導	戴英夫	屬教育部	457
中國兒童教育協會	思想善導	邵鳴九	屬教育部	143
中國地方自治協會	促進地方自治	吳垂瑩	各省市設分會，縣或市區設支會	276
教育部教養成所畢業同學會	學術研究	祝雲龍	各省市設分會，縣或市區設支會	384
中國社會教育協會	學術研究	徐公美	各省市設分會，縣或市區設支會	163
中國職業教育協進會	學術研究	趙九衍	山西路國立編譯館	94
中國作家聯誼會	學術研究	丁　丁	南京設本會，各地設分會	175
中國戲劇協會	學術研究	韋乃綸	南京設本會，各地設分會（宣傳部）	74
中華鹽務學會	鹽務研究	吳孝侯	採理監事制	125
中國外交學會	外交研究	馮　攸	採理監事制（外交部）	138
中國社會科學研究社	學術研究	吳天憾	採理監事制	254
中華國醫學會	學術研究	王寒碧	採理監事制	105
中華醫學會	學術研究	褚民誼	採理監事制（中日文化協會內）	238

團體名稱	性質	負責人	經過與組織概況	人數
中國社會學會	學術研究	孫育才	採理監事制並設特種委員會（僑務委員會內）	328
中國電信學會	推行電信事業	晉　輝	推選各機關電信同志組織委員會	142
全國大學教授學會	學術研究	嚴恩祚	採理監事制（教育部）	122
中國工程學會	學術研究	楊壽楣	採理監事制	137
中國計政協會	學術研究	王雨生	採理監事制	142
北大同學會	學術研究	呂一峰	採理監事制	85
中國建設生產協會	生產建設研究	戴　策	採理監事制（中央秘書廳）	145
中國社會事業協會	倡導社會事業	丁默邨	採理監事制（社會部）	328
中國婦女慈儉協會	思想善導	萬孟婉	採理監事制	103
婦女聯誼會	思想善導	呂鎮華	1940.12	87

4、南京市慈善公益宗教同鄉特種團體一覽表

義勇消防聯合會	公　益	舒敦甫	1940.7 籌備	會員暨各分會隊長等 210 人
四川旅京同鄉會	同　鄉	呂一峰	1940.7 籌備	會員暨各分會隊長等 51 人
安徽石棣旅京同鄉會	同　鄉	桂龍臣	1940.11 登記	
中國安清總會	特　種	常玉清	兩級制	106 人（職員）
中國安清總會京分會	特　種	繆鳳池		2500 人（在京會員）
中國理教總會	宗　教	張一塵	兩級制	2000 人

5、南京市工商業團體一覽表

錢業同業公會	公會	湯紹衡	1940.11　申請許可核准	發起人 7 人
新藥業同業公會	公會	吳良元	1940.8 申請，9 月籌備，11 月成立	會員 67 人
柴行業同業公會	公會	張達炎	1940.8 申請，9 月籌備，12 月成立	會員 106 人

軍服西裝業	公會	盛紹華	1940.9 申請，10 月籌備，12 月成立	會員 111 人
熟水業	公會	王建康	1940.8 申請，10 月籌備，41 年 1 月成立	會員 320 人
北貨土產行業	公會	鄭起鳳	1940.9 申請，1941 年 1 月成立	會員 55 人
醬園業	公會	陳建華	1940.11 申請，12 月籌備，1941 年 1 月成立	會員 75 人
國藥業	公會	周昔生	1940.8 申請，1941 年 2 月成立	會員 119 人
京廣百貨業	公會	金少垣	1940.9 申請，10 月籌備，1941 年 2 月成立	會員 124 人
皮革坊業	公會	朱錦林	1940.8 申請，10 月籌備，1941 年 2 月成立	籌備員 9 人
漆業	公會	淡為之	1940.8 申請，10 月籌備	籌備員 7 人
絲經業	公會	王益秋	1940.9 申請，10 月籌備	籌備員 7 人
線業	公會	王少齋	1940.9 申請，10 月籌備	籌備員 7 人
衣莊業	公會	劉松山	1940.8 申請，11 月籌備	籌備員 9 人
成衣業同業公會	公會	史汝慶	1940.8 申請，11 月籌備	籌備員 15 人
古玩玉器業	公會	楊德發	1940.9 申請，11 月籌備	籌備員 7 人
牛行業	公會	楊思義	1940.9 申請，11 月籌備	籌備員 5 人
鐵業	公會	許中柱	1940.10 申請，11 月籌備	籌備員 11 人
玻璃鏡框業	公會	臧仲卿	1940.10 申請，11 月籌備	籌備員 7 人
糧食罐頭業	公會	金宏義	1940.10 申請，11 月籌備	籌備員 9 人

酒業	公會	章桂生	1940.10 申請，11 月籌備	籌備員 15 人，會員 100 家
馬車行業	公會	程振武	1940.10 申請，11 月籌備	籌備員 15 人
磚瓦業	公會	何百年	1940.10 申請，11 月籌備	籌備員 7 人
綢布業	公會	柳鎔卿	1940.11 申請，11 月籌備	籌備員 13 人
煤炭鍋業	公會	楊梅如	1940.11 申請，12 月籌備	籌備員 9 人
筵席酒菜館業	公會	岳子章	1940.11 申請，12 月籌備	籌備員 9 人
棉紡業	公會	葉仁泰	1940.11 申請，12 月籌備	籌備員 7 人
捲煙業	公會	陸炳鑫	1940.11 申請，12 月籌備	籌備員 7 人
豬行業	公會	尹家炳	1940.11 申請，12 月籌備	籌備員 5 人，會員 14 家
運輸業	公會	郭少侯	1940.11 申請，12 月籌備	籌備員 9 人
煙葉業	公會	焦瀼之	1940.11 申請，12 月籌備	籌備員 9 人
皮毛業	公會	王子珊	1940.11 申請，12 月籌備	籌備員 7 人
旅館業	公會	夏榮堂	1940.11 申請，12 月籌備	籌備員 15 人
人力車行業	公會	劉明儀	1940.11 申請，1941 年 1 月籌備	籌備員 13 人
顏料靛青業	公會	王潤芝	1940.12 申請，1941 年 1 月籌備	籌備員 7 人
營造業同業公會	公會	張萱榮	1940.12 申請，1941 年 1 月籌備	籌備員 7 人
樹木竹業	公會	唐立才	1940.12 申請，1941 年 2 月籌備	籌備員 11 人

北貨乾鮮果酒業	公會	李祥徵	1940.12 申請	籌備員 15 人
旱煙皮絲業	公會	曾家賃	1940.11 申請	發起人 14 人
箔業	公會	胡樹耀	1940.11 申請	發起人 8 人
蠶業	公會	傅斌如	1940.11 申請	發起人 7 人
皮製箱件業	公會	唐祝三	1940.12 申請	發起人 10 人
棉花線帶業	公會	楊耀棠	1940.12 申請	發起人 7 人
火燭業	公會	李晏章	1940.12 申請	發起人 7 人
茶社點麵業	公會	沈品三	1940.12 申請	發起人 7 人
革履業	公會	湯香嘉	1941.1 申請，2 月籌備	發起人 11 人
鐘錶業	公會	莊雲法	1941.1 申請，2 月籌備	發起人 7 人
帽業	公會	汪紀祥	1941.2 申請，2 月籌備	發起人 13 人
汽車業	公會	朱本智	在審核中	發起人 7 人
理髮業	公會	劉蘭法	在審核中	發起人 12 人
米糧業	公會	陳鑫智	1940.11 申請，12 月成立	會員 319 人

6、南京市慈善公益宗教同鄉特種團體一覽表

同善堂	慈善	黃月軒	1940.11 申請登記核准	理監事 11 人
樂善堂	慈善	劉蘯侯	1941.1 申請（由會派員整理）	整理員 9 人
和善堂	慈善	曹授農	1940.10 申請登記核准	發起人 30 人
普善堂	慈善	王益秋	1940.10 申請登記核准	發起人 30 人
地方公會	公益	陶錫三 鍾洪馨	1940.9 申請登記核准；11 月成立	會員 120 人
義勇消防聯合會	公益	舒敦甫	1940.7 籌備	聯合會員及各分會隊長 210 人
佛教慈幼院	宗教	黃月軒	1941.1 申請登記核准	會員 24 人
中國理教總會	宗教	張一塵	兩級制	會員 200 人
和含旅京同鄉會	同鄉會	鄂湘亭	申登核	發起人 30 人
江蘇旅京同鄉會	同鄉會	顧宗琛	申登核	會員 124 人
福建旅京同鄉會	同鄉會	陳 群	申登核	理監事 42 人

兩廣旅京同鄉會	同鄉會	溫宗堯	申登核	會員 143 人
寧波旅京同鄉會	同鄉會	陳寥士	1940.9 申請登記核准	會員 216 人
嘉定旅京同鄉會	同鄉會	陳濟成	1940.9 申請登記核准	會員 83 人
湖北旅京同鄉會	同鄉會	彭　年	1940.10 申請登記核准	會員 365 人
崇明旅京同鄉會	同鄉會	張清澤	1940.9 申請登記核准；11 月成立	發起人 30 人
浙江旅京同鄉會	同鄉會	褚民誼	1940.11 申請登記核准；11 月成立	理監事 43 人
寶山旅京同鄉會	同鄉會	趙正平	1940.11 申請登記核准；12 月成立	會員 96 人
江陰旅京同鄉會	同鄉會	孫育才	1940.11 申請登記核准；12 月成立	會員 48 人
無錫旅京同鄉會	同鄉會	蔡　培	1940.10 申請登記核准；1941.1 成立	會員 296 人
太倉旅京同鄉會	同鄉會	錢慰宗	1941.1 申請登記核准，成立	會員 49 人
四川京同鄉會	同鄉會	呂一峰	1940.7 申請登記核准，成立	會員 51 人
安徽旅京同鄉會	同鄉會	江洪傑	1940.9 申請登記核准，成立	會員 796 人
江寧旅京同鄉會	同鄉會	應徵聖	1940.9 申請登記核准，11 月籌備	籌備員 11 人
高淳旅京同鄉會	同鄉會	趙晉湯	1940.1 申請登記核准，11 月籌備	籌備員 7 人
太平旅京同鄉會	同鄉會	項傑生	1940.1 申請登記核准，11 月籌備	籌備員 15 人
吉州十縣旅京同鄉會	同鄉會	劉　黃	1940.11 核籌	籌備員 5 人
崑山旅京同鄉會	同鄉會	吳天憾	1940.11 核籌，1941.1 籌備	籌備員 5 人
新疆旅京同鄉會	同鄉會	加拉利丁	1941.2 核籌	籌備員 3 人
徽州旅京同鄉會	同鄉會	胡大剛	1940.11 申請登記核准	發起人 30 人
安徽石棣旅京同鄉會	同鄉會	桂龍臣	1940.11 申請登記核准	手續未妥
陝西旅京同鄉會	同鄉會	樊伯山	1941.1 申請登記核准	發起人 30 人

上海旅京同鄉會	同鄉會	陳勇三	1941.2 申請登記核准（審計部）	籌備員 15 人
中國安清總會南京市分會	特種	繆鳳池	1940.8 申請登記核准，11 月成立	在京會員 2500 人
辛亥革命同志會	特種	高一榮	1941.1 申請登記核准	籌備員 7 人
中國安清總會	特種	常玉清	兩級制	職員 106 人

資料來源：偽「南京市社會局」：南京市各地方團體人數一覽表及社會婦女文化教育慈善團體調查表，南京市檔案館藏，1002－2－98。

十年求學記（代後記）

　　一晃在南大已經待了十年。十年是從南到北的一線時光的穿梭，十年也是從東到西的一條江河的奔騰。簡單的生活軌跡裏蘊藏了繁瑣而豐富的點滴，可以盡情想像四十個春夏秋冬的廣闊。還依稀記得十年前的八月，自己背了包一路南下獨自找尋到浦口的情景，激蕩內心的絲絲興奮自此點燃了我綴滿夢想的大學生活。

　　我本來並沒有學歷史的打算，但是卻陰差陽錯進了歷史系。那時候和我一樣遭遇的同學很多，所以為安撫這些年輕躁動的心，崔之清老師特意為此開了一門稱為《學術講座》的課。其實就是和我們海闊天空的聊天，然而在非凡的氣度中，崔老師為我們展現了一幅縱橫捭闔、波瀾壯闊的歷史畫卷。因此而得來的寫作課的習作《戀史的足跡》，還被老師請一位哲學系的學生在課堂上朗讀了。雖然現在看來不無幼稚，但卻是當時的心聲。

　　「走在校園的小路上，迎面吹來溫煦的三月的風。草地上幾個孩子正牽扯著放飛的風箏，歡快地奔跑，像一串跳動的生命音符。春天是屬於他們的，因為只有他們才能和春天真正地融為一體。我想，這也許就是人們總是把孩子與春天聯繫在一起的緣由了。想到這，我不禁加快了腳步，或許我應該把自己變成小孩子，而歷史這個幾百萬年的生命體應該是春天吧。與一個外表樸素，但卻蘭心慧質的女孩相處得久了，只要是有感情的男子必然為她內蘊的魅力所深深吸引而生愛戀。我現在的境遇正是如此。這或許可以稱作歷史情結。所謂的熱門專業再也不能吸引我投去讓它心安理得的目光。我像是一位動了真情的男子，把我最心愛的玫瑰獻給了我以前曾為之而無奈的、庸俗的世人所不屑的、默默忍受而魅力無比的歷史——我古老而又年輕的情人。」

　　後來讀到一本書《心靈史》，直至現在此書對我依然影響甚大。書是胡成老師推薦的，爲張承志所寫。這本書是歷史和文學的結合，卻並不能被歷史學界與文學界完全接受，但是卻一下子抓住了我的心。如果說文學被眞實遮掩了，那麼歷史則沉浸在心靈的藝術裏，這是一種將宗教與心靈描繪到極致的文字。我這個人往往上不了理論的高度，同學笑我是散文的筆法和情調，以致我常常懷疑自己是不是應該沿著歷史這條大路走下去。受制於現實和自己的無力，雖然只能循規蹈矩地前行，然而卻不能沒有念想。張承志用《心靈史》描繪了一片金草地，我把它放在內心深處的角落，是踽踽獨行時的一點盼望和安慰，雖然現在看來依然是遙不可及。

　　不過無論怎樣，我開始喜歡並探究一點歷史了。那時候給我們上課的老師都是各學科的名師，單單是教授的頭銜就使一些院系的學生羨慕得緊。有幸得聽陳曉律老師、沈漢老師、陳仲丹老師、范金民老師、李昌憲老師、申曉雲老師、高華老師、陳紅民老師的課，的確是一種福分，因爲他們聯手爲懵懂無知的我們開創了一片新的天地。鄒勁風老師是我們的年級導師，她爲人認眞嚴謹，說話卻極爲溫柔，特別注意向我們強調並傳遞眞知識、眞學問與眞人生。有一次她特意請魏良弢先生來爲我們講學問人生。先生雖然山東口音極重，不大容易分辨，但是有一句話卻一直記在心裏。他說：人做什麼事不重要，重要的是做一件事能不能做好；歷史學好不易，但學好歷史肯定會大有作爲。現在回頭想想，當初可能是被「大有作爲」這四個字吸引住了，並不曾深刻體會先生的拳拳之心，殷殷之意。

　　那個時候，因爲家境貧寒，又想分擔一點父母的壓力，所以就在課餘勤工儉學。朱寶琴老師有一段時間擔任我們的年級導師，對我的情況比較關注。她不僅幫我申請了助學金，免除了一部分學費，還幫我聯繫了勤工助學的崗位。估計那時唯獨我是一個人佔了兩個勤工助學崗位的，雖然會有一點辛苦和自尊的考驗，但是這樣的鍛鍊使我逐漸擺脫了憂鬱和怯懦的捆綁，堅定了面對生活的勇氣和信心，因此就特別的感恩。

　　眞正進入朱老師門下，大概可以從大三跟隨朱老師寫作學年論文算起。那篇學年論文是關於南京大屠殺時期美國傳教士的活動評述，是我所寫的第一篇學術論文。正逢南師大有一個關於南京大屠殺的會議，朱老師便帶了我去。那是我第一次參加學術研討會，以至於緊張到打電話問朱老師我應該穿什麼樣的衣服才合適。可惜沒有立此存照，不然可以留存一段美好而又好笑的回憶呢。

　　之後的本科畢業論文也是在朱老師的指導下完成的，雖然因爲自己的緣故被評爲「四平八穩」，但我還是有一種終於結束的輕鬆和興奮。這種歡欣不是出於逃避，而是結束了一段頗有壓力略含辛苦的旅程，儘管收穫算不得豐碩。畢業後我要去寧夏支教一年，朱老師特別設宴爲一位遠赴新加坡求學的師兄和我送別。就是在黃土包裹的寧夏南部的山村，我還收到了朱老師從南京發來的信件和卡片，都是難以忘懷的點滴，彙聚了豐厚的溫情暖意。

　　從寧夏回來以後就開始了平平淡淡的研究生生活。不想父親卻患了惡症，於我和家庭都是沉重的打擊，原先預設的諸多美好生活的想像都隨風而逝了。父親自查出病因到最後去世有整整一年的時間，這一年我並沒有多少心思看書和學習，生活的沉重壓力常常使我惡夢連連，加上還要做些兼職補貼家用，實在是耗費了不少的學習時光。不過人生總是在經歷苦難中成長得更迅速，更完整，更深入。朱老師的勉勵和安慰，同學朋友的幫助和支持，都使我在絕望的邊緣得以堅守，能夠充滿信心的生活。大學剛畢業的時候，我曾經和父親戲言，等我碩士或是以後博士畢業了，請他和母親來南京看一看。他當時還很嚮往，不想卻等不及，空留了許多的遺憾。

　　朱老師知道我的境遇，從未對我提出什麼嚴格的要求，就是談話也常常使用商量的口氣。她也時常關心我的生活，言談之間傳遞觸手可及的溫暖，如同母親一般。然而我卻辜負了朱老師的一些美意和期望，常常懈怠，不能殷勤做工，自然也無法結出豐盛的果實，得到的常常只是差強人意的結果。這一時期我著意研究中國基督教史，沒有聽從朱老師的建議，勉勉強強寫了一篇關於中國激進基督徒的文章，就匆匆忙忙結束了碩士研究生階段的生活。除了悲傷，這三年給我留下的印象無多，如同曲終人散，燈火闌珊。父親的離去所帶來的鬱鬱的傷痛悄然隱藏在細細的生活裏，卻在潛移默化中改變我原本的生活狀態，外表的沉靜裏面似乎潛藏了一些焦躁的因素。安靜對於一個人的成長很重要，而我卻是忽略了。常常自以爲成熟，其實不過是自己製造的幻象罷了。

　　一直期望能從事教育的工作，然而碩士畢業並沒有使我得償所願。受朱老師的鼓勵，就邁進了攻讀博士學位的大門。博士期間也開始有一些學習和生活的反思，安心讀了一段的書，也因著畢業論文的緣故，老老實實在檔案館待了比較長的時間。生活一下子安靜了，心也安靜了，不復原來的年少輕狂和鋒芒畢露。2006 年底，我和相戀五年的女友走進了婚姻，組建了家庭，

突然發現人生的意義開始變得厚實起來。我久居南京，妻子因工作的關係常常住在娘家，母親則住在鄉下的老家。一家三口人分散在三處，然而這也引導我們學習彼此相愛的功課，能夠在愛裏相望相守。特別要提到的是我初中時候的老師和師母對我們一路的扶助和牽引，從高中到現在，他們如父母一樣爲我們提供家的溫暖和保障，是銘刻在心的恩情。表面上看起來我們似乎是居無定所，其實我們擁有三個不可替代的暖暖的家：第一個是母親的家，第二個是老師和師母的家，第三個是岳父岳母的家。有位師兄聽了我的講述並不滿意，他說我遺忘了一個家，就是南京的家了。十年在南京的生活雖然大都局限在浦口和鼓樓兩處，但是厚重的南京、誠樸的南大、授業的恩師、親愛的同學、親密的朋友，還有種種印象與回憶都一針一線編織了一張密密的網，網住了我的心，很難再漂移他往了。高言大志算不得什麼，生活的力量隱匿於瑣碎的點滴細節，潛移默化之中一切都已經悄然改變了。

博士論文於我而言是一種頗有份量的壓力，三年也是在緊緊張張中度過了。雖然尚覺勉強，但也特別地期待那畢業的到來，終於可以結束這段漫長的十年征程了。籌備論文的時候，小溪寶寶也在去年立冬時節出生了，雖然給我們帶來了不少繁瑣的忙碌，卻加增了更多的喜悅和動力，日益清晰地觸摸到自己身上的責任和使命，更爲想望那前方遙遙而在的標杆，催促自己剛強謹守，勇敢前行。

在這十年中，特別感謝南京大學的栽培與造就。一次面試的時候，考官問我在南大十年的學習生活裏最大的收穫是什麼，我回答說：無論是做人還是做學問，南大十年培養了我踏實的態度與誠樸的品格。因此，藉此機會感恩南大，感謝一直以來以言傳身教影響感染我們的老師們。也特別感謝歷史系諸位師長的諄諄教誨、幫助與提攜，尤其是朱寶琴老師八年來如同母親一般的關愛與扶持。

也要特別感謝一路走來結伴同行的同學們。尤其要感謝陶海洋、吳淵、王緒傑、郭昭昭、高志強等人，在一起的生活和交談往往能激起心靈的共鳴，使我們能夠在繁複多變的世界中彼此勸勉，互相攙拉，踏上一條生生不息的心路來。我的同門伍小濤、王靜、吳志華、楊文海、葉銘、瀋陽、朱萍等也都提供了許多的幫助，難忘的是每一次相聚都充滿歡欣和鼓舞，是珍藏的記憶。

二人爲朋，且能彼此相知，是爲友人。非常感謝齊宏偉師兄亦師亦友的

扶助，他和他寫的文字都常常在我軟弱的時候帶來安慰和鼓勵。還有陳剛夫婦、呈龍夫婦、馮露露、吳英芳、孟娟等很多朋友在我寫作論文時都給予了極大的鼓勵和幫助。其它還有很多人需要致謝，正如一件事情的成就，從來都不是理所當然的，其背後必定有許多因素的推動和促成。因此雖不能在此一一列舉，但內心因你們而充滿感恩。

此外，在查閱資料的過程中，得蒙南京大學圖書館和南京市檔案館的支持與幫助，在此謹表感謝。

五月的南京已然進入了夏天。在這樣的季節落筆作結映襯了校園裏的花花綠綠，雖然筆頭不能生花，卻自有造物主所賜的盎然生機的點綴與彌漫，是一種激勵與鼓舞。我也借這樣的機會來告別這個階段，為自己做一個總結。無論是輕薄還是厚重，無論是昂揚還是低沉，都是一種人生的經歷，那就伸伸拽拽，鋪墊一層平實的累積，給那些過往的歲月作一個答覆吧。

舊去新來。惟願自己在今後的日子裏，立定新的人生標杆，就像一棵樹栽在溪水旁，按時候結果子，葉子也不枯乾。

王翔　於南大南園
二〇〇九年五月十五日

一晃博士畢業已有六年，這篇論文的出版幾經波折。感謝花木蘭文化出版社慷慨援手，使我得以了卻一件心事，也是對過往的歲月作了總結。感謝我的導師宋寶琴教授一直的關注和扶助。感謝上帝不離不棄的愛和永遠的保守。

王翔
二〇一六年一月十六日